Mértola Islâmica

Santiago Macías

❧ Mértola Islâmica ❧

ESTUDO HISTÓRICO-ARQUEOLÓGICO
DO BAIRRO DA ALCÁÇOVA
(SÉCULOS XII-XIII)

Prefácio de
Iria Gonçalves

Campo
Arqueológico
de Mértola

EDIÇÃO

Campo Arqueológico de Mértola

APOIOS

Comissão de Coordenação da Região Alentejo
Câmara Municipal de Mértola
JNICT – Programa STRIDE

DESIGN GRÁFICO

TVM Designers – Emílio Vilar e Luís Moreira

Tratamento de texto

Cristina Moreira

SELECÇÃO DE COR, MONTAGEM E IMPRESSÃO

Cromotipo - Artes Gráficas

LOCAL E DATA DE EDIÇÃO

Mértola, 1996

TIRAGEM

2500 exemplares

DEPOSITO LEGAL

99 233/96

ISBN

972-9375-04-6

Já por várias vezes e por diferentes pessoas tem sido posto em relevo o desenvolvimento quantitativo, mas sobretudo qualitativo, que a historiografia medieval portuguesa tem estado a sustentar durante as últimas décadas, desenvolvimento em que as gerações mais novas - e apraz-me sempre realçá-lo - têm tido um papel de enorme importância. Um pouco por todo o País, quase sempre em ligação às Universidades, o esforço de jovens investigadores tem terminado em excelentes trabalhos que, pelo seu rigor científico, pelas temáticas tantas vezes inovadoras que abordam, pela metodologia que empregam e até pelo entusiasmo com que os autores se lhes entregam e lhes transmitem, enriquecem a nossa historiografia e exigem a maior divulgação, até para que a comunidade centífica possa deles beneficiar.

Está neste caso o trabalho de Santiago Macías sobre *Mértola islâmica: estudo histórico-arqueológico do bairro da alcáçova (séculos XII-XIII),* apresentado com outro título à Faculdade de Ciências Sociais e Humanas da Universidade Nova de Lisboa, para a obtenção do grau de Mestre em História Medieval.

Baseado, em grande parte, nos materiais exumados e classificados, ao longo de muitos anos, pela equipa de arqueólogos que trabalha no Campo Arqueológico de Mértola e da qual ele faz parte, Santiago Macías soube utilizar da melhor maneira as fontes que o labor daquela equipa tornou disponíveis, desvendando perante nós, através delas, algumas interessantes facetas do quotidiano da Mértola medieval islâmica. É um edifício sólido, rigoroso, cientificamente bem alicerçado, este que Santiago Macías nos oferece. Para mais bem apoiado em abundante bibliografia e acompanhado por extensa e bem escolhida documentação gráfica, que muito o enriquece e permite ao leitor ir confirmando, a cada momento, as afirmações produzidas no texto.

É, assim, do maior interesse a publicação deste livro e a mim, pessoalmente, traz-me grande satisfação. É sempre muito gratificante para um professor assistir ao sucesso dos jovens que com ele trabalharam. Congratulo-me com a divulgação deste estudo e quero registar, como mais um elemento positivo, o facto de que, contrariamente à sorte da maioria dos livros seus congéneres, a edição se não fez esperar e seguiu de bastante perto a sua apreciação pelo respectivo júri universitário.

Que muitos outros possam merecer igual sorte.

I R I A   G O N Ç A L V E S

(Professora associada da Faculdade de Ciências Sociais e Humanas da Universidade Nova de Lisboa)

INTRODUÇÃO

Se tomarmos em linha de conta apenas os textos escritos sobre o Andaluz, de Mértola islâmica sabemos somente que era uma fortificação importante situada no Guadiana. Nada mais.

Mesmo ao nível dos testemunhos arquitectónicos, e apesar da expressividade de elementos como a antiga mesquita ou de alguns panos de muralha, persistiam, até há alguns anos, imensas lacunas na compreensão do que a cidade fôra em época islâmica. Embora muitas delas permaneçam, é hoje possível apresentar algumas propostas e ideias sobre Mértola nesse período[1].

Na quase completa ausência de elementos escritos, a arqueologia tornou-se absolutamente imprescindível. Sem a utilização dos dados recolhidos ao longo de década e meia de escavações na alcáçova de Mértola, não se conseguiriam formular quaisquer hipóteses sobre o habitat e o quotidiano no final do período islâmico[2].

Apesar do carácter relativamente restrito daqueles trabalhos (a alcáçova ocupa menos de 10% da área total da antiga cidade), dispomos hoje de um conjunto de elementos sobre a rede viária, os sistemas de saneamento, a organização das casas e, também, no que se refere a alguns aspectos da vida quotidiana.

Os resultados da investigação realizada foram divididos em cinco blocos.

No primeiro definem-se os contornos do termo de Mértola no período islâmico, tenta-se uma explicação da lógica desse território e propõe-se o traçado das principais vias. Algumas linhas são também dedicadas à cidade, aos seus diferentes espaços e à forma como a fortificação se organizava.

O reaproveitamento do antigo *forum* romano e a forma como as estruturas aí existentes (área termal, basílica civil e criptopórtico-cisterna) foram, ou não, reutilizadas em época islâmica, ocupam parte do segundo capítulo. Nele também se abordam temas como a construção do bairro islâmico, a organização da sua rede viária, a instalação dos diversos sistemas de saneamento e o modo como estes funcionavam.

Na terceira parte, analisam-se as casas do bairro, tanto no que diz respeito aos seus sistemas construtivos como no que se refere à organização interna e funcionalidade das habitações.

O trabalho conclui-se com a apresentação de algumas propostas sobre o quotidiano, divididas em dois capítulos: o quarto, dedicado à organização e funcionamento das cozinhas e aos seus utensílios (tanto no que diz respeito à conservação como no que se reporta à confecção dos alimentos), bem como aos artefactos usados durante as refeições. No quinto e último, utilizam-se os materiais faunísticos e vegetais recolhidos em determinados contextos arqueológicos para traçar algumas linhas de força sobre a alimentação dos habitantes do bairro da alcáçova nos finais do período islâmico.

Para além de alguns documentos escritos, e de quadros e gráficos contendo dados sobre a fauna e a flora respeitantes aos restos alimentares, complementam este trabalho desenhos, plantas e fotografias imprescindíveis para um cabal entendimento do texto[3].

Este estudo foi apresentado, em Junho de 1995, como dissertação de Mestrado em História Medieval na Faculdade de Ciências Sociais e Humanas da Universidade Nova de Lisboa e posteriormente integrado no plano de edições do Campo Arqueológico de Mértola. Ao preparar a sua publicação tomei a decisão, certamente discutível, de corrigir apenas aqueles erros mais clamorosos e que escaparam, de forma teimosa, a todas as revisões. As poucas alterações efectuadas referem-se, para além disso e quase só, a sugestões feitas durante a prestação de provas.

Trabalho eminentemente solitário, desde a primeira recolha de informações até à entrega do texto final, esta dissertação é tributária da generosidade e entusiasmo de um considerável grupo de professores, colegas e amigos, a quem quero expressar publicamente o meu reconhecimento:

À Profª Doutora Iria Gonçalves que, com entusiasmo e permanente interesse, me orientou nesta dissertação e a quem devo inúmeras pistas e sugestões de trabalho.

Aos Profs. Doutores José Mattoso, A.H. Oliveira Marques e Ângela Beirante, meus professores do mestrado, pelas diferentes e estimulantes perspectivas que me deram da investigação em História.

Ao Dr. Cláudio Torres, que me entregou para estudo dados das escavações que dirige em Mértola desde 1979. Sem esses elementos disponíveis, este trabalho seria virtualmente impossível. As longas horas de conversa com ele tidas obrigaram-me a reflectir de modo mais rigoroso sobre múltiplos aspectos de Mértola islâmica.

Aos Drs. Virgílio Lopes e Susana Gómez, coordenadores das escavações de 1991, 1993 e 1994 na alcáçova de Mértola, que me cederam para estudo muitos dos materiais resultantes dessas campanhas.

Ao Dr. Miguel Rego, pelas constantes trocas de impressões e pela leitura implacável do manuscrito.

Aos meus colegas do Campo Arqueológico de Mértola Manuel Passinhas da Palma, José Severo, António Teixeira, Lígia Rafael, Guilhermina Bento, Alice Guedelha e Ana Bento por toda a ajuda prestada nos trabalhos de campo e pelo apoio dado nos laboratórios de restauro.

Ao Dr. Rui Mateus, pela disponibilidade demonstrada na realização de todos os arranjos gráficos que a versão original da dissertação continha.

Ao António Baptista, do C.A.M., pelas ampliações fotográficas e por todo o trabalho de tratamento laboratorial de plantas e mapas da versão original.

Ao Carlos Xarrama Rico, pela realização da maior parte das plantas e mapas incluídos neste livro.

Aos Profs. Doutores Miguel Telles Antunes e João Pais, da Faculdade de Ciências e Tecnologia da Universidade Nova de Lisboa, e ao Prof. Doutor Arturo Morales Muñiz, da Faculdade de Ciências da Universidade Autónoma de Madrid (este último em conjunto com a equipa constituída por Eufrasia Roselló, Ruth Moreno, Francisco Hernandez e José António Riquelme), que se ocuparam, com entusiasmo e generosidade, da identificação dos lotes de fauna e flora recolhidos em Mértola.

Ao extinto INIC, ao Ministerio de Asuntos Exteriores espanhol e à Fundação Calouste Gulbenkian pelas bolsas concedidas, respectivamente nos anos lectivos de 1990/91 e 1991/92, em 1994 e em 1994/95, e que possibilitaram significativos avanços no meu trabalho.

À Câmara Municipal de Mértola, por todas as facilidades concedidas e, também, pela aposta que desde há anos vem mantendo em torno do projecto do C.A.M.

Ao Prof. Doutor Antonio Malpica e à sua magnífica equipa de Arquelogia Medieval da Universidade de Granada, pelo apoio logístico e pelo interesse demonstrado nos resultados deste trabalho durante a minha estadia naquela cidade.

À Doutora Expiración García, da Escola de Estudos Árabes de Granada, pelas diversas trocas de impressões que com ela mantive e que me ajudaram a esclarecer alguns pontos menos claros sobre a alimentação no período islâmico.

Ao António Cunha, pela competência, empenho e paciência com que realizou parte do trabalho fotográfico deste livro.

Aos Arqs. José Manuel Pedreirinho e Pedro Travanca pelo rigor com que efectuaram as reconstituições em três dimensões das casas do bairro islâmico de Mértola.

Finalmente, *last but not the least*, à minha família, e em especial, aos meus tios e pais, pelo permanente apoio que me deram, e à Isabel e ao Manuel, a quem faltei constantemente e que me ajudaram a ultrapassar a "montanha-russa" de momentos de euforia e desânimo que este trabalho tantas vezes causou.

Mértola no final do período islâmico:
o termo e a cidade

1.1. O TERRITÓRIO

1.1.1. Breve caracterização

A antiga cidade de Mértola, localizada nos áridos terrenos do Alentejo meridional, é hoje sede de um concelho que ocupa uma grande parte do antigo termo medieval que tinha o mesmo nome[4].

A sua região - delimitada a Sul pelo Algarve, a Este pela Espanha, e pelos concelhos alentejanos de Serpa e Beja a Norte e Castro Verde e Almodôvar a Oeste - apresenta características climáticas, paisagísticas e culturais comuns a muitos outros espaços da orla mediterrânica.

A cidade, banhada pelo Guadiana e pelo pequeno afluente Oeiras, deve ao rio grande parte da sua importância histórica. Porto fluvial em permanente contacto com o mar[5] foi, ao longo de milénios, um entreposto comercial por onde passaram os metais preciosos arrancados à terra em remotas serranias do interior alentejano e os cereais cultivados nos férteis barros em torno da antiga *Pax Iulia*.

O actual território de Mértola divide-se em três sub-áreas bem demarcadas do ponto de vista geomorfológico e incluídas, em termos globais, na unidade geotectónica designada por Maciço Antigo, a qual ocupa as partes central e ocidental da Península Ibérica[6]:

1. A peneplanície, que ocupa cerca de 75% do concelho.
2. O curso do Guadiana e vales adjacentes, com cerca de 20%.
3. Os relevos quartzíticos das serras de Alcaria Ruiva (370 m.), Alvares (310 m.) e São Barão (306 m.)[7].

Cerca de 80% deste território situa-se em altitudes inferiores a 200 metros, localizando-se as restantes áreas sobretudo nas zonas Nordeste e Sul do termo.

Predominam os declives moderados e acentuados (entre 15% a 25% de declive), verificando-se a existência de zonas mais escarpadas (mais de 25% de declive) apenas em pequenos troços dos vales do Guadiana, início da ribeira de Cobres e ribeira de Limas e nalguns locais das ribeiras de Vascão e de Carreiras.

A temperatura média anual situa-se hoje por volta dos 17° C[8], sendo a precipitação registada em Mértola da ordem dos 600 mm/ano, 80% da qual concentrada entre os meses de Outubro a Março.

As características genéricas da região permitem a sua inserção nos chamados climas mediterrânicos, caracterizados por serem os únicos do mundo (e exceptuando o caso dos desertos) sem chuva significativa nos meses de Verão[9].

Os solos da região pertencem, de modo quase exclusivo, ao denominado tipo esquelético e mediterrânico, de baixa capacidade de uso agrícola. Cerca de 90% desta área inclui-se nas classes D e E[10], com aptidões exclusivas na actualidade para silvo-pastorícia e florestas de conservação[11].

As terras derivadas do xisto são o protótipo das *terras galegas*, as quais representam cerca de 85% da superfície do Baixo Alentejo[12]. A sua extrema pobreza e a presença persistente da rocha mãe tornam estes solos pouco aptos ao cultivo, ao mesmo tempo que aumenta a sua vulnerabilidade face ao desgaste dos agentes atmosféricos.

Embora os últimos decénios tenham contribuído para acentuar os problemas de erosão, as baixíssimas aptidões agrícolas destes terrenos não seriam na Antiguidade ou na Idade Média muito diferentes das de hoje.

Do ponto de vista do uso do solo predominam actualmente as culturas arvenses de sequeiro (36,7% do território) e os matos, normalmente constituídos por estevas (31,0%), sendo estes últimos em grande parte devidos ao abandono recente da cultura cerealífera.

Os azinhais e os montados de azinho, por seu turno, ocupam cerca de 25% do actual conce-lho. Embora a importância das azinheiras nas regiões a Sul esteja atestada desde o período romano[13] qualquer tentativa de reconstrução da paisagem no que se reporta à época abrangida por este estudo é, de momento, uma tarefa de concretização impossível.

Parece, no entanto, possível que há poucas décadas atrás a paisagem do concelho - com os seus azinhais, montados de azinho, matos, áreas abertas para pastagem e com o cultivo de cereais menos vulgarizado - fosse ainda muito semelhante aquela que diariamente era vista pelos habitantes medievais do termo.

A rede hidrográfica deste território tem no Guadiana e no seu afluente Chança os expoentes máximos.

O Guadiana atravessa todo o antigo termo de Mértola na direcção Norte-Sul, cortando-o em duas faixas de dimensões semelhantes. O rio foi, durante muitas centenas de anos, a verdadeira espinha dorsal do território, pelo papel que desempenhou no contacto entre esta região e todo o mundo mediterrânico. Navegável até Mértola, 60 km a Norte da foz, e ainda sob a influência das marés, sentidas aqui de modo mais ténue, ao rio coube o papel de via de comunicação privilegiada, através da qual se cobria em direcção a Sul em pouco tempo um trajecto que tardaria mais de dois dias pelos difíceis e isolados sendeiros da serra algarvia.

O Guadiana, com uma bacia hidrográfica que abrange 65000 km^2, é considerado como o pior alimentado dos rios europeus de grandes bacias[14]. A estiagem faz sentir bem as suas marcas, no troço a montante de Mértola. No prolongado Verão alentejano o rio diminui substancialmente o seu caudal, sendo então fácil atravessá-lo em inúmeros pontos. Mesmo a jusante da célebre queda de água do Pulo do Lobo, a travessia não levanta demasiados problemas[15]. Os vaus da Bombeira, junto à confluência do Guadiana com o seu afluente Carreiras, e o de Corte Sines constituíram locais de passagem em uso até há poucas dezenas de anos.

Os restantes cursos de água correm em violentas torrentes durante uma curta época do ano[16], permanecendo quase secos nos restantes meses. Nomes como os do Vascão, Carreiras, Oeiras, Cobres ou Limas são sinónimo dessa situação, que repete sem variações dignas de registo o que se pode observar na região sub-saariana do extremo norte do Magrebe.

1.1.2. Limites do território no período islâmico

A marcação dos limites do termo de Mértola não pode deixar de ter um carácter algo espe-culativo. É quase certo que essas fronteiras foram, ao longo dos tempos, inúmeras vezes altera-das e que mesmo as delimitações fornecidas pela documentação escrita primam, com frequência, pela falta de rigor.

Por outro lado, o território evoluiu em função das alterações verificadas na relação de forças entre as cidades. Ou seja, nas alturas em que Beja se reforçava e assumia um claro papel de liderança no Sul, Mértola surgia mais claramente ligada a essa cidade. Essa perspectiva é confirmada pelas fontes escritas árabes que afirmam sempre estar Mértola dependente de Beja[17]. Em épocas de fragmentação do poder político, ao invés, a cidade assumia um estatuto de maior importância e estendia a sua área de influência muito para além dos limites actuais. As aventuras políticas de Ibn Marwan, do obscuro Ibn Tayfur ou de Ibn Qasi constituiram momentos de um permanente jogo de tensões entre

Fig. 1.1. - Mértola na Península Ibérica

as duas cidades e que, inevitavelmente, acabou sempre por pender para o lado mais forte[18].

O termo ocupava, no período islâmico, um espaço geográfico de dimensão algo superior à que hoje corresponde ao concelho do mesmo nome [figs. 1.1., 1.2. e 1.3.]. A área deste antigo território, expressamente consagrada pela documentação escrita nos meados do século XIII, estava desde há muito sedimentada, não fazendo as sucessivas ocupações do território mais do que proceder à sua confirmação.

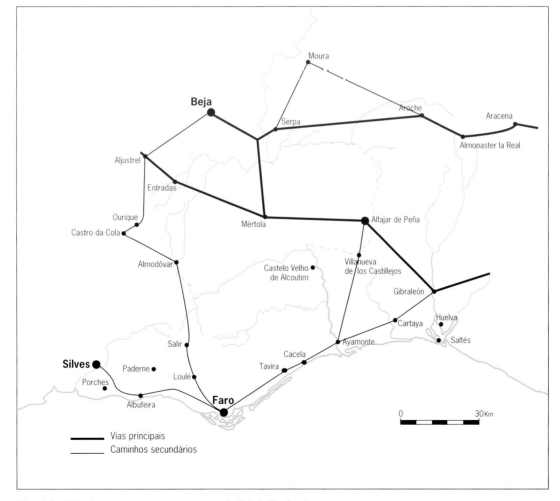

Fig. 1.2. - Mértola e o seu termo no contexto do Sul da Península

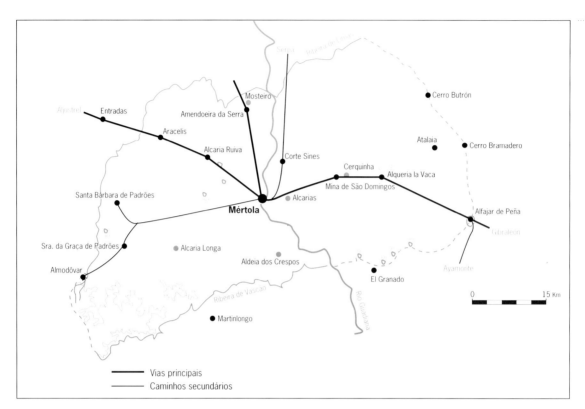

Fig. 1.3. - O termo de Mértola

Os limites foram claramente definidos no foral de 1239, data imediatamente posterior à reconquista da cidade. Seguindo as linhas de água e os festos dos montes como pontos de referência fundamentais, os textos escritos traçaram as fronteiras do termo de forma um tanto esquemática ou aproximada. De qualquer modo, o foral, as demarcações dos termos vizinhos e a própria toponímia e micro-toponímia possibilitaram a reconstituição aproximada das fronteiras de Mértola no período medieval.

O limite do termo de Mértola era marcado a Sul pela ribeira do Vascão (Vascom), até às faldas da Serra do Caldeirão e até Corte Figueira, no limite do território de Marachique[19]. Para Norte a fronteira passava por um cerro junto ao actual Monte de Cidadãos e por um outro junto a Cabecinhas. Almodôvar, na zona limítrofe dos dois termos, representaria a fronteira Oeste de Mértola. A linha de demarcação seguia, a partir de Almodôvar, a ribeira de Cobres (Colubris), passando pelo cerro das Lançadoiras (expressamente mencionado no foral de 1239) e até à confluência com o Guadiana. A fronteira com o termo de Serpa era certamente marcada pela ribeira de Limas[20], abrangendo a Serra de Serpa e mais para Norte da actual divisória dos dois concelhos.

Limitada a Norte e a Sul pelas cavadas bacias hidrográficas do Terges e do Vascão, o termo da cidade do Anas parece ter tido fronteiras mais fluidas a Este e a Oeste. No primeiro caso, a ausência de importantes centros polarizadores fazia com que os limites de Mértola pudessem passar certamente além das matas de Almodôvar - fronteira mencionada no foral de 1239[21] - e se estendessem, em situações de fragmentação do poder político, quase até ao Atlântico.

Temos, em síntese, um espaço delimitado a Sul pela ribeira de Vascão, a Oeste pelas matas de Almodôvar, a Norte pelas ribeiras de Cobres e Terges e pelo termo de Serpa e a Este pelos territórios de Alfajar de Peña e Ayamonte[22]. O termo abrangia os lugares dos Padrões - cujo nome parece aludir a eventuais marcos de delimitação -, alienados em favor de Ourique em 1269[23] e ainda localidades como Santa Cruz, Almodôvar ou São Marcos da Ataboeira.

Suponho que a divisão das áreas de influência de Serpa e Niebla fosse marcada pela Serra de Serpa, no que se refere à primeira e pelos cumes que separam as bacias do Guadiana e do Odiel no que diz respeito à segunda. Embora o foral não seja muito claro a esse respeito, parece evidente que a fronteira do termo de Mértola abrangesse os terrenos da margem esquerda do Guadiana que ainda hoje fazem parte do seu concelho[24] e um pouco mais além, até à zona de influência de Niebla[25]. Não é, por outro lado, admissível que, no período islâmico, a divisão entre os termos de Mértola e Serpa estivesse marcada no Guadiana, ao contrário do que consta num texto de 1284[26]. Sendo conhecida a dependência de Alfajar de Peña em relação a Mértola, parece claro que os conquistadores do Sul tentaram, num primeiro momento, uma marcação dos territórios que não teve em linha de conta as antigas lógicas de ocupação do espaço.

A zona semi-desértica a Este da ribeira de Chança, nos confins da Serra de Aracena, faria deste território uma região pouco apetecível e onde as demarcações fronteiriças se definiriam de forma menos rígida.

O limite Este do território situava-se já dentro da actual província de Huelva e passaria pelos festos dos principais acidentes de terreno que assinalam o início do Andévalo. Os cumes de Butrón, Bramadero, Virgen de la Peña e as Sierras Madroñera e do Granado marcariam, *grosso modo*, o fim do termo de Mértola.

A dependência em relação a Mértola de um sítio como Alqueria de la Vaca, localizada entre as ribeiras de Chanza e Malagón parece evidente[27]. Alfajar de Peña, fortificação instalada no mais elevado cerro da região e local de importância estratégica vital para o termo de Mértola[28], marcava o fim do território. A ligação de Alfajar de Pena a Niebla[29] a seguir à Reconquista inscreve-se, segundo penso, na nova lógica de criação de fronteiras entre Portugal e Castela.

Para além dos marcos geográficos, a intervenção humana (torres, ermidas e locais de culto) surge também como definidora dos limites do termo. Restos de uma pequena fortificação entre Paymogo e a Puebla de Guzman[30] parecem pertencer ainda a esta antiga estrutura delimitadora do território. A mesma lógica se parece adaptar à Senhora de Aracelis, ermida existente num proeminente cerro perto da ribeira de Cobres, no limite Noroeste do termo ou à Señora de la Peña, na fronteira Este.

O posterior crescimento dos municípios de Almodôvar, Castro Verde e Serpa viria a implicar a alienação, em favor destes territórios[31], de algumas zonas antes pertencentes ao termo de Mértola. O estabelecimento da fronteira entre Portugal e Castela na ribeira de Chança retirou, por outro lado, as terras a Este desse curso de água da dependência de Mértola.

A considerável área do território de Mértola, um pouco mais de 2100 km^2 [32], pode ser justificada por dois motivos:

a) A polarização que a cidade exerce sobre o território, com maior ou menor intensidade segundo o peso que Beja adquiria. A sua riqueza e importância económicas não tinham contraponto em qualquer núcleo populacional situado dentro das suas fronteiras. A pobreza agrícola do termo fez com que, em momento algum, fosse possível o surgimento de qualquer localidade que assumisse um papel alternativo em relação a Mértola.

b) Povoados como Aroche ou Niebla, com territórios perfeitamente definidos e organizados, estavam já demasiado distantes do ponto de vista geográfico para desempenharem tal função. Ao invés, tendiam a anular-se mutuamente, servindo de travão recíproco a eventuais ímpetos expansionistas.

A Sul, a inóspita serra algarvia constituia obstáculo de difícil transposição, separando o termo de Mértola da orla meridional, área de distintas características climáticas, paisagísticas e culturais.

As linhas traçadas pelos cavaleiros de Santiago terão, por isso, respeitado, sem variações dignas de registo, os limites de um espaço justificado por uma antiga dinâmica económica regional, organizada em torno de Mértola.

Fig. 1.4. - Mértola (vista parcial)

1.2. A CIDADE

1.2.1. O sítio e a fortificação

Mértola representava, para muitos navegadores e comerciantes, o final de um percurso marítimo, quantas vezes iniciado em longínquos portos do Mediterrâneo Oriental[33].

O perfil da cidade que surgia aos seus olhos, depois de passado o Vau da Pedra e contornada a derradeira curva do rio, não era talvez muito diferente daquele que ao longe hoje se consegue descortinar.

Implantada sobre um imponente esporão rochoso e numa clássica posição inter-fluvial (entre o Guadiana e o Oeiras), tornou-se célebre entre os geógrafos do período islâmico pela excepcionalidade do sítio que ocupava e pela sua importância estratégica [fig. 1.4.].

Iacute considerava-o "o mais forte castelo do Ocidente da Península"[34], afirmação que Ar-Razi seguia, afirmando existirem na cidade edifícios antigos[35]. Edrisi, por seu turno, mencionava três cidades na bacia do Guadiana - Mérida, Badajoz e Mértola -, dizendo ser esta última conhecida pela excelência das suas fortificações[36].

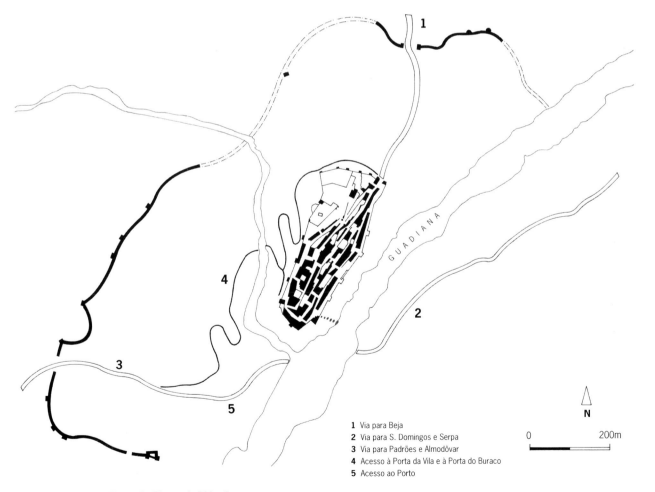

1 Via para Beja
2 Via para S. Domingos e Serpa
3 Via para Padrões e Almodôvar
4 Acesso à Porta da Vila e à Porta do Buraco
5 Acesso ao Porto

Fig. 1.5. - Planta de Mértola

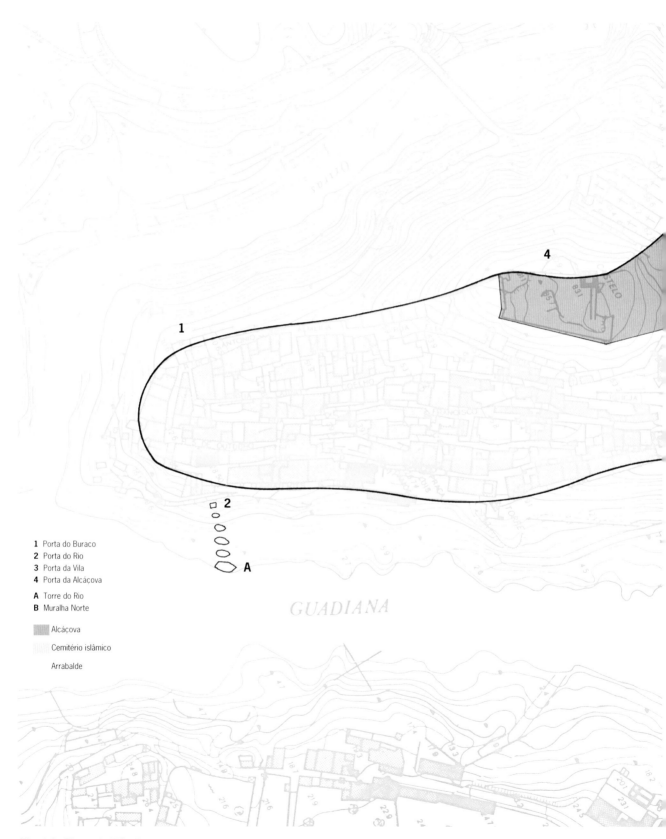

1 Porta do Buraco
2 Porta do Rio
3 Porta da Vila
4 Porta da Alcáçova

A Torre do Rio
B Muralha Norte

Alcáçova

Cemitério islâmico

Arrabalde

Fig. 1.6. - Planta de Mértola

B

3

N

0   50m

Fig. 1.7. - Passagem estreita numa rua de Mértola

A fortificação, situada no ponto mais elevado da vila, dominava estrategicamente tanto todo o movimento que se processava pelo rio como aquele que, em direcção a Norte, animava o velho caminho de Beja.

A antiga cidade está, ainda hoje, totalmente protegida por um amuralhamento com um perímetro de cerca de 1000 metros[37], dentro do qual se organiza um denso emaranhado de ruas e casas [figs. 1.5. e 1.6.].

O traçado da malha urbana de Mértola está, e tal como no período medieval, marcado por grandes eixos longitudinais, arrumados em sucessivos e sobrepostos socalcos. Orientadas no sentido Sudoeste-Nordeste e acompanhando a topografia do cerro no qual a cidade se implanta, estas ruas estão ligadas entre si por estreitas e íngremes passagens, onde por vezes mal passa um transeunte [fig. 1.7.].

As condições específicas de ocupação do local, sujeito a sucessivas ocupações e periodicamente atingido por terramotos e cheias fluviais levaram a que tenhamos hoje, e no que se reporta às muralhas, um conjunto de construções que vão desde o início da romanização até às derradeiras e importantes remodelações, ocorridas no século XVI.

Longe das grandes rotas mercantis modernas e contemporâneas e afastada das principais cidades, Mértola teve, até há poucos anos, um crescimento urbano e um desenvolvimento económico modestos.

Ao invés do que aconteceu noutras cidades, em Mértola não foi necessária a destruição do antigo perímetro amuralhado para dar lugar a novas vias. O aumento da área urbana, intensifi-

Fig. 1.8. - Mértola (in *Livro das Fortalezas de Duarte Darmas*, editado por Almeida, 1943)

Fig. 1.9. - Mértola (in *Livro das Fortalezas de Duarte Darmas*, editado por Almeida, 1943)

cado já no século XX, não implicou, por seu turno, alterações significativas nos panos de muralha da fortificação.

A muralha mantém hoje, por essas razões, um traçado que acompanha de forma rigorosa o alinhamento das fortificações antigas e medievais da cidade.

São ainda identificáveis quase todos os panos de muralha, embora muito refeitos, e o sítio das quatro entradas que a cidade teve na época islâmica. A atribuição de uma cronologia precisa a estes muros e às suas sucessivas reparações constitui, por enquanto, tarefa problemática.

As muralhas de Mértola, das quais se apresenta uma classificação genérica e por épocas das diferentes fases de construção, são sobretudo testemunho da importância deste centro entre os inícios da romanização e a Baixa Idade Média. As várias campanhas de edificação de estruturas defensivas situam-se, sem excepção, ao longo desse período.

Muralhas pré-imperiais

Na fase de consolidação do poderio militar de Roma foi edificada uma gigantesca estrutura, com cerca de 1,5 km de extensão. Ainda insuficientemente estudada[38], conhecemos apenas o seu traçado, a sua largura (cerca de cinco metros) e os prováveis locais de implantação de algumas das torres que integravam este sistema defensivo.

Parcialmente destruída por alguns loteamentos recentes na área urbana de Mértola, constitui ainda um impressionante testemunho arquitectónico da época pré-imperial.

Estendendo-se desde o cimo do actual Cerro de Benfica até aos terrenos do Convento de São Francisco, a muralha, de provável cronologia republicana, ocupava os cerros fronteiros a Mértola e criava uma autêntica zona de protecção à cidade na margem direita do Guadiana [fig. 1.5.].

Suponho que seria no espaço entre essa muralha exterior e a que circundava a cidade que se instalariam os exércitos durante os meses de Inverno, hábito que parece ter perdurado até ao período islâmico[39].

Muralhas imperiais e tardo-romanas

Durante o Império, e em particular, durante os séculos III e IV, várias obras de carácter defensivo beneficiaram a cidade de *Myrtilis*. Temos, em diferentes pontos da povoação, alguns troços dessas estruturas, posteriormente integradas, através de sucessivas obras de reparações, nos novos amuralhamentos:

A torre do rio, constituída por uma enorme e sólida construção situada sobre o Guadiana e que estava ligada aos muros da cidade por seis arcos e cinco torres, sendo a parte inferior destas ainda perfeitamente visível. A extensão total deste conjunto devia rondar os 45 metros [figs. 1.10. e 1.11.][40].

As duas maiores têm planta semi-circular para jusante e em forma de quebra-mar para montante, de forma a resistir com maior eficácia à violência de algumas cheias. O aparelho da torre principal é de silhares na parte inferior [fig. 1.11.]. Tanto a sua parte superior como o arco que a atravessa longitudinalmente foram feitos com blocos de xisto argamassados, uma solução que, do ponto de vista técnico, é idêntica à que se identifica no criptopórtico. As semelhanças

Fig. 1.10. - Torre do rio

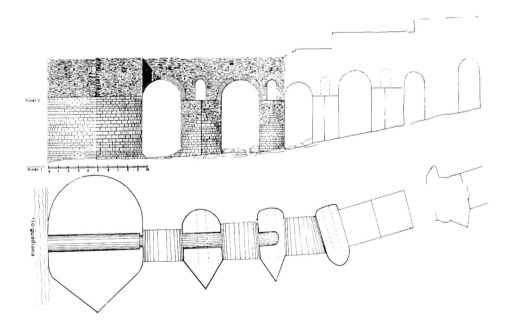

Fig. 1.11. - Levantamento da torre do rio in Pavón Maldonado, 1993: 43

construtivas entre uma e outra levam-me, assim, a defender a contemporaneidade destas duas intervenções.

Junto a esta e adossada ao amuralhamento encontra-se uma outra torre. Recentemente detectada e escavada, esta estrutura poderá também datar, e de acordo com as cerâmicas exumadas no local, de finais do século III ou do século IV[41].

Finalmente, mencionem-se as estruturas levantadas para permitir a criação da plataforma-*forum* (cf. cap. 2)[42]. Posteriormente integrado na fortificação islâmica, este troço de muralha era ainda registado nos inícios do século XVI como parte integrante das estruturas defensivas da cidade[43].

Muralhas islâmicas

Fig. 1.12. - Conjunto de estruturas de época islâmica no limite Norte das muralhas de Mértola

Seguindo o traçado das muralhas romanas e aproveitando os seus embasamentos, a fortificação islâmica de Mértola terá conhecido pelo menos duas campanhas de obras importantes. A primeira concretizou-se, com toda a probabilidade, na segunda metade do século IX, quando se instalou na cidade Ibn Alauade, senhor de Beja e aliado de Ibn Marwan. Dizem as crónicas que se instalou em Mértola, onde "acrescentou o seu poder pelas construções que nele (castelo) realizou"[44]. Finalmente, e já em pleno período almoada, o califa Abu Yaqub Yusuf mandou, em 1171/566, reparar a fortificação e melhorá-la com a construção de uma torre[45].

Um estudo pormenorizado da fortificação para o período islâmico nunca foi tentado. De qualquer modo, a tipologia construtiva dos 117 metros de panos de muralha e torres na zona virada a Norte aponta, e devido à sua semelhança com outras estruturas do mesmo género existentes no Andaluz[46], para a realização de importantes campanhas de obras na segunda metade do século XII [fig. 1.12.]. Do ponto de vista decorativo, identifica-se no extremo Este deste pano de muralha, e já perto do torreão adjacente à porta da cidade, uma parte da muralha "decorada" com pinturas de cal[47].

As reconstruções que ocorreram no período pós-Reconquista alteraram muitas das estruturas militares mais antigas de Mértola, apagando progressivamente os vestígios da fortificação islâmica. A construção da torre de menagem em 1292 (v. cap. 2) e a edificação ou remodelação do paço dos freires (ocorrida em finais do século XV) contribuiram para alterar de modo profundo a acrópole de Mértola [fig. 1.13.][48]. Outras campanhas de obras, restauros e consolidações - nomeadamente as de 1373, 1404, 1441/42 e as que tiveram lugar nos inícios do século XVI[49] - constituiram momentos-chave num gradual e irreversível processo de modificações.

Fig. 1.13.
Interior do Castelo. Vêem-se a Torre de Menagem (ao centro) e a Ermida da Senhora das Neves (ao fundo, à esquerda)

Fig. 1.14. - Mértola vista a partir de Sudeste (na actualidade e segundo o desenho de Duarte Darmas)

A zona a Este e Sudeste, sobre o rio Guadiana tinha, ainda nos inícios do século XVI[50], um apreciável conjunto de torres, entretanto desaparecidas [figs. 1.8. e 1.14.]. A perda de funções defensivas do local terá estado na origem dessa destruição[51]. A muralha Oeste/Sudoeste enquadra-se, dos pontos de vista tipológico e construtivo, na Baixa Idade Média, embora já só parcialmente corresponda aos muros que Duarte Darmas registou [fig. 1.9.].

A Noroeste de Mértola, o mesmo desenhador pôde ainda ver uma atalaia, provavelmente construída sobre uma das torres da grande muralha romana[52]. Nesse local se edificou, anos depois, a Ermida da Senhora das Neves, que ainda hoje ali se encontra [figs. 1.9. e 1.13.].

As portas ainda hoje identificáveis são, basicamente, as mesmas que a cidade tinha no período islâmico. A principal abria a Norte, no local que marca a entrada na Vila Velha, e dela saía a estrada para Beja e alguns caminhos secundários que contornavam os muros da cidade e se dirigiam em diferentes direcções[53]. Outra, situada onde se vê actualmente o Arco da Misericórdia, dava acesso à área ribeirinha e ao porto [fig. 1.15.]. Uma terceira, modernamente conhecida como "Porta do Buraco" abria a Oeste [fig. 1.16.]. Existiria finalmente o acesso exclusivo do castelejo, no mesmo local e com idênticas funções à da denominada "porta falsa"[54], virada a Noroeste e construída na altura em que o castelo cristão se edificou[55].

Fig. 1.15. - Porta do rio (na actualidade e segundo o desenho de Duarte Darmas)

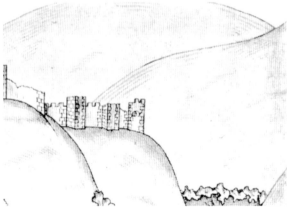

Fig. 1.16. - Local da Porta do Buraco (na actualidade e segundo o desenho de Duarte Darmas)

1.2.2. Os diferentes espaços da cidade

Mértola correspondia a uma cidade com cerca de 60000 m^2 de área intra-muros, o que a aproximava doutras urbes de média importância do Andaluz. Citem-se, com dimensões similares, Silves, Alcácer do Sal ou Évora. De área superior seriam Lisboa (150000 m^2 e 5250 habitantes para o espaço intra-muros), Badajoz (75000 m^2 e 2600 habitantes) ou Málaga (370000 m^2 e 13000 habitantes) ao passo que um grande aglomerado como Sevilha, com os seus 187 hectares, ultrapassaria os 65000 habitantes[56].

Importa também destrinçar entre os diferentes espaços urbanos de Mértola.

Aparentemente, a cidade compreendia três áreas [figs. 1.5. e 1.6.]:

a) A alcáçova
b) A cidade intra-muros (ou medina)
c) O arrabalde

Na primeira incluir-se-ia a pequena fortificação que terá existido no local onde se encontra o castelo pós-Reconquista. Para Norte, implantava-se um pequeno bairro de algumas dezenas de habitações, que abordarei de forma detalhada mais adiante (cf. caps. 2 e 3).

Junto a este foi edificada uma mesquita [figs. 1.17., 1.18. e 1.19.], reconstruída na segunda metade do século XII. Transformada em igreja e consagrada a Santa Maria (como tantos outros templos islâmicos do Andaluz), viria a ser profundamente remodelada nas primeiras décadas do século XVI[57].

Esta primeira área parece, assim, corresponder aos espaços do poder, ou a uma zona áulica, onde habitavam o senhor da cidade e os seus dependentes directos.

Um segundo espaço intra-muros coincidia com o que chamamos actualmente Vila Velha. Da forma como esta área se organizava em época islâmica pouco sabemos. A lógica de implantação topográfica e a própria rede viária levam-me a supôr uma malha urbana semelhante à que hoje se nos depara. De resto, só com base em meras suposições se pode afirmar, por exemplo, que o desenvolvimento da actividade mercantil teria lugar junto ao porto ou perto da própria mesquita, de acordo com o hábito corrente em muitas cidades hispano-muçulmanas[58].

Uma terceira zona habitacional parece ter existido fora das muralhas, a Sudeste da cidade e perto de uma das suas portas. As estruturas que afloram à superfície nessa zona, e que são tipologicamente semelhantes a outras escavadas na alcáçova, permitem supôr a utilização do sítio como zona habitacional de pequenas dimensões na época islâmica.

Também a área mortuária da cidade se encontra perfeitamente definida. Localizada, no seguimento do que era hábito no mundo clássico, fora de portas e ao longo da estrada para Beja, o *almocavar* começou a receber os primeiros mertolenses já islamizados logo no século VIII, mantendo-se a tradição funerária do local até à Reconquista[59].

Um cálculo para o número de habitantes das cidades a partir das áreas do espaço urbano não parece fácil. Se considerarmos a clássica proposta de Torres Balbás (348 habitantes por hectare) teremos para Mértola cerca de 2400 pessoas. Por outro lado, a hipótese avançada por Cláudio Torres para um dos bairros habitacionais do período islâmico (cf. infra, cap. 3), resultaria, por extrapolação a toda a cidade intra-muros, num número de habitantes entre os 3600 e os 4800.

Um número de habitantes entre os 2000 e os 2500 parece, no entanto, o mais plausível[60]. Não só resulta demasiado forçado, por manifesto exagero, propôr uma ocupação média de 6 a 8 moradores por casa, como a própria dimensão da mesquita - com uma capacidade de cerca de

600 pessoas - é mais consentânea com uma população que não ultrapassasse em muito o triplo da sua capacidade máxima[61].

Se tomarmos em conta que no século XVI, antes do principal período de decadência de Mértola, a povoação estava circunscrita à área intra-muros e tinha entre 850 e 1050 habitantes[62] rapidamente chegaremos à conclusão que a cidade, em pleno apogeu no período islâmico, deve ter ultrapassado esse número.

Admitir, no entanto, que a população de Mértola em época islâmica pudesse rondar os 3500 habitantes implicaria que, após a Reconquista, a cidade tivesse perdido entre

Fig. 1.17. - Mesquita de Mértola (vista exterior na actualidade e segundo o desenho de Duarte Darmas)

70 a 75% dos seus moradores. Ora, a densidade de habitações que os desenhos do sempre minucioso Duarte Darmas mostram parecem desmentir uma perspectiva de despovoamento tão radical.

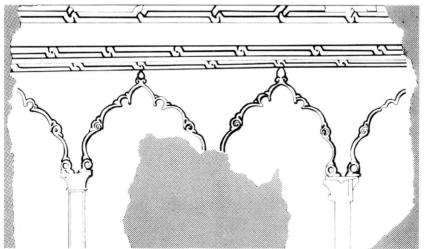

Fig. 1.18. - Mesquita de Mértola (interior e desenho da decoração do *mihrab*)

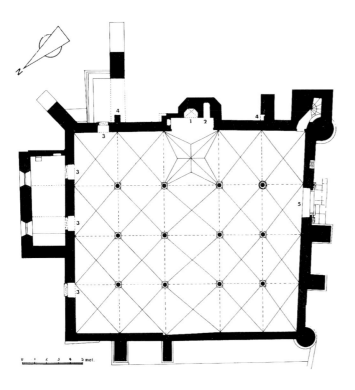

Fig. 1.19. - Mesquita de Mértola (planta e corte) in Boletim da Direcção-Geral
dos Edifícios e Monumentos Nacionais, nº 71, 1953

1.3. AUTONOMIAS E DEPENDÊNCIAS DE UM TERRITÓRIO

1.3.1. Os contactos de Mértola com o Mediterrâneo

Mértola manteve, desde o período pré-romano, um papel de relevo na animação dos circuitos económicos do Sul de Portugal e na ligação desta região com outros pontos do Mediterrâneo e com a costa atlântica de Marrocos, regiões entre as quais existiu tanto um milenar trânsito de pessoas como uma longa prática de intercâmbio económico e cultural[63]. Outras áreas eram também demandadas pelos comerciantes. De um modo geral, essas rotas compreenderam toda a costa norte-africana e o Império Bizantino. Os contactos eram menos intensos com os portos marítimos da costa Norte mediterrânica. Cidades como Narbonne, Marselha, Génova, Pisa ou Veneza não terão feito, até aos finais do século XII, parte desse circuito[64].

Só os sectarismos, tanto o almoada como o dos cavaleiros de Santiago, viriam, após a Reconquista, pôr fim a essa corrente migratória entre os dois lados do Estreito de Gibraltar. Para a importância desta cidade contribuiram vários factores:

a) A navegabilidade do Guadiana até Mértola permitiu um contacto permanente com o mar, ainda que este fosse dificultado por um percurso algo traiçoeiro, apenas acessível a iniciados conhecedores das correntes, do regime dos ventos e dos difíceis e apertados pontos de passagem dos barcos[65]. Durante muitos séculos (desde os alvores da romanização e até aos finais do período islâmico) foi por essa via que se processou o intenso tráfego que ligou Mértola aos portos do Mediterrâneo.

b) A proximidade da regiões metalíferas de Aljustrel e de São Domingos, conhecidas e exploradas desde a Antiguidade. Ao porto fluvial de Mértola afluíam, desde o período pré-romano, os produtos das importantes zonas mineiras de Vipasca (Aljustrel) e das Minas de São Domingos. A romanização deu uma acrescida dinâmica a todo este território, organizado por uma poderosa máquina político-militar, reflectida de forma emblemática no texto das placas de bronze de Vipasca[66].

O fim do Império não representou a interrupção da actividade comercial da cidade, que manteve ao longo da Alta Idade Média estreitos contactos com o Mar Interior. Os dados disponíveis, ainda que algo dispersos, atestam essa continuidade de forma que deixa margem para poucas dúvidas. Os contactos populacionais entre o Sul de Portugal e o Norte de África são conhecidos desde há muito. Não só estão registadas duas epígrafes de africanos que viveram em Mértola nos séculos II e III[67], como recentemente se descobriu o epitáfio de um soldado romano nascido em Mértola e falecido na África Proconsular[68].

Os contactos populacionais estão ainda bem patentes na antroponímia da necrópole paleocristã de Mértola. Para além de um fundo populacional local regista-se a presença de elementos - e, também, certamente de famílias - oriundos do Norte de África. A presença de uma destas comunidades chegou até nós através de um pequeno conjunto de epígrafes funerárias escritas em grego. Uma delas, por exemplo, assinala o falecimento de um tal Êutiques, nascido na Líbia no ano de 562 d.C. [69].

De provável e remota origem helénica, estas famílias ter-se-ão espalhado por todo o Mediterrâneo acompanhando uma actividade mercantil que não cessou com o fim do Império e que chegou até cidades como Mértola, Beja, Silves ou a outros pontos do extremo ocidente do mundo romano.

Foram talvez essas populações que fizeram, ao longo dos séculos V e VI, chegar a Mértola as cerâmicas manufacturadas no Médio Oriente e usadas pelas elites locais nessa época[70].

Tais contactos permitiram também a difusão de formas artísticas e de fórmulas arquitectónicas. O contexto dos contactos comerciais com o Norte de África parece ser o que melhor enquadra a influência exercida, em termos de programa arquitectónico, pelas basílicas paleocristãs norte-africanas na igreja de Mértola[71].

A manutenção de alguns desses laços comerciais e a persistência na utilização das rotas do Ocidente Mediterrânico terão sido reforçadas ao longo do período islâmico, conforme o parece atestar a presença maioritária de artefactos de fabrico andaluz e a constatação de algumas importações da *Ifriqiya*[72].

Esse comércio de longa distância, onde cabia certamente a transacção de produtos de luxo[73], sofreu um golpe decisivo com a Reconquista. O foral de 1254[74], menos de duas dezenas de anos após a integração definitiva de Mértola no reino de Portugal, mostra-nos uma listagem de produtos cingida, quase em exclusivo, a bens correntes de consumo: carvão, alhos, cebolas, junça, cortiça, junco, madeira lavrada e louça[75].

1.3.2. As vias terrestres do termo de Mértola

Os contactos da cidade com o exterior eram também viabilizados pela existência de uma razoável rede de comunicações com o interior do actual Alentejo. O termo era cruzado, no período islâmico, por uma rede de caminhos que ligavam os povoados rurais e faziam o contacto entre estes e Mértola [fig. 1.3.][76].

A maioria não eram mais do que simples carreiros ou caminhos de pé-posto, a maior parte dos quais foram utilizados até há poucas dezenas de anos, tendo apenas sucumbido à chegada dos modernos meios de transporte e à abertura das estradas asfaltadas.

As vias romanas pavimentadas, tão comuns na nossa mitologia histórica e arqueológica, praticamente não existem neste termo[77]. Muitos desses caminhos são apenas detectáveis pelas cartas geográficas do século XIX ou por uma tradição a que por vezes a documentação escrita alude.

Algumas dessas vias assumiam, contudo, outra importância e criavam uma rede principal de caminhos, estabelecendo contacto entre Mértola e as outras cidades do Garbe.

A ligação com as zonas costeiras situadas na actual província de Huelva fazia-se por uma via que saía de Mértola e que, depois de passar por dois importantes povoados, situados nas Alcarias (Monte Fernandes) e Cerquinha (Corte do Pinto)[78], se dirigia para Alfajar de Peña. Desta localidade, um caminho conduzia a Ayamonte, passando por Villanueva de los Castillejos e San Silvestre de Guzman. Outro, dirigia-se em direcção a Gibraleon e daí para Huelva. A primeira servia aparentemente os povoados ligados à bacia hidrográfica do Guadiana, ao passo que a segunda seria utilizada pela populações das margens do Odiel.

Pela via que ligava Mértola a Niebla passou o exército almoada vindo desta cidade para auxiliar Ibn Qasi em 1145/539. Por ela regressou o futuro Sancho I em 1178/573, aquando da razia a

Triana[79]. O traçado que se propõe, ao longo do Odiel e em ligação com Alfajar de Peña parece-me mais plausível do que supôr uma ligação a El Granado, localidade que não teve qualquer expressão nessa época.

Por outro lado, foi provavelmente ao longo do Guadiana que os cavaleiros da Ordem de Santiago seguiram durante as campanhas de 1238/1240 - 635/637, tomando sucessivamente Mértola, Alfajar e Ayamonte[80].

A ligação com Beja, cidade a que Mértola sempre esteve ligada, constituía a espinha dorsal de organização económica de todo este território.

O velho caminho entre as duas cidades é, desde há muito, perfeitamente conhecido. No termo de Mértola passava primeiro pelo importante povoado situado nas Alcarias (Corte Gafo de Baixo)[81], de seguida pelo Mosteiro (onde ainda existem alguns vestígios de um templo paleocristão) e cruzava depois o Terges, entrando no termo de Beja. Por essa via eram escoados, desde a Antiguidade, os excedentes agrícolas da fértil região dos barros de Beja.

Outra via, também de grande importância, era a que fazia a ligação com a zona costeira ocidental, na região de Alcácer. Cruzava o termo de Mértola a partir de Entradas (local que devia ficar perto do limite ocidental do território, conforme o próprio topónimo parece sugerir), passando depois por Alcaria Ruiva, não muito longe dos despovoados de Alvares[82] e do Cerro das Oliveiras (Namorados)[83]. Foi possivelmente por essa via que os conquistadores passaram antes da definitiva conquista de Mértola.

Menos importância tinha a via que ligava com Serpa, e através da qual se escoavam os eventuais excedentes cerealíferos da margem esquerda do Guadiana. Refere um texto de 1288 o carregamento de barcos em Serpa, os quais deviam pagar direitos em Castro Marim[84]. Uma vez que o Guadiana não é navegável a montante do Pulo do Lobo é inquestionável que os cereais seriam transportados em dorso de mula por uma velha estrada que cruzava a Serra de Serpa no Monte Alfamar e passava depois à Corte Sines[85]. Os barcos seriam apenas carregados no porto de Mértola[86].

Tanto este caminho como o que cruzava o termo até Alfajar eram servidos, no contacto com Mértola, por uma barca de passagem à qual alude expressamente o foral de 1254.

Caminhos menos importantes no que respeita à sua utilização do ponto de vista militar mas pelos quais passou um intenso e ininterrupto comércio ao longo de centenas de anos eram as que faziam a ligação entre Mértola e a zona mineira situada em plena faixa piritosa alentejana. Duas dessas vias dirigiam-se, aparentemente, para Santa Bárbara de Padrões[87] e para a Senhora da Graça de Padrões[88].

O limite ocidental confinava com as terras do Campo de Ourique, grande espaço aberto, local privilegiado para a passagem do Inverno do gado transumante.

A maior parte das cidades do Garbe ficava a três ou quatro jornadas de distância de Mértola. Estabelecendo como princípio os 30 km diários para percursos a pé[89] e as 100 milhas por dia de navegação[90], rapidamente confirmamos os dados avançados por geógrafos da época, ao mesmo tempo que podemos elaborar novas propostas a esse respeito: Beja e Serpa estavam a um dia e meio de caminho, Alfajar a um pouco menos. Segundo Edrisi, para chegar a Silves eram necessários quatro dias, ao passo que Huelva distava de Mértola dois dias curtos, numa etapa que seria certamente vencida por via marítima[91].

As distâncias parecem, por outro lado, contribuir para estabelecer os limites do termo. As fronteiras de Mértola estavam, em qualquer dos casos verificados até agora, a um dia de marcha da cidade. Embora essa constatação não possa servir de medida ou ser tomada como um parâmetro rígido, não é certamente por acaso que se regista uma tal regularidade nas distâncias entre os limites do território e a cidade à beira do Guadiana.

1.3.3. Estruturação do termo: Mértola e as alcarias

Mértola constituía, assim, um centro de importância sub-regional, ao qual afluíam vias provenientes doutros centros urbanos do Sul. A cidade estava ligada tanto à região mineira que bordejava os Campos de Ourique, como às explorações localizadas nas zonas limítrofes da Serra Algarvia[92] ou aos terrenos agrícolas de *Pax Iulia*.

A cidade, para além de desempenhar um papel crucial do ponto de vista económico, assumiu, por diversas vezes, um papel político de relevo.

O termo de Mértola não viria, no entanto, a constituir, ao longo do período islâmico, uma entidade independente do ponto de vista político. Embora seja justo referir que, sempre que tal se revelou possível, as populações tenham feito valer as suas pretensões, essa situação não foi uma constante. Os momentos principais neste contexto foram a taifa de Ibn Tayfur (1044/435) e o breve, mas importante, consulado de Ibn Qasi, ocorrido um século mais tarde.

As situações de enfraquecimento do poder central andaluz propiciaram sempre o surgimento de movimentos a nível regional e local que tenderam a reclamar a "independência" dos seus territórios. Beja, cidade que no Garbe assumiu com frequência um papel de inegável liderança, viu por vezes os castelos do seu território, como o de Mértola, conquistar um espaço próprio e marcar a sua área de influência.

Embora ao longo do período islâmico a dependência de Mértola face a Beja tenha sido uma constante, a cidade do Guadiana manteve sempre uma relativa autonomia e um território sob a sua influência directa, cujos limites o foral de 1239 expressamente ratificou.

Do ponto de vista político, o episódio mais importante que Mértola protagonizou foi o da aventura político-religiosa de Ibn Qasi. Originário de uma importante família de Silves, dedicou a sua juventude ao estudo dos teólogos muçulmanos, vindo a instalar uma *rábita* nos arredores da sua cidade natal.

A partir de 1144/538 desenvolveu actividade política e militar de relevo no Garbe, a qual culminou com a tomada do castelo de Mértola nesse ano e com a posterior submissão dos senhores de Beja, Ibn Wazir, e de Silves, Ibn al-Mundir, à sua autoridade.

Quer isto dizer que, em meados do século XII e apesar do avanço da Reconquista cristã, a cidade mantinha ainda um poder impressionante. Utilizando certamente o enorme espaço amuralhado criado junto a Mértola nos inícios da romanização, Ibn Qasi fez aqui acampar durante o Inverno o exército almoada trazido do Norte de África[93].

Para além dos elementos referentes a uma história política centrada no principal centro urbano do termo, é pouco o que se sabe sobre as relações entre a principal fortificação e os pequenos povoados rurais sob a sua dependência.

Podemos, em todo o caso, ter alguma ideia sobre o modo como essas relações se estruturavam. Ibn al-Abbar afirmava que "Ibn Qasi procurou chamar ao seu partido as pessoas importantes do termo de Mértola", o que me permite concluir que o peso dessas comunidades rurais não era, certamente, negligenciável[94].

Cada uma dessas pequenas alcarias contava com o seu espaço próprio de subsistência, dispunha de pequenas hortas, de algumas oliveiras e certamente de áreas de pastagem. Numa zona de escassas aptidões agrícolas foi certamente a pastorícia a actividade economicamente mais importante e aquela que terá garantido a criação de pequenas reservas monetárias obtidas no comércio citadino[95].

Fig. 1.20. - Brinco de prata descoberto em Alcaria Longa

Uma hierarquização entre estes povoados, frequentemente calculada a partir da área por eles ocupada, não é fácil nem segura e obriga-nos a recorrer a fontes escritas mais recentes[96]. Por volta de 1320, e de acordo com um conhecido texto, existiam duas igrejas no termo de Mértola: a de Santa Maria, situada na vila, e a de Alcaria Ruiva[97]. É possível que esta última povoação desempenhasse, já no período islâmico, um papel de maior relevo no contexto do termo, em detrimento das restantes povoações. Mértola viria a ser comenda-mor da Ordem de Santiago, ao passo que Alcaria Ruiva teve comenda.

No interior do termo de Mértola dezenas de povoados mantinham-se simultaneamente na dependência económica e política da cidade, ao mesmo tempo que cada um deles definia também um espaço próprio de subsistência mínima[98].

Os problemas levantados por estes povoados, nomeadamente no que se refere à sua organização ou às suas épocas de ocupação, permanecem em aberto. Parecem seguras tanto a existência de uma grande dispersão no povoamento como o seu elevado número. Parece-me, no entanto, discutível a hipótese avançada por James Boone, que estima em mais de 150 o número de povoados islâmicos ocupados no mesmo período, em prospecção realizada num território com 64 km^2 de superfície[99]. A proximidade entre estes obriga-me a equacionar a sua ocupação de forma não simultânea. Mesmo tendo em conta que o povoamento não fosse homogéneo e que uma zonas teriam uma densidade de ocupação superior a outras, a área na dependência de cada uma dessas alcarias rondaria os 42 hectares, espaço substancialmente inferior ao que, de forma comprovada, se verificou noutras zonas do Andaluz[100]. Por outro lado, a extrapolação dessa proposta ao conjunto do termo de Mértola dar-nos-ia um total de alcarias na ordem dos três milhares, número que parece francamente inverosímil.

As casas das alcarias abandonadas organizavam-se, e segundo as escavações arqueológicas até agora realizadas, em torno de complexos organizados em dois ou três lados em torno de um espaço aberto de planta rectangular. Os compartimentos que constituíam essas casas tinham, sem excepção, uma pluri-funcionalidade mais evidente que as habitações citadinas da mesma época[101].

Este tipo de organização repete esquemas presentes em idêntico período no *Sharq al-Andalus* e na Serra de Toledo e verificável, ainda há poucos anos, nas zonas berberes de

Marrocos. Em pequenas aldeias situadas em remotas zonas da serra algarvia persistem ainda reminiscências desta forma de habitat[102].

A estrutura do povoamento parece ter-se mantido desde a época islâmica até à actualidade. A extraordinária dispersão que, ainda em inícios do século XVI, se verificava neste termo parece-me estar intimamente relacionada com formas de habitar herdadas de épocas anteriores. O Numeramento de 1527 afirma que em "casais apartados" viviam 595 dos 994 moradores (ou 2380 em 3976 habitantes) recenseados no termo de Mértola[103], ou seja, 59,8% do total, embora se admita que o peso relativo da cidade fosse maior no período islâmico. As aldeias mais importantes nesse mesmo Numeramento - Aldeia dos Crespos, Alcaria Ruiva e Corte do Pinto -, oscilavam entre os 132 e os 156 moradores.

Os *montes* existentes nalgumas zonas do Alentejo meridional[104], constituídos em unidades que congregam 20 ou 30 famílias, repetem, ainda hoje, esquemas que se identificam na documentação escrita dos finais da Idade Média e que os trabalhos arqueológicos confirmam[105].

Os números apontados por Mariano Feio não são muito diferentes daqueles que se estimam habitualmente para os pequenos povoados rurais de época islâmica no Levante Peninsular e que são provavelmente idênticos em todo o Mediterrâneo Ocidental. Uma alcaria teria entre quatro e dez fogos ou, no caso das de grandes dimensões, de 25 a 30[106]. Isso equivale, em termos de população, entre 20 e 50 pessoas, no primeiro caso, e de 100 a 120 no segundo.

A manutenção desta estrutura de povoamento parece constituir uma das principais características da região de Mértola desde o período islâmico até aos nossos dias. Embora nada nos permita afirmar que os povoados rurais deste território tenham tido origem nessa época, a importância política e económica das alcarias de Mértola teve certamente um dos seus pontos altos entre os séculos VIII e XIII[107].

2

A Alcáçova de Mértola: *evolução histórica e organização urbana*

A a c r ó p o l e d e M é r t o l a situava-se no extremo Norte desta cidade e nela se construíram e estiveram em funcionamento, durante todo o Império Romano e a Idade Média, alguns dos seus principais edifícios públicos. Numa área aproximada de 7500 m², actualmente designada como "Alcáçova de Mértola"[108] [figs. 2.1. e 2.2.], são visíveis, para além das imponentes ruínas de construções romanas e do bairro islâmico do século XII, os muros e torres do castelo cristão pós-Reconquista.

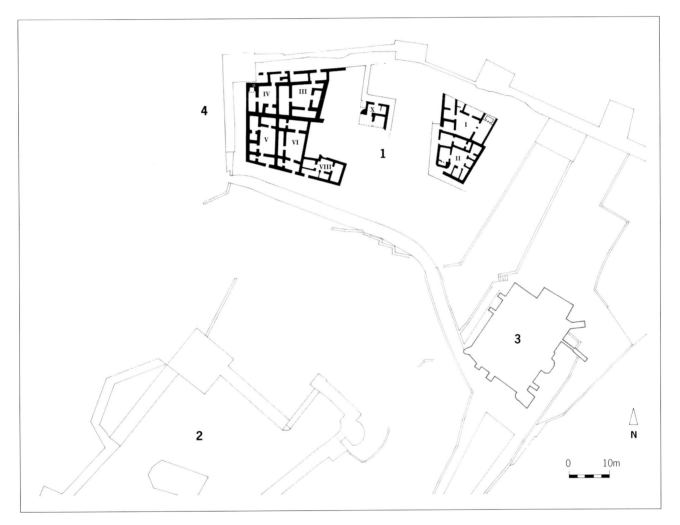

Fig. 2.1. - Alcáçova de Mértola (planta) in Torres, 1987
1. Espaço do antigo forum 2. Castelo 3. Mesquita 4. Limite Oeste do forum

Embora este cerro, estrategicamente posicionado (apresenta entre o seu ponto mais elevado, junto ao local onde hoje está a Torre de Menagem, e o sítio mais baixo, nas margens da ribeira de Oeiras, um desnível da ordem dos 77 metros[109]) tenha, com toda a probabilidade, sido ocupado desde a Pré-História[110], os testemunhos arqueológicos mais antigos e de inegável importância ali encontrados reportam-se ao período romano imperial. Eventualmente ligados aos poderes regional e local, relacionam-se com as importantes obras de características palatinas que foram realizadas em toda aquela área, sobretudo ao longo dos séculos III e IV[111]. Nos séculos seguintes, durante a época tardo-romana, várias edificações foram ocupando o espaço remanescente, numa evolução cujos contornos precisos são ainda pouco claros[112]. Também escassamente conhecidas são as formas de ocupação da alcáçova durante os períodos paleo-cristão, emiral e califal[113].

Temos, no entanto, um importante conjunto de vestígios referente ao bairro que, a partir de finais do século XI, se começou a instalar neste espaço e que sobreviveu enquanto área habitacional até uma data próxima de 1238/635, ano da Reconquista da cidade.

Alterações decisivas viriam a ser introduzidas em toda a área da alcáçova após a Reconquista: o abandono do bairro almorávida/almoada e a sacralização da mesquita, convertida em Igreja de Santa Maria, criaram condições para a instalação no local do cemitério cristão, que ali permaneceu pelo menos até ao século XVI[114].

As contínuas alterações sofridas por este local durante vários séculos tornam hoje difícil a reconstituição integral daquilo que foi a derradeira ocupação do bairro da alcáçova antes da instalação do cemitério.

Fig. 2.2. - Alcáçova de Mértola (corte) in Torres, 1987

A. Torreão
B. Pano de muralha
C. Torre de Menagem
D. Interior da torre de menagem
E. Encosta do castelo (zona superior)
F. Encosta do castelo (zona inferior)
G. Área do forum
H. Criptopórtico
I. Extra-dorso do criptopórtico
J. Pequena muralha exterior

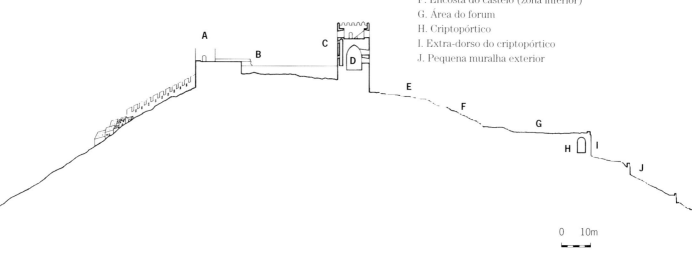

0   10m

Podemos distinguir três áreas topográficas bem marcadas (castelejo, encosta e a zona do provável *forum*[115]) onde se localizaram, pelo menos a partir do período romano, alguns dos principais edifícios ligados ao Poder [figs. 2.1. e 2.2.].

O castelejo

O topo do cerro foi provavelmente ocupado por um *castellum* com a sua guarnição militar. As transformações operadas no período islâmico - e nomeadamente a edificação das muralhas e a abertura de profundas fundações na rocha para a construção da cisterna[116] - e, sobretudo, as causadas pelas obras do castelo cristão nos finais do século XIII e inícios do XIV, não deixaram quaisquer vestígios das ocupações mais antigas. A hipótese da existência daquela antiga fortificação só pode, portanto, ser sustentada pela lógica de ocupação do terreno e com base na análise topográfica do sítio.

As subsequentes obras realizadas no interior do castelo cristão ao longo da Baixa Idade Média (e designadamente as do palacete dos cavaleiros da Ordem de Santiago)[117] inviabilizaram, na prática e devido à importância dos seus programas construtivos, a hipótese de se virem a conhecer mais em detalhe as estruturas de época pré-islâmica que terão existido no local. Ao período islâmico é, talvez, atribuível a construção da porta principal[118] [fig. 2.3.].

Fig. 2.3. - Porta do Castelo de Mértola

A encosta

A encosta entre o *forum* e o *castellum* corresponde a uma área de pequenas dimensões (2000 m²) [fig. 2.4.], de declive bem marcado (com uma diferença de cota de 25 metros entre os seus pontos superior e inferior[119]) e cuja evolução é, também, ainda mal conhecida, embora algumas linhas gerais, em termos de ocupação, se possam apontar.

Em primeiro lugar, constata-se um maior espaçamento dos enterramentos em toda a encosta do castelo. A necrópole cristã que se instalou sobre o espaço do bairro a partir dos finais do século XIII/inícios do século XIV ocupou de preferência os terrenos mais próximos da mesquita sacralizada, procurando os habitantes, desse modo, uma eficaz protecção além-túmulo. A zona mortuária está, assim, prioritariamente confinada à zona do antigo *forum*, onde as inumações se sobrepuseram às estruturas habitacionais islâmicas - bastante danificadas nalguns locais por esse motivo - ocupando praticamente toda a área do antigo bairro[120].

Em segundo lugar, não se constata na encosta uma ocupação equiparável, em termos cronológicos, à da área do *forum*. Quer isto dizer que, enquanto neste último espaço é possível identificar um conjunto de edificações possivelmente construídas em finais do século XI ou, com

Fig. 2.4. - Vista de conjunto da Alcáçova de Mértola

maior probabilidade, na primeira metade do século XII, na área da encosta não há qualquer construção que se possa com segurança atribuir a esse período.

O abundante espólio cerâmico referenciado em diversas áreas de abandono e em lixeiras foi inicialmente datado até ao meio do século XII[121], mas admite-se hoje que a sua cronologia não ultrapasse os finais do XI. Embora alguns vestígios de casas tenham sido identificados[122] - ao nível de muros, pavimentos, telhados ou fossas[123] -, os materiais aí encontrados não são atribuíveis ao derradeiro período da islamização, não havendo um único achado que aponte para uma ocupação daquela zona para o período mais tardio do Islão Peninsular. O abandono desta área parece, assim, ter-se verificado o mais tardar em finais do século XI.

Finalmente, mencione-se a quase ausência de vestígios no espaço junto à torre de menagem cristã. A instalação no local de um gigantesco estaleiro nos finais do século XIII, necessário às profundas obras de remodelação do castelo e a realização de trabalhos necessários à edificação daquela imponente estrutura poderão, neste caso, ter contribuído para a destruição dos vestígios numa zona onde é lógico afirmar que se poderá ter localizado o *castellum* romano e o castelejo islâmico.

É, em síntese e a partir dos elementos disponíveis, muito provável que todo este espaço não tenha tido ocupação no final do período islâmico[124].

Fig. 2.5. - Área termal

Um pouco mais abaixo, no extremo Norte da cidade, situa-se a plataforma onde, já perto do ocaso do Império, se edificou um importante complexo palatino.

Ainda que sejam praticamente desconhecidos os aspectos referentes às ocupações pré-romana e imperial, sabemos que neste local se edificou, a partir de meados do século III e até aos inícios do IV, um conjunto de edifícios de carácter palatino.

Uma vasta plataforma artificial, construída possivelmente para exercer as funções de *forum*[125] albergou então um conjunto de edifícios notáveis de *Myrtilis*, o qual incluía uma basílica civil, cujos restos são visíveis no local[126] [fig. 2.5.]. Estas novas construções aproveitaram ainda parte de um conjunto termal[127], do qual resta apenas uma pequena piscina luxuosamente placada com mármore [fig. 2.5.].

A zona áulica, que deve no início ter tido um uso de tipo civil, passou, a partir do século IV, a ter funções marcadamente religiosas. Esse fenómeno poderá, de modo simultâneo, estar ligado a uma crescente difusão do cristianismo a partir do Norte de África e, também, a uma inexorável decadência da simbólica imperial.

A área termal foi então adaptada a baptistério, hipótese confirmada pela presença no local de uma cruz patada de cronologia paleocristã[128]. Desconhece-se a data do abandono definitivo deste conjunto, ocorrido eventualmente já no período islâmico.

Outras estruturas deste período identificaram-se também ao longo da encosta, em direcção ao *castellum* que dominava toda a povoação.

A plataforma-*forum*, mais tarde utilizada como limite norte de um amuralhamento que ainda hoje abraça o aglomerado urbano, destacava-se com as suas galerias porticadas e basílica[129].

A criação desta enorme plataforma, onde todas as construções subsequentes se iriam instalar, só foi possível mediante a edificação prévia de um conjunto de muralhas que permitiram vencer os acidentes do terreno.

A Oeste, foram levantadas duas muralhas paralelas com quinze metros de comprimento, sete metros de altura e uma espessura de um metro cada. É praticamente certo que esta enorme estrutura nunca esteve coberta e que o seu entulhamento se deverá ter processado em data não muito distante da sua construção[130].

A Norte, para suportar maiores pressões numa amplitude mais vasta, o desnível foi compensado por um criptopórtico de 32 metros de comprimento, com largura e altura médias de, respectivamente, 2,70 e 5,80 m. (cf. *infra*)[131].

Trabalhos arqueológicos recentes puseram entretanto a descoberto um imponente conjunto de seis arcossólios [fig. 2.6.] que poderiam fechar, a nascente, esta área do *forum*[132]. O aparelho destes arcos, com blocos de xisto a servir de aduelas, unidos por uma forte argamassa de cal, e um bloco de granito a servir de chave, é idêntico tanto ao da abóbada do criptopórtico como ao da galeria que delimita o *forum* a Oeste, devendo pertencer à mesma campanha de obras[133].

Junto a estes é ainda visível, integrado nas muralha da cidade, o resto de uma enorme porta de época romana, através da qual se entraria na área adjacente ao *forum*.

Ao todo, esta plataforma perfeitamente nivelada[134] media, no espaço delimitado pelo criptopórtico e pelas muralhas, sensivelmente 50 por 35 metros, ou seja cerca de 1750 m². A zona do bairro a Este do antigo *forum* (e nomeadamente as casas I e II) foi construída num plano ligeiramente inferior[135]. Esse facto permite-nos identificar, com clareza, dois espaços distintos

Fig. 2.6. - Arcossólios que marcam o limite Este do *forum*

para a totalidade do conjunto habitacional: um edificado sobre o *forum*, e onde estão implantadas as casas III, IV, V, VI, VIII e X, e outro, mais próximo da mesquita, onde foram construídas as habitações I e II.

A área da plataforma inferior da alcáçova atinge, assim, os 4000 m^2, o que equivale a cerca de 6,5% da área total da cidade intra-muros.

Sendo certo que todo este espaço conheceu ocupação continuada desde o período romano até se começar a organizar a necrópole cristã em finais do século XIII / inícios do XIV, não são, no entanto, conhecidas estruturas arquitectónicas que se possam atribuir com segurança à fase inicial da islamização de Mértola. Se, por um lado, o expressivo espólio cerâmico das épocas emiral e califal atesta essa presença de forma inequívoca, as ruas e casas do bairro que ali se instalou são, sem qualquer dúvida, dos finais do século XI ou um pouco posteriores[136].

2.1.1. O criptopórtico-cisterna

Fig. 2.7. - Exterior do criptopórtico
(na actualidade e segundo o desenho de
Duarte Darmas)

Edificado provavelmente a partir de meados do século III[137], numa época em que as estruturas económicas e políticas do Império se começavam a desagregar e os poderes regionais se afirmavam, o criptopórtico integrava-se certamente no complexo de fortificações que defendia Mértola e do qual a parte mais expressiva que se conservou é constituída por este troço [fig. 2.7.].

Não deixa de ser um tanto problemática a construção de uma estrutura palatina deste género numa época em que o sistema de poder que lhe servia de inspiração entrava em crise profunda e em que a própria existência deste tipo de construções deixava de ter funcionalidade e qualquer justificação do ponto de vista ideológico. Não tenho, contudo, qualquer argumento que me leve a equacionar a sua construção em época anterior.

Esta estrutura garantia, por um lado, a defesa da cidade neste sector. Por outra parte, permitiu, como vimos, a criação de uma plataforma artificial onde se implantaram os principais edifícios da cidade. Essa enorme estrutura possibilitava, ainda, devido às suas dimensões e condições de isolamento térmico, o armazenamento de alguns géneros alimentares[138].

Construído numa só campanha, o criptopórtico apresenta na sua parede exterior um paramento de gigantescos blocos de granito alheios à região [fig. 2.7.]. Bem modulados e apresentando sinais do uso do *forceps*, constituem uma evidente reutilização dos materiais de outro edifício, que à época já estaria desactivado. O enchimento da muralha e as paredes do criptopórtico são de xisto da região, embebido numa argamassa com muita cal [fig. 2.8.].

Numa fase não determinada da sua existência, mas talvez não muito distante da época de construção, uma mudança importante foi operada na sua funcionalidade, passando a ser utilizado como local de armazenamento de água. A rebocagem, efectuada com um espesso e consistente *opus*, permitiu que se impermeabilizassem os muros, possibilitando que esta estrutura fosse utilizada como cisterna. Os 32 metros de comprimento, 2,70 de largura e 1,60 de altura - na área rebocada -, possibilitavam, desse modo, uma capacidade de armazenamento máxima de 138 m^3, ou seja, o equivalente a 138000 litros.

Razões de funcionalidade levam-me a pensar que, durante a mesma campanha de obras, tenha ocorrido o entaipamento das janelas do criptopórtico, feito com pedras mal argamassadas e alguns fragmentos arquitectónicos de grandes dimensões. Numa delas era visível um capitel do século III/IV, entretanto removido, contemporâneo das grandes campanhas de obras no *forum* e aqui reutilizado. O entaipamento destas aberturas liga-se, com toda a segurança, à necessidade de impedir a entrada de aves ou outros animais no local. É possível que essas modificações tenham ocorrido em finais do século IV ou inícios do V, em data ainda assim não muito distante da sua construção.

Fig. 2.8. - Interior do criptopórtico

Fica por explicar com rigor o porquê da decisão de transformar o criptopórtico em cisterna. Ao contrário do que inicialmente se pensou, não é provável que essa adaptação tenha a ver com as termas, equipamento que não só lhe é anterior no tempo como necessitava de um apreciável e continuado abastecimento de água. Não faria, de resto, muito sentido um armazenamento de água a uma cota inferior à da área balnear, o que obrigaria a um esforço suplementar de transporte e à construção de sofisticadas canalizações. Ao invés, é provável que as estruturas visíveis no alto da encosta do castelo tenham pertencido a um complexo de armazenamento de água ligado a essas mesmas termas[139].

De igual modo, é defensável que a cisterna possa ter servido, ainda que temporariamente, de fonte de abastecimento às cerimónias iniciáticas[140] que, após a conversão ao Cristianismo, se terão passado a realizar num *forum* então transformado e adaptado a novas funções[141].

A imensa capacidade de armazenamento deste reservatório não parece consentânea com o uso exclusivo de apoio ao baptistério, podendo-se também apontar uma utilização de tipo doméstico e, de forma mais concreta, como local de armazenamento de água para beber. Embora estas cisternas fossem, na prática, um meio económico de armazenamento de água, o facto de se tratar de locais onde esta não se movimentava e rapidamente se deteriorava, desaconselhava o seu uso para tal fim[142]. Recomendava-se, em todo o caso, que as cisternas se enchessem periodicamente, o que deveria ocorrer em Dezembro ou Janeiro[143].

A grande fonte da abastecimento era, como parece óbvio, constituída pelo próprio Guadiana[144]. Embora parte dos esgotos da cidade vazassem directamente para o rio, tal não impediria a recolha de águas para o consumo doméstico[145].

O abandono desta estrutura pode ser datado apenas em termos relativos: sabemos, com toda a certeza, que na altura em que se procedeu à edificação do bairro da alcáçova, a partir de finais do século XI, a sua função como local de armazenamento de água tinha terminado há muito. Esta ideia é sustentada por argumentos de ordem estratigráfica e por métodos de datação absoluta utilizados no espólio osteológico recolhido no local[146].

O primeiro dado relaciona-se com dois dos níveis arqueológicos do criptopórtico [figs. 2.9. e 2.10.][147], os quais proporcionaram a recolha de um abundante espólio cerâmico, datável do século XI . Esses materiais são ainda tipologicamente semelhantes aos que estão presentes no nível de assentamento da rua do bairro islâmico situada no extremo Sul do *forum*[148].

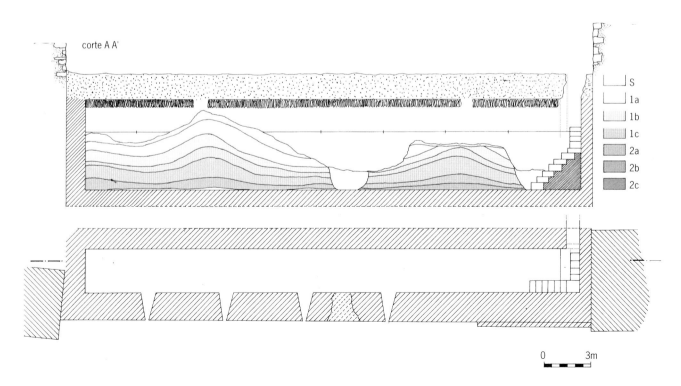

Fig. 2.9. - Corte longitudinal e planta do criptopórtico in Torres, 1987

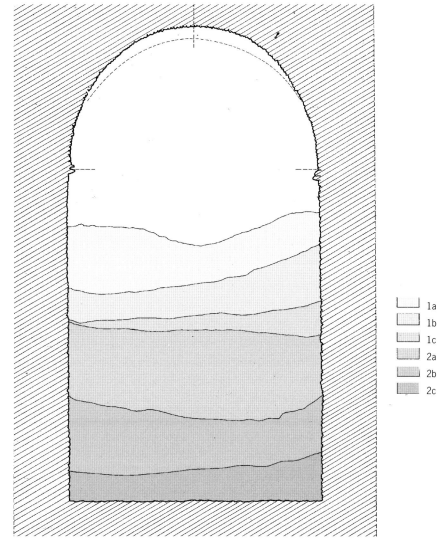

Fig. 2.10. - Corte do criptopórtico com os diferentes níveis in Torres, 1987

O segundo elemento tem a ver com a recolha no criptopórtico de um importante conjunto de esqueletos[149]. Razões de ordem estratigráfica[150], e datações realizadas por radio-carbono, levam-me a pensar que o falecimento dos dezoito indivíduos cujos restos ali se recolheram serão contemporâneos do conturbado período de agitação política que todo o Garbe viveu no século VIII[151]. O carácter de violência que estas mortes assumiram e o abandono a que os corpos foram votados, só me parece compatível com uma situação de guerra ou de combate militar.

Ou seja, as camadas superficiais ali escavadas são contemporâneas dos trabalhos preparatórios da edificação das casas que ali existiram e que foram habitadas até 1238/635, ao passo que os níveis mais profundos estavam aparentemente abandonados há mais tempo.

A confirmarem-se estes dados, a definitiva perda de funções do criptopórtico, enquanto espaço de armazenamento de água, poderá ter ocorrido entre finais do século VIII e finais do século IX[152].

2.2. O BAIRRO ISLÂMICO DA ALCÁÇOVA:
REDE VIÁRIA E SISTEMAS DE SANEAMENTO

Foi, portanto, sobre o antigo *forum* que se edificou um conjunto urbano habitado ainda na primeira metade do século XIII. Se bem que este sítio tenha sido sucessivamente ocupado até ao período islâmico, persistem, na sequência de ocupação, várias lacunas.

Sendo conhecida a época de abandono do criptopórtico enquanto reservatório de água, continua por explicar que tipo de funções teve o *forum* ao longo de toda a Alta Idade Média. Um provável uso habitacional deste espaço carece de provas estratigráficas, ou de elementos de ordem arquitectónica e urbanística, que o sustentem. Apesar da abundância de cerâmica califal verificada em toda esta área, as habitações que ali têm vindo a ser escavadas são posteriores a esse período.

A falta de dados para o período entre os séculos VIII e XI impede a formulação de hipóteses seguras sobre a evolução do habitat na alcáçova de Mértola durante os primeiros quatrocentos anos de islamização[153]. Em rigor, não há um único local onde se possam identificar de modo irrefutável estruturas ou um conjunto habitacional atribuíveis a essa época.

Um primitivo bairro ou conjunto de habitações é-nos desconhecido. Embora os materiais do período paleoislâmico (séculos VIII-IX) não abundem, é evidente a ocupação do sítio ao longo deste período, assim como durante a época califal-taifas.

Essa ausência de elementos de estudo poderá, talvez, ligar-se a um relativamente discreto papel político desempenhado pela cidade entre os séculos VIII e XI. As raras excepções parecem ter ocorrido aquando da breve, e pouco conhecida, taifa de Ibn Tayfur (1044/435) e, sobretudo, em meados do século XII, quando Ibn Qasi fez de Mértola o centro das suas ambiciosas actividades político-religiosas[154].

O período de ocupação deste bairro foi determinado com base em vários factores:

Em primeiro lugar, a sua construção, ocorrida possivelmente nas duas últimas décadas do século XI, como limite mais antigo, e meados do século XII, como limite mais recente. Mértola conheceu, nesse período, uma época de apogeu, que se traduziu, em meados desta última centúria, na construção da mesquita e na aventura de unificação política liderada por Ibn Qasi. Penso que a realização deste programa urbano se poderá ligar à crescente importância político-militar que a cidade adquiriu a partir do começo da implantação almorávida.

Em segundo lugar, a ocupação do local ter-se-á prolongado, pelo menos, até uma época próxima da reconquista de Mértola, ocorrida em 1238/635. No estrato correspondente à destruição das casas, para além de um abundante espólio cerâmico de tipologia almoada, foram encontrados em vários pavimentos, e sob o telhado derrubado, diversos numismas portugueses - dos reinados de D. Sancho I, D. Afonso II e D. Sancho II[155] -, aí caídos em data simultânea ou próxima do abandono do bairro. Embora permitam datar, com alguma segurança, essa última fase de vida do bairro da alcáçova, as moedas ali encontradas não pertenceram, certamente, aos conquistadores da cidade[156].

Em terceiro lugar, os telhados caídos sobre os pavimentos denunciam uma destruição desta área habitacional que pode ter ocorrido num espaço relativamente curto, de meses ou mesmo semanas. Nalguns casos, a queda abrupta dos telhados e muros sepultou por alguns séculos peças cerâmicas completas. O estado em que estavam alguns materiais, esmagados sobre o solo dos vários compartimentos e com as telhas caídas sobre si, deixam mesmo antever, nalguns casos, um abandono rápido desses locais.

São elementos que, penso, datam com alguma segurança essa última fase de vida na alcáçova. O abandono deste bairro está perfeitamente datado na época da Reconquista, sendo praticamente certo que, de forma irreversível, a zona da alcáçova perdeu funções habitacionais na quinta década do século XIII.

Finalmente, a própria tipologia arquitectónica das habitações ali encontradas apresenta importantes pontos de contacto com outros conjuntos habitacionais andaluzes da mesma época[157].

Que certezas temos, então, no que diz respeito a construções edificadas durante o período islâmico no espaço do antigo *forum*?

Em primeiro lugar, que a construção do conjunto de casas do bairro da alcáçova foi levada a cabo simultaneamente ou em período não muito distante entre si. Isso é visível tanto nas obras efectuadas para a construção das ruas [fig. 2.11.][158] , como em todos os trabalhos de instalação de infra-estruturas (nomeadamente as fossas de saneamento e as canalizações) e de organização do traçado do bairro.

Outro tipo de justificação, como a necessidade de uma intervenção profunda motivada por catástrofes naturais ou por factores de ordem política, para a construção deste bairro podia ser tentada. Parece, no entanto, pouco lógico, argumentar que factos como o terramoto que assolou o Sul da Península em 1079/472[159] ou o início do domínio almorávida (1086/478) possam ter contribuído de forma decisiva para o começo destas obras.

Ao invés, toda a lógica da derradeira fase do período islâmico em Mértola aponta para a concretização de um importante conjunto de obras, entre as quais se incluiram, em meados do

Fig. 2.11. - Nível de construção da rua (Q. 7 C)

século XII, o novo programa arquitectónico da mesquita[160] e a reconstrução de alguns panos de muralha da cidade, em particular os que se situam no seu extremo Norte[161]. Mais do que obras de carácter propangandístico ou de prestígio, estamos em presença de um derradeiro esforço dos senhores do Garbe no sentido de cerrar fileiras ou de tentar fortalecer, tanto quanto possível, os seus principais centros urbanos.

A vida destas casas prolongou-se até à "conquista" da cidade, sendo provável que o seu abandono definitivo seja contemporâneo desses eventos. A necrópole cristã que se instalou mais tarde nestes terrenos foi, conforme mencionei, simultaneamente um factor de destruição e preservação das estruturas arquitectónicas destas habitações. Constitui, em todo o caso, elemento de profunda perturbação na leitura das estratigrafias, quase sempre anuladas pela abertura de covas para deposição dos corpos. Se, nalgumas zonas, a área de inumações não destruiu totalmente os muros e pavimentos das habitações, noutras as covas foram abertas no chão dos pátios e salões das casas abandonadas ou interferindo directamente com o pavimento das ruas. Noutros sítios ainda, a intervenção do espaço mortuário foi mais radical, tendo a abertura das fossas para inumação destruído todos os níveis arqueológicos praticamente até às estruturas romanas [fig. 2.12].

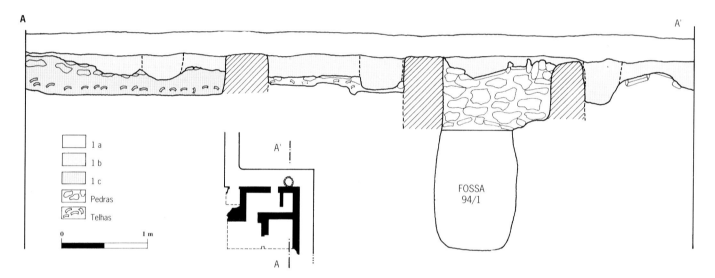

Fig. 2.12. - Estratigrafia da escavação da alcáçova de Mértola - casa X

A estratégia nas áreas correspondentes ao bairro de época islâmica pode esquematizar-se da seguinte forma: o nível 1a refere-se a uma capa de terrenos estéreis e é posterior ao cemitério cristão. Tanto as sepulturas (que interferem, com frequência, com o nível de ocupação do período islâmico) como a camada de abandono da necrópole são identificadas como nível 1b. Finalmente, o nível 1c é atribuído, simultaneamente, ao estrato de ocupação do bairro de alcáçova e às estruturas que a ele se reportam.

2.2.1. A malha urbana e a rede viária

O bairro islâmico cresceu, assim, numa plataforma delimitada por um conjunto de estruturas de época romana (e, em parte, pelos terrenos anexos à mesquita), às quais se sobrepôs e que, em grande medida, reutilizou.

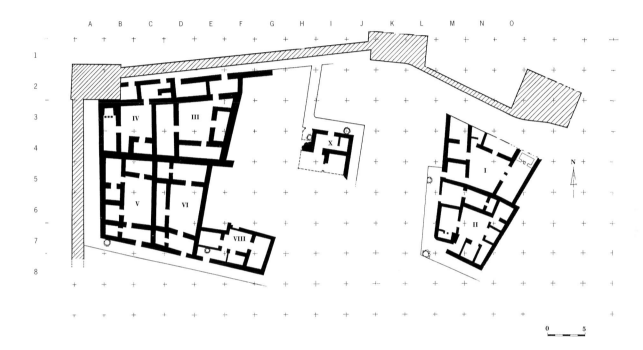

Fig. 2.13. - Planta de conjunto da bairro da alcáçova de Mértola

A sua rede viária organizava-se, na extensão até agora posta a descoberto, segundo um esquema ortogonal definido de forma algo tosca mas onde os eixos, delineados em linhas perpendiculares entre si, são, após as escavações arqueológicas, perfeitamente definíveis [fig. 2.13.].

As principais vias que estruturavam o espaço deste bairro parecem ter sido duas ruas que o percorriam junto aos limites Norte, Oeste e Sul da alcáçova. Do cubelo de época islâmica situado no vértice Noroeste da cidade saíam duas ruas. Uma delas estava delimitada pela muralha Norte, cujo traçado acompanhava até à antiga porta do *forum* [fig. 2.14.][162]. A outra rua dividia-se em dois troços: um primeiro, junto à muralha Oeste e orientado no sentido Norte-Sul, era apenas utilizado pelos que se dirigiam à torre que acima referi e à qual subiriam por uma escada[163]. A rua fazia depois uma esquina com uma inflexão de 90°, prolongando-se de seguida numa razoável extensão no sentido Oeste-Este e numa linha paralela ao traçado do criptopórtico e da muralha Norte [fig 2.15.][164]. Ao todo, e no conjunto das duas ruas, cerca de 72,5 metros de vias serviam a área Oeste do bairro da alcáçova, numa zona onde as habitações estavam dispostas de modo coerente no aglomerado urbano e se incluíam num reticulado razoavelmente definido[165]. A extensão total das ruas deste bairro, e contando também com os dois adarves[166], atinge os 105 metros, na área até agora escavada.

Fig. 2.14. - Rua no limite Norte do bairro (junto às casas III e IV)

Fig. 2.15. - Rua junto às casas V e VI

Fig. 2.16. - Perfil do pavimento de uma rua (Q. 6 A)

A pavimentação das vias seguia o mesmo modelo, quer se tratasse de uma rua principal ou de um pequeno adarve. O piso de terra batida, de perfil ligeiramente côncavo [fig. 2.16.][167], causado pela passagem de várias gerações de moradores, é o principal traço identificativo destas áreas[168], intensamente utilizadas durante 100 a 150 anos.

A forma relativamente ordenada como este pequeno bairro foi concebido e construído parece, contudo, pouco consentâneo com aquilo que é costume dizer-se a propósito das chamadas "cidades muçulmanas".

Constitui ainda hoje um dos mais difundidos lugares-comuns a caracterização de um urbanismo muçulmano espontâneo ou não-organizado[169]. O problema da ortogonalidade nos traçado urbanos não deve, segundo parece lógico, ser aferido em função de o mesmo se reportar ou não ao período islâmico, mas sim pela existência ou não de um poder estabelecido e da capacidade deste em impôr determinados programas urbanísticos e construtivos[170]. Ou seja, não se trata de um problema de mera cronologia ou de "crença religiosa", mas sim do foro das instituições.

Abundam no mundo medieval os casos de traçados urbanos geométricos e estabelecidos de forma prévia à existência das construções[171]. Cite-se, como caso paradigmático, Madinat az-Zahra, cidade palatina feita à semelhança dos modelos áulicos da civilização clássica - de traçado ortogonal e urbanismo racionalmente definido com áreas perfeitamente marcadas consoante a funcionalidade de cada espaço[172]. Ou recordem-se ainda o caso do arrabalde de El Forti (Dénia)[173], as urbanizações das antigas cidades de Bayyana (Pechina)[174] e Siyasa (Ciesa)[175], urbes cujo traçado relativamente regular permite afirmar a existência de um poder estabelecido suficientemente forte para organizar um espaço urbano e para, a esse nível, impôr a sua vontade[176].

A verdade é que, mesmo quando o traço viário não é inteiramente ortogonal, as principais artérias manifestam-se não pelo seu traçado rectilíneo ou pela sua largura, mas pela função que têm como elos de ligação entre os principais pontos da cidade (as portas, a mesquita e os *suqs*).

Tais constatações vêm contrariar, uma vez mais, a desajustada tese de um urbanismo islâmico de feição mais ou menos anárquica, argumentação desmentida por aquilo que se pode ainda verificar em Fustat, Damasco ou Alepo[177].

O caso de Mértola parece-me, ao mesmo tempo, interessante e esclarecedor: o bem organizado sistema de canalizações, fossas, ruas e habitações existentes não é admissível sem a competente presença de um poder capaz de impôr de forma rigorosa o que pretendia[178]. A implantação das casas não é, neste aspecto particular, fruto do acaso ou de atitudes espontâneas. A prática de colocar casas em espaços vazios não fez parte do programa urbanístico deste bairro.

Parece claro que o conjunto urbano da alcáçova foi fruto de um empreendimento concebido de raíz e que passou pelo delinear do seu traçado, a marcação de ruas e a construção de sistemas de saneamento, existentes antes da edificação das casas.

A importância que a gestão dos espaços públicos tinha é também visível noutros domínios que não o do ordenamento da malha urbana[179]. O empenhamento dos legisladores fazia-se também sentir na tentativa de enquadramento e resolução doutros problemas: al-Garsifi, por exemplo, determinava as alturas em que as ruas não deviam ser regadas - o que, pela negativa, nos permite saber que essa atitude era comum[180]. São também mencionados os jogos, nomeadamente o de dados[181], e as brincadeiras que não eram permitidos nesses locais públicos[182].

2.2.1.1. Os adarves

Os adarves constituíam, na prática, a marcação de uma divisória entre a rua, enquanto espaço público, e o espaço privado da casa. Era, de qualquer modo, uma área de uso semi-privado, à qual, em princípio, só teriam acesso os seus moradores. Parece lógico que fosse essa a função dos dois adarves postos à luz do dia pela escavação em Mértola e identificáveis na malha urbana do bairro da alcáçova.

Um deles saía da rua junto à muralha Norte em direcção a Sul e servia a casa X (e uma outra

Fig. 2.17. - Adarve junto à casa X

Fig. 2.18. - Adarve junto às casas I e II

habitação ainda por escavar) [fig. 2.17.]. Embora se saiba que contornava este conjunto de habitações, não está definido todo o seu traçado[183].

Outro beco, localizado também junto à muralha Norte, orientava-se no sentido Norte//Sul [fig. 2.18.]. Dele se tinha acesso à casa I, ao possível estábulo da casa II (compartimento I) e a duas outras habitações, cujas entradas assentam no extra-dorso dos arcossólios romanos que delimitavam o *forum*. Os poiais dessas habitações - formados por sólidos e bem aparelhados blocos de xisto e mármore -, eram constituídos por dois degraus[184] que indicam com segurança a localização das portas das casas [figs. 2.19. e 2.20.][185]. O adarve faz depois cotovelo, dando acesso à casa II e orientando-se no sentido Sudeste. O prolongamento desta via perde-se na zona não escavada, embora não haja qualquer dúvida acerca da sua continuidade.

O solo deste pequeno adarve foi pavimentado apenas com terra e estava perfeitamente nivelado[186].

A pouca largura destas vias leva-me a pensar num uso das

Fig. 2.19. - Poial de casa

Fig. 2.20. - Poial de casa

ruas e adarves circunscrito aos habitantes das casas que aqui se situavam. Os problemas causados pela passagem e cruzamento de animais de carga, sempre tão detidamente abordado pelos tratados de *hisba*[187], não se colocaria aqui[188].

Encontrou-se, durante a escavação, um enorme fragmento de um muro caído sobre o pavimento, marcando de forma clara a perda de funções do adarve. A forma de abandono desta via assemelha-se, do ponto de vista arqueológico, aquela que se identificou no interior das casas.

O piso deste pequeno beco, para além da presença de diversas sepulturas (escavadas por vezes no local onde se tinha situado a rua), forneceu um assinalável espólio cerâmico, maioritariamente de cronologia almoada, esmagado sobre o solo.

Em cada adarve estava instalada uma porta, chamada *bab al-darb*, que fechava essa zona "hermeticamente". Destinava-se a proteger os seus ocupantes em períodos agitados e, sobretudo, contra as tentativas de roubo. A confecção e manuseamento desta porta exigia o acordo e cotização dos habitantes do adarve. Ibn al-Rami propunha que fossem os habitantes ricos da rua a pagar este tipo de construções[189].

Embora na escavação de Mértola nunca se tenha encontrado qualquer elemento arquitectónico que comprove taxativamente a presença no local de portas de adarve[190], a lógica urbanística do bairro da alcáçova e a presença de vários becos que serviam simultaneamente mais que uma casa leva-nos a propôr a existência de uma estrutura desse tipo.

Este espaço era, em suma, uma zona fechada, íntima e semi-privada. Trata-se, de algum modo, de um prolongamento da própria casa, mais um corredor exterior do que um local de passeio ou negócio[191]. Talvez por esse motivo não fosse permitido abrir novas portas nem mudar as portas de sítio[192].

2.2.2. Os sistemas de saneamento

Em todas as cidades mediterrânicas, e por razões climáticas evidentes, houve desde sempre um particular cuidado com a eliminação dos resíduos provenientes das várias actividades quotidianas. Sistemas de canalizações, fossas e outros dispositivos, de maior ou menor sofisticação, são comuns em todos os aglomerados urbanos das regiões meridionais[193].

Em Mértola é visível um especial cuidado na instalação deste tipo de soluções, concebidas e preparadas antes da construção das moradias. Em caso algum se nota discrepância entre a rede viária, as canalizações e as fossas[194]. O que, em termos práticos, quer dizer que a resolução de tais problemas não foi deixada ao acaso, como já se referiu, sendo antes fruto de um planeamento relativamente cuidado. Tal pressuposto parece-me válido para os dois sistemas de saneamento até agora referenciados em Mértola: as canalizações e as fossas[195].

O primeiro situava-se debaixo de duas habitações e o seu traçado foi estabelecido em função da planta das casas que sobre ele se vieram a construir [fig. 2.21.][196].

No segundo caso, as quatro fossas situadas em plena rua, e ligadas às latrinas doutras tantas casas, foram abertas (aproveitando sempre de forma parcial estruturas de época romana que lhe serviam de enquadramento)

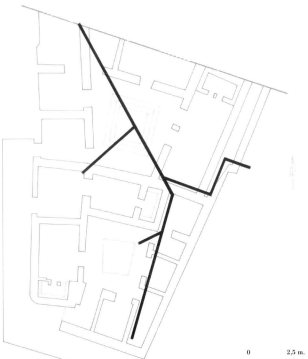

0   2,5 m.

Fig. 2.21. - Casas I e II (planta esquemática) com o respectivo sistema de saneamento

antes da construção das habitações às quais se destinavam.

As casas I e II dispunham de um único e comum sistema de saneamento, o qual apresenta interessantes características. Constituído por uma caixa de formato rectangular, feita com pequenos blocos de xisto, media cerca de 0,40 m. de profundidade e 0,30 m de largura (sob o pátio da casa I) e 0,35 m. de profundidade e 0,20 m. de largura numa canalização secundária.

Esse esgoto subterrâneo tinha início na latrina da casa II[197] [fig. 2.22.], passava em direcção a Norte por debaixo de uma parte desta habitação, interceptava depois um pequeno desaguadouro que tinha origem no centro do pátio e recolhia as águas residuais da cozinha. Neste compartimento - e num local oposto ao do fogo - situava-se uma pequena pia de despejos. Delimitado por pequenas pedras fincadas no pavimento de terra batida, um buraco em quarto de círculo enquadrava uma laje de xisto situado num registo ligeiramente inferior [fig. 4.8.]. Suponho que a presença desta laje se destinasse a impedir a entrada de roedores e outros animais no interior da habitação, embora não fosse improvável que esta abertura estivesse coberta, durante a maior parte do tempo, com uma tampa de madeira.

Fig. 2.22. - Latrina da casa II

A canalização inflectia depois no sentido Noroeste e cruzava obliquamente toda a casa I. Recolhia, finalmente, os despejos da latrina dessa habitação. O esgoto passava depois pelo interior da muralha, sendo os detritos lançados para o exterior. Este veio principal tinha, ao todo, 18,80 m.

Outros ramais menos importantes faziam também os seus despejos para este esgoto. Do compartimento I da casa II - que pode ter temporariamente servido como estábulo - saía um pequeno cano que desaguava na canalização principal sob o pátio da casa I [fig. 2.23.].

Eram ainda recolhidas neste sistema as águas pluviais provenientes do espaço existente entre a casa I e uma outra que lhe ficava contígua (a Este). Essas canalizações laterais[198] ligavam depois, por um ramal de 3,20 m. que passava debaixo do salão da casa I, ao colector principal situado sob o pátio.

Este complexo sistema de esgotos tinha, no total, uma extensão de 34,80 metros[199].

Parece-me também indiscutível que a canalização que acabei de descrever não se destinava apenas ao uso doméstico das latrinas e cozinhas. É, pelo contrário, e tendo em conta as suas grandes dimensões, muito provável que a sua função fosse também a de escoar as águas pluviais[200].

Fig. 2.23. - Canalização sob o pátio da casa I

Um outro método de saneamento, mais comum, detecta-se noutros pontos do bairro. A abertura de fossas junto às casas era, conforme se sabe, o sistema de esgotos mais comum nos centros urbanos da Espanha muçulmana. Estas fossas têm, frequentemente e de forma errada, sido interpretadas como silos [fig 2.24.]. Tal classificação não é admissível se tivermos em linha de conta o seu posicionamento no contexto do traçado urbano - ou seja, em plena rua e junto às latrinas[201] -, bem como razões de ordem construtiva. As fossas eram construídas com fiadas de pedra sobrepostas e unidas apenas por terra, não podendo desse modo impedir a acção de pequenos répteis e roedores. De igual modo, a ausência de qualquer revestimento de impermeabilização no seu interior invalida que aí se pudessem armazenar cereais. Situadas em vias de circulação de zonas habitadas estavam, como é lógico, cobertas por lajes e vedadas com terra batida, cobertura que era apenas removida aquando da sua limpeza periódica.

Temos, em Mértola, vários exemplos atestados deste sistema[202], a partir do qual podemos obter, em diversos níveis, dados de interesse para o estudo do quotidiano neste bairro. Para além das abordagens urbanística e arquitectónica, a análise do conteúdo das fossas - material certamente contemporâneo da altura de abandono do bairro - é também uma fonte insubstituível para a caracterização dos hábitos alimentares da população de Mértola na primeira metade do século XIII.

Uma das latrinas escavadas[203], com uma área de 2,5 m², estava ligada a uma fossa que, embora se situasse no interior da

Fig. 2.24. - Fossa da casa V

própria casa, foi construída junto aos muros do criptopórtico, local onde os despejos acabavam por se infiltrar[204].

O mesmo sistema é também reconhecível na zona Este da alcáçova, embora em circunstâncias algo diferentes. No pequeno beco que cruzava esta parte do bairro[205], identificam-se entradas de habitações junto às quais reconhecemos duas fossas. Uma dessas casas dispunha de uma[206], ao passo que o sistema de saneamento da outra nos é, de momento, desconhecido. Para Sul, e na esquina da rua, foi integralmente esvaziada uma destas estruturas[207], embora a habitação a que pertenceu esteja ainda por escavar.

A gestão deste tipo de saneamento mereceu, também, alguma atenção por parte dos legisladores hispano-muçulmanos. Ibn Abdun escrevia, em começos do século XII (e portanto em época próxima da edificação do bairro da alcáçova de Mértola) que não seria permitido deixar o lixo destas fossas no interior da cidade, mas sim fora de portas, em campos, jardins e lugares destinados a este fim. Diz ainda que se devia ordenar energicamente aos habitantes dos arrabaldes - ele referia-se concretamente a Sevilha - que limpassem as lixeiras que tinham *organizado* nos seus próprios bairros[208].

Não deixa de ser curioso o paralelo com urbes cristãs da mesma época. Para cidades portuguesas desse período não há quaisquer referências em relação a sistemas semelhantes, os quais só são mencionados nos finais do período medieval. Em França, por exemplo, os esgotos foram raros antes do século XIII[209]. Cidades tão importantes como Amiens, Beauvais ou a própria Paris não dispunham, em época contemporânea da reconquista de Mértola, mais do que sumaríssimos dispositivos de saneamento, frequentemente construídos a céu aberto. Sistemas primitivos de escoamento de águas residuais eram também comuns às casas apalaçadas[210].

Afirmava ainda Ibn Abdun que não seria permitido às pessoas atirar para a rua lixo e imundíces. Por outro lado, não só os habitantes eram obrigados a limpar o que estava em frente a suas casas como, em locais de desaguadouros de água suja, os proprietários seriam obrigados a construir e manter em bom uso um esgoto[211]. De acordo com outro tratado de *hisba*, redigido na mesma época por Abd al-Rauf, quem escavasse um esgoto na via pública era obrigado a proceder à sua limpeza bem como a nivelar a rua, de forma a não causar incómodo aos passantes[212]. A vigilância dessas tarefas, adianta outro autor - Umar al-Garsifi -, cabia ao *muhtasib*[213], devendo a limpeza das latrinas ser executada por cristãos ou judeus, uma vez que se tratava de uma tarefa indigna para um muçulmano[214].

Várias ilações, certamente aplicáveis a Mértola, se podem tirar dos tratados de *hisba*:

Primeiro, que a organização dos sistemas de saneamento de cada zona da cidade era da responsabilidade dos membros da comunidade, os quais eram vigiados pelo almotacé.

Em segundo lugar, a afirmação de que cada habitante era obrigado a limpar o que estava em frente da sua casa deve ser interpretada não em sentido lato, mas sim reportando-se à obrigatoriedade de esvaziar periodicamente as fossas que serviam as próprias habitações.

Infere-se, finalmente, que cada habitante era responsável pela manutenção da limpeza da rua, no que se refere a águas sujas e mesmo que não fosse ele directamente o causador dessa situação.

Sublinhe-se ainda que algumas destas disposições - como, por exemplo, a que se reporta ao papel de cristãos e judeus na limpeza das cidades - não seriam provavelmente cumpridas na íntegra. Os tratados de *hisba* representavam - como código de orientação para os almotacés - um paradigma do que, numa situação ideal, deveria ser feito.

3

As casas do bairro islâmico da alcáçova:
espaços, arquitectura e funcionalidade

A a l c á ç o v a   d e   M é r t o l a, com aproximadamente 4000 m² para a zona do antigo *forum* romano e área adjacente, albergava no seu interior um pequeno bairro que não deveria, no total, exceder as três dezenas de habitações.

As dez casas até agora identificadas neste bairro[215] pertencem a uma tipologia arquitectónica que, em síntese, se baseia no mesmo princípio. Cada um dos conjuntos habitacionais, integralmente escavados, corresponde a uma área que oscila entre os 45 e os 88 m² (dos quais aproximadamente cerca de 20% pertencem ao pátio)[216]. São, a título comparativo, valores sensivelmente inferiores aos registados, por exemplo, em Ciesa e Saltés[217].

Se, seguindo uma proposta já formulada, estimarmos entre 6 a 8 habitantes por cada casa viveriam entre 240 e 320 habitantes na bairro da alcáçova[218], cifras que parecem difíceis de defender[219].

No caso de Mértola, cada conjunto habitacional corresponde a um módulo, cuja área e organização funcional se parece repetir sem grande variação. As casas deste bairro desenvolvem-se em torno de um pátio central, de indiscutível utilidade como fonte de iluminação e ventilação. É em volta desse espaço que se organizam os restantes compartimentos (átrio, salões, cozinha, latrina e áreas de trabalho). Três destas casas tinham ainda um compartimento autónomo, onde é possível que se guardassem animais de carga[220]. Embora tal procedimento seja mais vulgar nas habitações rurais não é impossível a sua presença num contexto urbano.

Quatro dessas casas são legíveis na totalidade da sua planimetria [figs. 3.1., 3.2. e 3.3.][221]. Outras, das quais se identificaram apenas alguns compartimentos, podem ser reconstituídas de forma razoavelmente aproximada, de acordo com a lógica de organização do espaço[222]. Um terceiro grupo é formado por aquelas que ainda não estão completamente escavadas e das quais se espera que, caso a necrópole não tenha causado destruições significativas, possam vir a dar resultados interessantes [fig. 3.4.][223].

Finalmente, a existência de outras habitações está apenas assinalada pela presença de poiais e soleiras (vejam-se, por exemplo, as casas do adarve Este) ou por terem sido alvo de escavações parciais[224].

É possível, contudo, a partir dessas leituras parcelares, estabelecer paralelos com outras estruturas do mesmo tipo existentes em diversas cidades hispano-muçulmanas[225].

A identificação deste conjunto de habitações do final do período islâmico na alcáçova de Mértola possibilitou, ao mesmo tempo, um primeiro estudo sobre algumas características urbanas deste antigo bairro da cidade e a abordagem a temas como a organização espacial das habitações e o modo como os seus moradores as utilizavam. Único espaço abandonado na área intra-muros, apenas neste sítio se pode ter acesso a tal tipo de informação[226].

A tipologia básica destas casas não sofre alterações importantes nos exemplos que temos em presença. Todas elas se organizam em torno de um pátio central descoberto, "compartimento" que marca de forma indelével tanto um modo de concepção espacial como identifica os hábitos culturais dos seus habitantes. Mesmo as notórias diferenças de estatuto económico entre os moradores de algumas dessas casas (visíveis nas maiores ou menores áreas ocupadas pelas habitações e no apurado grau de acabamento de algumas delas, em detrimento de soluções mais simples e económicas postas em prática noutras), o esquema de organização dessas casas não difere muito entre si.

Torna-se quase ocioso e desnecessário referir a paternidade greco-romana (e mediterrânica, em sentido mais lato) destas casas, que estão presentes em qualquer bairro das urbes helenísti-

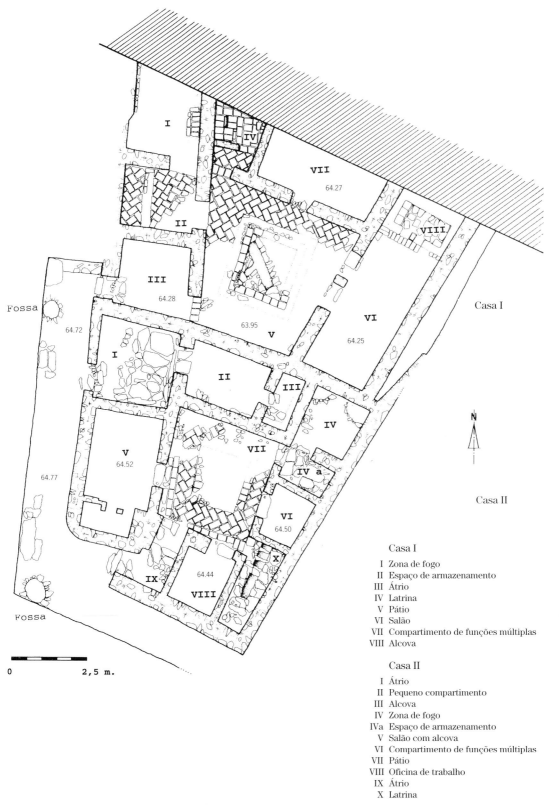

Casa I

Casa II

Casa I

  I Zona de fogo
 II Espaço de armazenamento
III Átrio
 IV Latrina
  V Pátio
 VI Salão
VII Compartimento de funções múltiplas
VIII Alcova

Casa II

  I Átrio
 II Pequeno compartimento
III Alcova
 IV Zona de fogo
IVa Espaço de armazenamento
  V Salão com alcova
 VI Compartimento de funções múltiplas
VII Pátio
VIII Oficina de trabalho
 IX Átrio
  X Latrina

Fig. 3.1. - Casas I e II (planta e vistas em três dimensões)

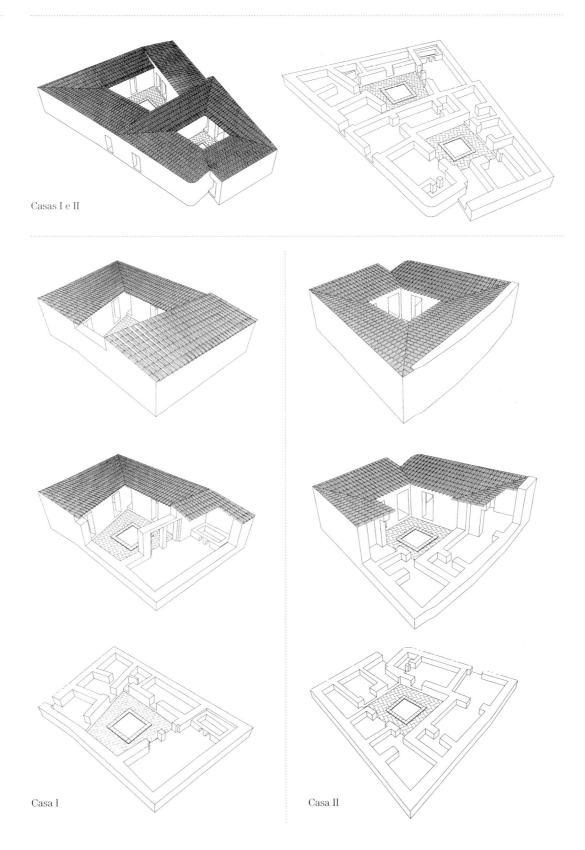

Casas I e II

Casa I

Casa II

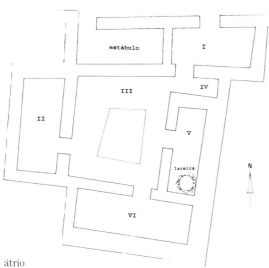

I. átrio
II. salão
III. pátio
IV. latrina
V. cozinha
VI. salão

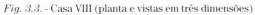

Fig. 3.2. - Casa III (planta)

Fig. 3.3. - Casa VIII (planta e vistas em três dimensões)
I. átrio
II. compartimento de funções múltiplas (?)
III. pátio
IV. compartimento de funções múltiplas (?)
V. salão

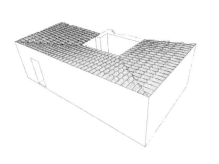
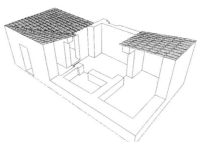
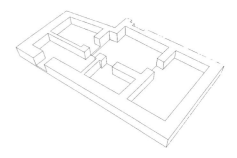

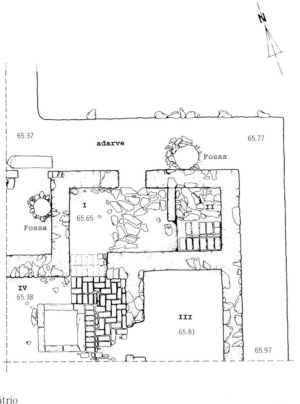

I. átrio
II. latrina
III. salão
IV. pátio

0   2,5 m.

Fig. 3.4. - Casa X (planta)

cas, vários séculos antes de Cristo[227]. De carácter marcadamente citadino (debalde tentaremos encontrar paralelos para esta forma de conceber o espaço nos povoados rurais ou fora do âmbito urbano), esta tipologia é comum a inúmeras cidades islâmicas da mesma época[228] e corresponde a um modelo utilizado, de forma generalizada, na Península Ibérica, ao longo dos séculos XII e XIII[229].

As casas do bairro islâmico de Mértola situam-se, por norma, ao fundo de becos sem saída, em vias que teriam certamente um carácter semiprivado ou, pelo menos, em áreas onde não seria vulgar encontrar gente que ali não vivesse.

Interessa, sobretudo, fazer a análise das casas durante a sua derradeira ocupação, aquela que nos é transmitida pela escavação arqueológica. Sofreram, todas elas, modificações ao longo da sua existência, visíveis na reparação de pavimentos ou no fecho de vãos que se tinham tornado dispensáveis. A chegada de novos membros à família ou outras necessidades de ampliação, alteraram também, por vezes de forma bem visível na escavação, a espacialidade das casas. Essas sucessivas alterações dificultam a realização de uma correcta leitura diacrónica sobre a evolução do habitat.

3.1. TÉCNICAS E MATERIAIS DE CONSTRUÇÃO

As formas de construir são sensivelmente as mesmas em todas as habitações, constituindo a característica mais marcante o emprego de técnicas familiares a toda a área mediterrânica (como a taipa e o adobe) e cujo uso se prolongou praticamente até aos nossos dias, em particular nos territórios mais arcaicos da zona Sul de Portugal.

Não é claro, no caso de Mértola, se esses materiais chegavam à cidade por via fluvial ou se eram produzidos em zonas próximas[230], ainda que pareça provável que alguns materiais de construção, de feitura menos sofisticada, possam ter sido fabricados nas imediações da cidade[231].

Fig. 3.5. - Muro de pedra e argamassa de barro

Fig. 3.6. - Muro de alvenaria e taipa

Os procedimentos na construção dos edifícios estão presentes, de forma dispersa, em vários textos. Embora nenhum se refira, como é evidente, a Mértola, não só o que neles se afirma é aplicável à cidade do Guadiana, como tais práticas se estenderam até à actualidade.

Determinava-se, por exemplo, nos tratados de *hisba*, que a medida das seiras para transporte de terra e de cal e o comprimento dos cordéis de esparto nunca deveria ser inferior a uma braça e um palmo[232]. O disposto nos tratados não seria, contudo, tomado demasiado à letra pelas populações. A diferença entre a teorização dos problemas, a sua regulamentação escrita e aquilo que se passava na prática era, certamente, significativa.

O transporte dos materiais de construção fazia-se em dorso de burro, em artefactos feitos de cana ou em sacos de esparto. Estes animais carregados eram normalmente fonte de problemas ao passar por ruas um pouco mais estreitas[233], razão que levava os legisladores a ter uma especial atenção no sentido de o transporte de materiais não perturbar os moradores desses sítios.

Vários elementos de ordem técnica são de destacar. O primeiro tem a ver com a inexistência de fundações (ou pela sua extrema fragilidade) nestas casas. As paredes das habitações de Mértola assentavam sobre um pequeno alicerce, erguendo-se os muros em alvenaria até uma altura de 50 cm.[234]. Eram normalmente construídos com blocos de pedra unidos com uma argamassa de barro [fig. 3.5.]. Sobre esta estrutura erguia-se o resto da casa, construída em taipa [fig. 3.6.][235]. Nas jambas e nalguns cunhais o remate foi feito com o recurso a silhares ou tijoleiras. Os muros eram normalmente rebocados[236] e caiados interior e exteriormente. A necessidade de os proteger (e em especial no que diz respeito à taipa) da acção dos agentes atmosféricos, e particularmente da chuva, torna impossível que as casas não fossem caiadas.

Os tratados de *hisba* nem sempre esclarecem ou determinam, de modo taxativo, aquilo que deveria ser feito em termos construtivos, nos domínios tecnológico ou urbanístico. O tratado de

Ibn Abdun, contemporâneo da construção do bairro de Mértola, estipula apenas a largura das paredes mestras das casas, as quais deveriam ser de dois palmos e meio (ou seja, o equivalente a cerca de 0,50 m.)[237]. No caso das habitações de Mértola verifica-se que esta norma foi seguida sem variações dignas de nota. As paredes

Fig. 3.7. - Adobes caídos sobre um pavimento

da casa II, por exemplo, são idênticas a estruturas do mesmo género escavadas nesta alcáçova: muros de pedra e barro com 0,45 ou 0,50 m. de largura[238], por vezes substituídos, no interior das habitações, por estreitas divisórias em adobe (0,20 m. de espessura) [fig. 3.7.].

As paredes-mestras eram sempre (e pelo menos a avaliar pelos elementos de que dispomos) partilhadas por duas habitações, pelo que podemos afirmar que o costume da concepção das casas com "paredes-meias" era hábito generalizado.

As determinações são, nestes casos, mais de teor tecnológico ou de gestão: Ibn Abdun apontava a dimensão dos ladrilhos (de parede), os quais se deveriam adaptar à largura dos muros acima referidos. Os padrões, feitos em madeira dura[239], estavam em poder do almotacé ou pregados na mesquita-mor[240].

3.1.1. Os pavimentos

Os pavimentos das casas deste bairro são um dos elementos que mais nos ajuda a caracterizar, do ponto de vista sócio-económico, as pessoas que aqui viveram. Em nenhum dos compartimentos identificados se verifica a existência de revestimentos luxuosos em mármore ou de azulejos, mais próprios de uma área palatina[241].

Nalguns casos são ainda visíveis as marcas de um derradeiro arranjo no chão de alguns compartimentos. O pouco cuidado e escassa perfeição com que foram executados deixam antever um provável empobrecimento desta população ou uma situação de pré-abandono da cidade por parte dos seus habitantes.

Os pavimentos das diversas casas apresentam, por sua vez, alguma diferença entre si, podendo-se distinguir quatro tipos[242]:

Os salões principais tinham, quase sempre, um piso argamassado [fig. 3.8.], solução que nunca se utilizava nos pátios, cozinhas e latrinas. A esta argamassa era adicionado um pouco de almagre, o que lhe conferia um ligeiro tom rosado[243].

As lajes de xisto eram utilizadas indistintamente em vários compartimentos, surgindo até, num caso, a pavimentar um pátio central [fig 3.9.][244].

As tijoleiras eram a opção favorita para revestir os pátios (um dos sítios mais importantes no contexto da casa – fig. 3.10.[245]), embora pudessem ser também utilizadas nos anexos das cozinhas [fig. 4.3.][246] ou até nas latrinas [fig. 3.41.][247].

Finalmente, mencione-se a omnipresente terra batida, usada em qualquer casa desta região praticamente até à actualidade. Parece ser a solução preferida para pavimentar as cozinhas ou até o salão de uma moradia aparentemente mais pobre[248].

Fig. 3.8. - Pavimento argamassado (salão da casa IV)

Fig. 3.9. - Pavimento em xisto (cozinha da casa II)

Fig. 3.10. - Pavimento em tijoleira (pátio da casa X)

3.1.2. As coberturas

A cobertura das casas deste bairro obedecia aos princípios até há poucos anos utilizados na arquitectura tradicional da região. Dispunham-se primeiro os caibros em madeira de modo transversal, de forma a que um dos extremos assentasse na parede virada ao pátio e o outro no muro exterior da casa[249]. Sobre esses barrotes eram de seguida alinhadas e pregadas as canas sobre as quais se dispunham finalmente as telhas (invariavelmente de canudo)[250].

Os telhados das casas eram, com toda a probabilidade, inclinados no sentido do interior dos pátios. Não só a legislação apontava nesse sentido, como, e isso parece-nos mais importante, a inclinação para dentro possibilitava um maior aproveitamento da água da chuva[251].

Parece ter sido excepção o telhado do salão da casa I (v. 3.3.3.). A entrada neste compartimento fazia-se por uma porta mainelada de grandes dimensões, cuja monumentalidade só parece compatível com um pé-direito mais alto do que o normal.

As traves eram a única parte do edifício em madeira, matéria-prima escassa nas regiões mediterrânicas. São bem conhecidas as dificuldades que se depararam aos conquistadores de Silves, quando tentaram incendiar a cidade após a sua tomada[252].

Nunca se encontraram durante a escavação vestígios dos barrotes do tecto[253]. O abandono do bairro e a necessidade de realizar trabalhos de reparação ou de construção de novos edifícios, pode ter levado a uma rápida reutilização de materiais tão escassos e preciosos[254].

Em zonas não perturbadas pela necrópole cristã, detectaram-se grandes extensões de telhado caído sobre vários pavimentos das casas após o seu abandono [fig. 3.11.], fenómeno

Fig. 3.11. - Telhado caído sobre um pavimento (salão da casa IV)

Fig. 3.12. - Telhas

comum a outros locais reconquistados na mesma época e onde não houve uma reocupação do habitat pelos novos donos das cidades[255].

Os telhados das estruturas habitacionais escavadas na alcáçova de Mértola assemelham-se bastante entre si. De qualquer maneira, é difícil conceber que as telhas de uma cobertura tenham todas a mesma cronologia. Era muito comum, nestes telhados, a reutilização de materiais, que ia muitas vezes até à recuperação de *imbrices* de apreciáveis dimensões[256].

O estabelecimento da cronologia das telhas, materiais de uso prolongado e que mantiveram, ao longo de séculos, as mesmas características e funções, não é tarefa fácil. Aparentemente, e de acordo com o que se tem observado na escavação, as telhas mais recentes - de cronologia almoada - são menos espessas e largas que os materiais de épocas mais antigas, nos quais parece ainda estar bem presente a tradição clássica de cobertura em *tegula* e *imbrice*.

O tamanho das telhas mais recentes, e encontradas em maior quantidade, oscila, no comprimento, entre os 39 e os 44,5 cm. e os 21,5 e os 24 cm. na largura máxima [fig. 3.12.][257]. São frequentes as marcas digitadas no rebordo longitudinal e a execução por parte do forneiro de desenhos serpentiformes feitos no mesmo sentido.

O muro de separação entre os espaços interior e exterior da cozinha de uma das casas[258] tem no seu interior uma telha de época tardia e com aquelas características. Metida transversalmente na alvenaria e usada como enchimento na altura da construção do muro ajuda-nos também a confirmar em que época o bairro foi edificado.

3 . 2 .

TIPOLOGIA ARQUITECTÓNICA E PROBLEMAS DE CRONOLOGIA

As habitações do bairro tinham um só piso. Até este momento, nada a nível arqueológico prova a presença de um 1° andar. Em primeiro lugar, porque nenhum elemento, do ponto de vista estrutural aponta nesse sentido, uma vez que as paredes das casas não têm espessura suficiente para suportar um piso suplementar[259]. Por outro lado, nunca se detectaram blocos provenientes de qualquer derrube que justificassem essa suposição. Há, também, uma total falta de informação arqueológica no que diz respeito à presença de eventuais escadas no interior destas casas.

Eram, por norma, casas encerradas em si, viradas para dentro, de forma a preservar a intimidade dos moradores e, para além da porta, com raras aberturas ao exterior.

Parece-me interessante registar que a largura das portas da rua era, com frequência, inferior às de outros vãos existentes no interior das habitações[260].

A área da casa variava, bem entendido, em função do espaço disponível e do estatuto do proprietário[261], podendo as dimensões relativamente pequenas das habitações de Mértola - oscilam entre os 45 m² para a mais pequena até agora encontrada e os 88 m² para a maior[262] - querer dizer que a procura do solo naquela zona era relativamente intensa.

Os princípios organizativos destas casas são também identificáveis noutros sítios arqueológicos peninsulares do período islâmico, ainda que as dimensões das habitações de Mértola sejam mais modestas do que as doutros locais[263]. Apresentam, de um modo geral, semelhanças tipológicas com todas as casas até agora escavadas em ambiente urbano no Andaluz e no Magrebe.

Embora as moradias de Mértola não correspondam à imagem do palácio urbano[264], alguns requintes de ordem construtiva são, por vezes, detectados. Junto ao local de entrada de uma das casas foram encontrados um pequeno capitel em calcário e a respectiva imposta em cerâmica [fig. 3.13.]. Embora não se possa dizer com segurança em que sítio estavam colocados, parece evidente que coroavam um mainel de pequenas dimensões.

Os derradeiros anos de ocupação do bairro podem ter tido características mais pobres que os anteriores. Vários arranjos e reparações, feitos de forma rudimentar e sem qualquer sofisticação, são pontualmente visíveis nalgumas moradias[265].

Admitindo várias alterações na estrutura das próprias casas e no tipo de habitantes que nelas viveram no espaço de 100/150 anos, aceito que tenha havido alguma mutação no que diz respeito ao seu nível económico[266].

De igual modo, o persistente reaproveitamento das peças de cerâmica aponta para uma população algo empobrecida, que não se poderia dar ao luxo de adquirir com regularidade novos utensílios. Arqueologicamente, isso é visível nas reparações com gatos, identificáveis em inúmeros objectos (e inclusivé nas pouco dispendiosas peças em cerâmica comum, encontradas nos níveis de abandono do bairro islâmico).

As modificações que, em casos pontuais, foram detectadas, dizem sempre respeito a alterações na funcionalidade das casas. O curral junto à habitação II foi, na sua derradeira fase de ocupação, o paupérrimo local de abrigo de alguém que estava, talvez, na dependência económica dos donos da casa. Pequenos arranjos, como a adaptação do compartimento interior a alcova[267] e a presença de um local de fogo[268], não são explicáveis se pensarmos num uso daquele sítio apenas como estábulo. O mais provável é que alguém compartilhasse o espaço com algum burro ou uma mula.

O fecho de um vão na ligação entre duas casas[269] é também uma obra anterior à Reconquista e faz parte da mesma lógica das frequentes alterações que estas habitações sofreram.

A tipologia das casas urbanas do período pós-Reconquista apresenta diferenças notáveis em relação ao modelo que tenho vindo a abordar: para Évora, Ângela Beirante propõe um tipo "binário", de casa térrea com duas divisões - compartimento dianteiro e celeiro (cuja área total oscilaria entre os 25 e os 35 m^2)[270], embora numa habitação da Judiaria da cidade se registasse uma casa com claustro[271]. A referência ao "claustro" pode querer dizer que, apesar de tudo, o modelo mediterrânico não tinha desaparecido completamente e se mantinham ainda locais onde as habitações de pátio interior marcavam presença.

Não tenho elementos que me permitam afirmar uma continuidade, em termos habitacionais e no que se refere à alcáçova, após a Reconquista da cidade.

Todos os achados do nível de abandono das casas apontam para uma destruição violenta da zona habitada, ocorrida possivelmente em época próxima da reconquista de Mértola, em 1238/635.

Fig. 3.13. - Capitel e imposta de época almoada

ORGANIZAÇÃO ESPACIAL:
A COMPARTIMENTAÇÃO DAS CASAS

Organizadas em torno de um pátio central, verdadeiro coração da casa, as habitações da alcáçova de Mértola dispunham, com pequenas variações, de idênticos compartimentos. Um percurso pelo seu interior, a respectiva descrição e a discussão em torno das funções de cada área poderá, talvez, dar-nos uma imagem mais precisa sobre o tipo de casa urbana desta cidade, bem como lançar pistas sobre o quotidiano da sua população[272].

3.3.1. A entrada e os átrios

Numa sociedade tão ciosa da sua privacidade, e em que os medos e as superstições marcavam fortemente o quotidiano, a entrada das casas era um local que merecia tratamento cuidado e onde algumas características essenciais são detectáveis.

A colocação das portas da rua constituiu também um ponto que mereceu particular atenção aos habitantes e aos legisladores. Alguns tratados de *hisba*, em especial, preocuparam-se com a protecção da intimidade do lar.

Ibn al-Rami, legislador de Kairouan do século XIV, estabelecia uma certa hierarquização das "vistas indiscretas", das menos importantes às mais ofensivas. Na primeira incluía-se a localização de lucarnas e janelas. Nas segundas mencionavam-se as vistas afrontadas que favoreciam o contacto visual de uma casa para outra[273].

Para reduzir este efeito, os tratados de *hisba* criavam um conjunto de medidas e procedimentos. Ibn Sahnun propunha mesmo um método, em uso na Andaluzia do século XIV. Chamado "al-tankib", previa a criação de um desacerto, fazendo com que cada porta tivesse à sua frente, do outro lado da rua, não uma porta mas uma parede. Esse desvio teria, no máximo, dois côvados (1,10 m.). Tal prática não era, no entanto obedecida, caso a rua tivesse mais que sete côvados de largura (3,85 m.). Igualmente, e por impossibilidade física, esse princípio não se aplicaria quando a largura da ruela fosse inferior a cinco palmos[274].

A visão ainda muito parcelar que se dispõe para o bairro da alcáçova de Mértola não me permite afirmar até que ponto este procedimento aqui se generalizou. Não sabemos, sequer, se o seu uso é anterior às datas que acima se referiram. As portas das casas da área Oeste do bairro[275] abriam directamente para a muralha. As outras[276] estavam implantadas numa zona ainda insuficientemente conhecida para se poderem tirar conclusões[277]. No que respeita, porém, ao adarve Este, esse princípio parece não ter tido interpretação demasiado rigorosa. As entradas das casas estavam exactamente em frente às dos vizinhos. Organizadas em dois pares, estas portas não denotam grande preocupação com aquilo que os legisladores escreviam. O único vão que escapa a tal regra é o da casa situada no final do adarve, por razões que se explicam mais adiante.

Uma das características mais marcantes destas entradas relaciona-se com o reaproveitamento generalizado de materiais pertencentes aos antigos edifícios de época romana do *forum*. Fragmentos de colunas e frisos em mármore foram reutilizados como soleiras e marcavam, com

Fig. 3.14. - Fuste reaproveitado como soleira

Fig. 3.15. - Friso reaproveitado como soleira

Fig. 3.16. - Poial de entrada na casa II

alguma exuberância, o local de entrada das casas, conferindo-lhes um estatuto importante e um certo requinte [figs. 3.14. e 3.15.][278].

A entrada numa das habitações[279] fazia-se por um pequeno poial de duas lajes de xisto [fig. 3.16.]. Sobre este estava a soleira da porta, com o buraco do gonzo do lado direito. O vão de entrada, com 0,75 m., deixa supôr a presença de uma porta com uma só folha. As entradas doutras casas apresentam medidas algo diferentes[280].

A criação de um pequeno poial na entrada das casas deste adarve[281] pode ter uma dupla explicação. No que se refere às habitações construídas sobre os arcossólios romanos, a presença dessas imponentes estruturas obrigou à construção das casas numa cota algo mais elevada. A abertura das suas entradas obrigou os construtores a vencer o desnível de cerca de 0,90 m. que se verificava entre a rua e o pavimento das moradias propriamente ditas.

A outra razão prende-se, segundo creio, com razões de ordem climática e admitindo-se, para o final do período islâmico, um regime pluviométrico semelhante ao dos nossos dias. Ainda que a cidade se situe numa zona de escassa pluviosidade, registam-se pontualmente chuvadas intensas que se transformam, a breve trecho, em enxurradas. A necessidade de protecção ao interior das casas seria, neste caso, a razão que justificou a sobre-elevação da entrada das habitações I e II (0,20 m. no primeiro caso e 0,30 m. no segundo).

As ombreiras têm, por vezes, acabamentos cuidados. Em dois casos, tijoleiras bem assentes enquadravam a porta [fig. 3.14.][282], ao passo que, noutros, blocos de granito reaproveitados do antigo *forum* foram adaptados a vistosas jambas[283].

A porta propriamente dita devia ser baixa, suficiente para uma pessoa entrar curvada, mas não mais que isso, modelo que ainda persiste em muitas aldeias do Sul.

Que as portas das casas da alcáçova tinham chaves parece-me incontestável. Vários exemplares em ferro têm vindo, ao longo dos anos, a ser recolhidos [fig. 3.17.][284]. Ainda que sem relação directa com a entrada de qualquer das habitações, a sua ligação com estas e a respectiva funcionalidade não merecem discussão.

Fig. 3.17. - Chave em ferro

Fig. 3.18. - Gonzo em ferro semelhante a uma meia-ferradura (Penilhos)

Fig. 3.19. - Meia-ferradura reaproveitada como ferragem de porta (Moreanes)

A entrada da casa era também um sítio onde, de modo prioritário, se colocavam os símbolos de protecção, destinados a afugentar os espíritos maléficos, impedindo a interferência destes no quotidiano dos seus habitantes. Mãos de Fátima e ferraduras eram, neste contexto, objectos privilegiados para afastar o mal.

Uma *meia-ferradura* encontrada junto à entrada da casa I de Mértola é, a este propósito, motivo para alguma discussão. Conhecida a longa tradição mediterrânica de uso da ferradura enquanto protectora do lar[285] e atestado o uso de *meias-ferraduras* com tal propósito, é tentador estabelecer essa leitura. No entanto, o uso de objectos semelhantes como ferragens de portas na arquitectura tradicional da zona, como em Penilhos ou Moreanes (Mértola) [figs. 3.18. e 3.19.][286] obriga-me a admitir uma função mais prosaica para estes utensílios, tornando impossível, por enquanto, a opção definitiva por uma das duas propostas de funcionalidade.

Pela porta tinha-se acesso a um pequeno átrio (*satwan*[287]), ante-câmara de entrada na habitação e local destinado a proteger a intimidade do lar dos olhares mais indiscretos da rua. Este corredor de entrada, por vezes com duas ou três portas sucessivas, organizadas em *zigue-zague* e com diversos pontos em cotovelo, teve origem na arquitectura do mundo clássico. Era o local de recepção da casa e onde alguns negócios se tratavam[288].

Nas casas de Mértola é duvidoso, pelas reduzidas dimensões desses espaços - que oscilam entre os 8,80 m² para o maior e os 1,34 m² para o mais pequeno[289] - que tivessem tido tal função[290]. Recorde-se ainda que o átrio da casa I dava acesso directo ao pátio, não dispondo de qualquer entrada em cotovelo, o que se deveu, certamente, ao facto de ficar no final do adarve: apenas os habitantes dessa casa, ou os seus visitantes, aí se deslocariam.

Os átrios destas casas estavam habitualmente pavimentados de forma rudimentar, o que exclui também o seu eventual uso como espaço de recepção[291]. Ligavam sempre ao pátio e nunca com qualquer outro compartimento[292].

Verificou-se também que numa das habitações poderá ter havido uma porta na passagem que ligava ao pátio, a cuja estrutura pertenceria a apreciável quantidade de ferros e pregos recolhidos na escavação[293].

As portas de acesso ao pátio tinham, normalmente, uma largura superior à da rua, dado revelador da importância que os espaços interiores das casas detinham. Podemos equacionar, numa das casas[294], o uso do nicho junto à entrada do pátio, como local para a colocação de um banco, à semelhança do que acontece no pátio de uma das casas de Pechina[295].

Era só depois de se passar o átrio que se tinha, verdadeiramente, acesso ao mundo da casa.

3.3.2. Os pátios

Os pátios eram, na realidade, o coração da casa e a sua peça fundamental, fornecendo ao mesmo tempo iluminação e ventilação [figs. 3.20. e 3.21.].

Fig. 3.20. - Pátio da casa I

O mais provável, e atendendo às características climáticas da região, que favoreciam a reunião de pessoas naquele local, é que o pátio desempenhasse um papel de grande relevo no quotidiano da população, designadamente como local de trabalho das mulheres da casa e espaço para confecção de algumas refeições. A zona central dos pátios pode ter sido, em certos casos, utilizada como pequeno canteiro para o cultivo de ervas aromáticas, como a hortelã, a salsa ou os coentros. Esse uso, já sugerido para as casas 6 e 9 de Ciesa[296], parece-me mais plausível que a sua adaptação a "espelho de água"[297], proposta que conferiria um

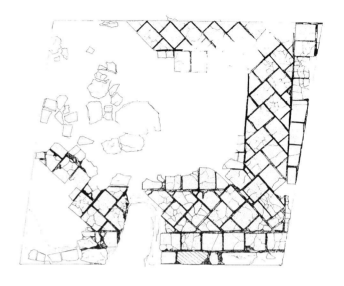

Fig. 3.21. - Pátio da casa II (fotografia e desenho)

certo ar apalaçado a estas habitações, mas que parece pouco consentânea com uma zona árida e de escassa pluviosidade como a de Mértola[298].

Há também, para espaços semelhantes a este, referências explícitas à existência de vasos para a colocação de flores e outras plantas[299].

Quando o espaço central era ocupado por um tanque, destacava-se, com frequência, um pequeno canal envolvente, delimitado por tijoleiras e ligado aos sistemas de esgoto das casas

Fig. 3.22. - Canal de escoamento de águas (pátio da casa X)

[fig. 3.22.]. A necessidade de escoar eventuais excedentes de água causados pela chuva ou, com maior probabilidade, resultantes da limpeza do pátio, apresenta-se como hipótese de funcionalidade mais lógica para este sistema[300].

Sublinhe-se também que este procedimento era comum a várias habitações: na casa I um pequeno canal circunda toda a área central e tem depois acesso ao esgoto. O mesmo princípio se observa no pátio da casa X[301] e, também, de modo mais rudimentar, no da casa VIII. Aqui, o escoamento era garantido por um cano feito com telhas e orientado no sentido da rua.

Os pátios tinham ainda um esquema complementar para resolver este problema. Nenhum deles estava completamente nivelado, de modo a que as águas pluviais pudessem ser conduzidas numa determinada direcção[302].

Pode ainda colocar-se a hipótese do centro do pátio da casa II ter sido, numa primeira fase, usado como cisterna, à semelhança da pequena alverca de uma das habitações de Pechina[303].

Estes espaços eram normalmente ladrilhados[304], sendo também características comuns o facto de nunca confinarem directamente com a rua, podendo fazê-lo com outras casas ou, eventualmente, com outros pátios.

Sobre os seus pavimentos, e nas zonas menos remexidas pela necrópole, encontraram-se abundantes fragmentos cerâmicos dispersos, pertencentes a peças quebradas sobre o pavimento no momento de abandono da casa.

Estes espaços desempenhavam, e por quatro ordens de factores, um lugar de destaque no âmbito das habitações:

Em primeiro lugar, pelo seu posicionamento central; depois, pelo facto de para aí desembocarem praticamente todos os compartimentos da casa. Em terceiro lugar, por serem ponto de iluminação, local de trabalho e lazer, e por ser à sua volta e no seu interior que a vida se desenrolava. Finalmente, por serem, invariavelmente, os compartimentos de maiores dimensões da habitação. As áreas dos quatro pátios integralmente escavados oscilam entre os 8 m^2 e os 24,6 m^2 [305]. Se o centro da casa camponesa no Ocidente cristão é a lareira[306], esse papel na habitação urbana mediterrânica cabe naturalmente ao pátio.

Em casas mais luxuosas estes locais podiam atingir áreas surpreendentes. Em Murcia um pátio tinha 121 m^2 e compreendia um pórtico, uma alverca e um jardim, atingindo este último 76,63 m^2 de superfície. O espaço total deste fantástico palácio aproximava-se dos 450 m^2 [307]. A relativa modéstia das casas de Mértola contrasta significativamente com tal exuberância.

Por desempenharem um papel da maior importância (como núcleo fundamental da actividade doméstica) no contexto da casa, os pátios foram as zonas que mais remodelações sofreram ao longo dos tempos, o que é visível em particular nas repavimentações e reparações identificadas pela arqueologia.

Os pátios foram também os compartimentos que mais sofreram com o seu abandono. Em vários destes conjuntos é notório que a pilhagem dos ladrilhos do pavimento foi um dos principais motivos de interesse dos novos habitantes da cidade[308].

3.3.3. Salões e alcovas

O salão principal era outro dos espaços fundamentais da casa, e onde boa parte da vida se passava[309].

As entradas dos salões tinham, em regra, uma certa imponência, não só devido à largura dos vãos[310], como pela grandiosidade de algumas das suas portas. A mais espectacular de todas tinha um mainel ao centro associado a um duplo arco, cada um com um vão de 0,90 m. O conjunto ultrapassava, ao todo, os 2,00 m. de comprimento[311].

Locais de trabalho e de repouso, eram, sempre que possível, cuidadosamente argamassados [figs. 3.23. e 3.24.] e tinham uma alcova, pequeno compartimento onde se dormia. O maior dos salões até agora escavados tinha 14,5 m^2 de área, ao passo que o mais pequeno se ficava pelos 6,8 m^2 [312]. As dimensões das alcovas aproximavam-se bastante entre si: com um

Fig. 3.23. - Salão da casa IV   *Fig. 3.24.* - Salão da casa I

pouco mais de 2 m. de comprimento por 1,50 m. de largura, o seu espaço bastava para aí acolher os senhores da casa.

As alcovas tinham por vezes, na parte da frente, um duplo ou triplo arco separado por pequenos pilares. Nesta estrutura apoiava-se um estrado de madeira, o qual era susten-tado, no lado oposto por um pequeno ressalto da parede [figs. 3.25. e 3.26.].

Debaixo destas estruturas eram, nas noites mais frias, colocadas braseiras que garantiam uma suplementar dose de conforto aos ocupantes da alcova[313].

Fig. 3.25. - Alcova da casa I

Fig. 3.26. - Alcova da casa II

Os trabalhos arqueológicos têm vindo a proporcionar, ao longo dos anos, um enorme espólio de torres de roca [figs. 3.27. e 3.28.][314], pontas de fuso [fig. 3.29.] e cossoiros [fig. 3.30.], utiliza-dos nas domésticas tarefas de fiação. A frequência com que são encontrados, assim como a presença, em distintos contextos almoadas, de tempereiros [fig. 3.31.], agulhas, dedais [fig. 3.32.] e uma tesoura [fig. 3.33.], não deixa dúvidas em relação à manufactura caseira de mantas ou outros bens. Por exclusão de partes, e com excepção de uma eventual utilização do pátio como local de trabalho, era nestes salões que tais tarefas teriam lugar.

Embora os detalhes da vida quotidiana nos escapem, diversos artefactos encontrados não podem deixar de ser sinónimo de algum bem-estar. Estão neste caso um instrumento de música [fig. 3.34.], vários fragmentos de arquetas em osso e um relativamente luxuoso candil em bronze [fig. 3.35.][315], exemplar único de um muito comum artefacto de iluminação[316].

De igual modo, as pedras e peças de jogo, de persistente presença nos estratos almoadas, ocupavam também os habitantes destas casas nas suas horas de lazer[317].

Os jogos mais populares eram o gamão e uma espécie de jogo do galo [fig. 3.37.], conhecido até aos nossos dias na zona de Mértola[318]. Sabemos também que os dados eram muito aprecia-dos[319], o que no nosso caso é confirmado pelo abundante espólio recolhido durante a escavação [fig. 3.38.].

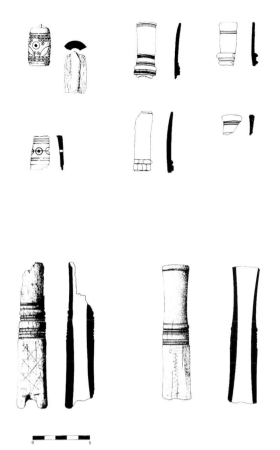

Fig. 3.28. - Torres de roca

Fig. 3.27. - Torres de roca

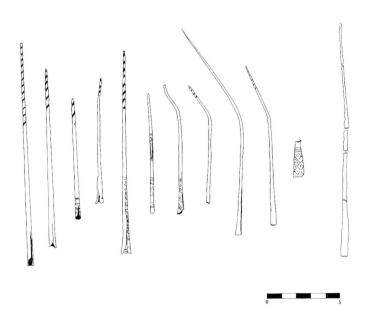

Fig. 3.29. - Pontas de fuso

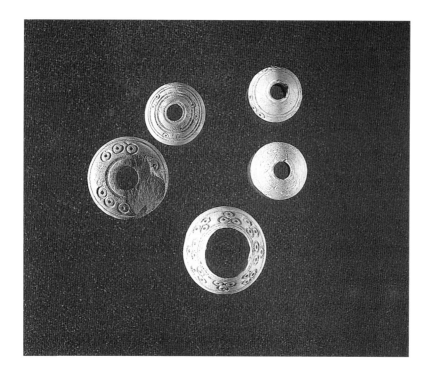

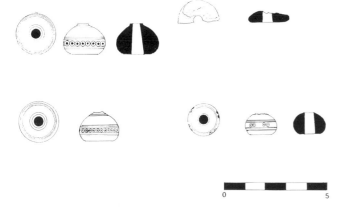

Fig. 3.30. - Cossoiros em osso

Fig. 3.31. - Tempereiros em ferro

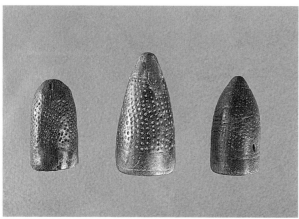

Fig. 3.32. - Dedais

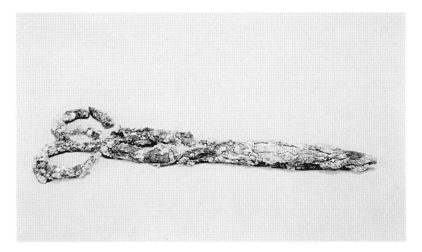

Fig. 3.33. - Tesoura em ferro

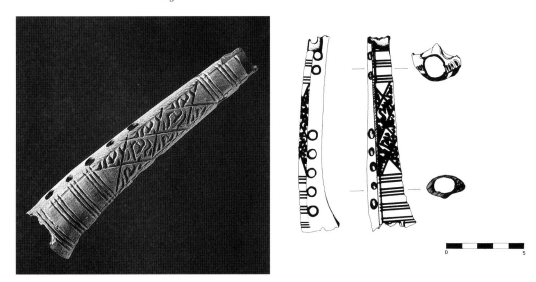

Fig. 3.34. - Instrumento de música em osso

Fig. 3.35. - Candil em bronze

Fig. 3.36. - Espevitadores de candil em bronze

Fig. 3.37. - Jogo do período islâmico semelhante ao jogo do galo

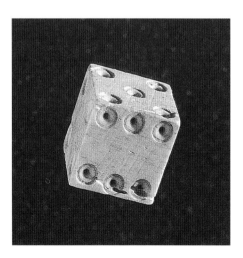

Fig. 3.38. - Dado em osso de época islâmica

3.3.3.1. Oficinas de artesãos

Em dois casos foi ainda possível apontar a presença de pequenas oficinas, onde artesãos realizavam os seus trabalhos.

Numa das casas[320], foram encontradas num compartimento algumas agulhas de grandes dimensões (hipoteticamente pertencente à oficina de um albardeiro ou outro pequeno artífice) e, sobre o pavimento, duas pedras semelhantes às que até há pouco correeiros e albardeiros utilizavam para amaciar o couro [fig. 3.39.]. A lógica de utilização desta casa como oficina, tem a ver, sobretudo, com a utensilagem que se conseguiu identificar.

Numa fossa situada na encosta[321] - e numa zona de habitat onde não há materiais da derradeira fase de presença islâmica - foram recuperados vários cadinhos de fundição [fig. 3.40.],

Fig. 3.39. - Oficina de trabalho da casa II

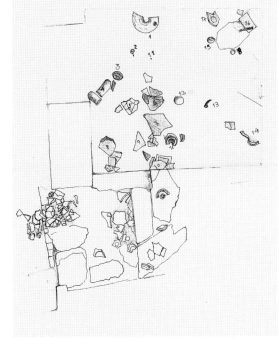

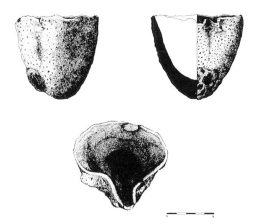

Fig. 3.40. - Cadinho utilizado na fundição de prata

cuja análise química comprovou serem artefactos pertencentes a um ourives de prata[322], que terá desenvolvido a sua actividade neste bairro.

Não se pode excluir a hipótese destes cadinhos terem tratado prata da região de Mértola, embora nada permita afirmá-lo de forma taxativa.

3.3.3.2. Compartimentos complementares

Não estamos, evidentemente, na presença de grandes palácios urbanos. Por esse motivo há apenas um salão em cada uma das casas do bairro da alcáçova de Mértola. Um pequeno compartimento, espaço possivelmente pluri-funcional (ainda que predominassem as funções de armazenamento) é, porém, detectável noutras habitações[323]. A conservação dos alimentos nesses locais surge, também, como hipótese provável, embora os artefactos cerâmicos aí recolhidos sejam idênticos aos de outros contextos arqueológicos do bairro da alcáçova, o que não me permite fazer afirmações definitivas.

Numa das casas, o espaço contíguo à da cozinha pode, pelas suas reduzidas dimensões e área (3 m^2), ter servido de local de armazenamento [fig. 3.1.][324]. Tinha-se acesso directo a este pequeno compartimento a partir do pátio através de uma grande porta de uma só folha, com 0,90 m. de vão e soleira em xisto, onde o gonzo está bem marcado. De solo argamassado e com uma provável reparação, nele se encontrou um apreciável conjunto de cerâmica. Este compartimento confina a Norte com a cozinha e a Sul com a latrina, estando separado dum e doutro por estreitos muros (de pedra argamassada, no primeiro caso, e de adobes, no segundo).

3.3.4. As latrinas

Estes compartimentos, de utilização exclusiva, são um dos sinais mais evidentes do refinamento civilizacional do mundo mediterrânico. Estão presentes em praticamente todas as habitações e denotam, pelo menos, o especial cuidado existente nas regiões meridionais com a higiene urbana.

A constante presença das latrinas no ângulos do pátios, afirmada para outros locais[325], não é verificável no caso de Mértola.

A latrina era constituída, num dos casos[326], por um espaço trapezoidal, com uma área de 2,72 m^2 [327]. Situava-se entre um dos salões da casa e a cozinha, no extremo Norte da habitação. O acesso a este local era feito pelo pátio, entrando-se por uma porta com ombreiras de tijoleira e 0,60 m. de vão. Contornava-se de seguida um pequeno tabique construído com adobes [figs. 3.41. e 3.42.]. Esta estrutura - pormenor construtivo que denota algum requinte - destinava-se a dar uma maior intimidade ao local.

No seu chão, totalmente pavimentado com tijoleiras, abria-se uma estreita fenda. O *hadith* (afirmação ou acto tradicionalmente atribuído ao Profeta) que impedia os homens de urinar de pé, e de acordo com o procedimento do próprio Maomé[328], tinha, ao nível prático, correspondente nas reduzidas dimensões desta frincha, a qual obrigaria os utilizadores a acocorar-se em todas as circunstâncias. A própria disposição da frincha, orientada no sentido Norte-Sul indica que era desse modo que os habitantes a utilizavam: um outro conhecido *hadith* proibia que se fizessem as necessidades com a face virada para a *qibla*[329].

Sob o telhado derruído desta latrina, foram encontrados uma bilha e um pequeno alguidar que levam a pensar no uso destes artefactos para a realização de algumas abluções [fig. 3.43.][330]. Esse procedimento era comum na época, pelo menos se nos reportarmos às sociedades mediterrânicas: numa curiosa referência de El-Bokhari, faz-se menção ao facto de Maomé se fazer acompanhar de um servidor com um vaso de água, sempre que ia satisfazer necessidades fisiológicas[331].

Outra latrina, a da casa II, era constituída por um espaço trapezoidal com uma área de 3,84 m². Situava-se no limite Sul deste conjunto habitacional e abria directa-

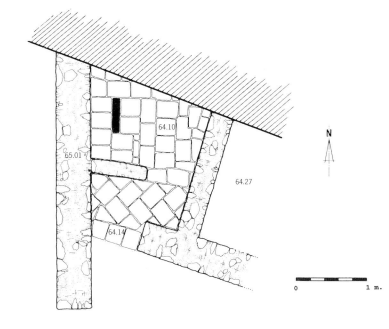

Fig. 3.42. - Latrina da casa I (planta)

mente para o pátio. O recato dos utilizadores era, da mesma forma, aqui garantido pela profundidade do próprio compartimento.

Uma das paredes deste espaço pode ter sido construída com adobes, encontrados com relativa abundância sobre um pavimento constituído por grandes lajes de xisto, implantadas no chão de forma transversal.

Neste local, procedeu-se também à limpeza do esgoto. A escavação desse caneiro forneceu, para além de alguma cerâmica, vários numismas de cronologia almoada[332].

Fig. 3.41. - Latrina da casa

Se nestas habitações as latrinas abriam directamente para um cano de esgoto central que seguia para fora das muralhas da cidade, em vários outros casos os despejos eram, como já referi, feitos para fossas abertas nas ruas.

Noutra casa[333], localizada no extremo da zona Oeste do bairro, chegaram até nós alguns muros interiores das habitações - da qual fornecem uma leitura parcelar - e uma pequena latrina. O compartimento, de 3,23 m², estava pavimentado com terra batida e tinha um espaço sobre-elevado de reduzidas dimensões (1,20 x 0,80 - cerca de 0,90 m²), lajeado com pequenos blocos de xisto. Uma estreita frincha - com 0,55 m. de comprimento e 0,15 m. de largura - era utilizada pelos habitantes para fazer os despejos, recolhidos depois numa fossa situada em plena rua [figs. 3.44. e 3.45.]. Um sistema idêntico foi, recentemente, identificado noutra casa do bairro [fig. 3.46.][334].

Fig. 3.43. - Bilha e pequeno alguidar de abluções

Fig. 3.44. - Latrina e fossa da casa V

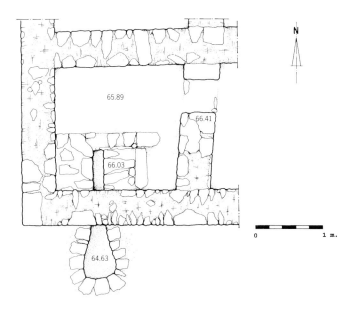

Fig. 3.45. - Latrina e fossa da casa V (planta)

Fig. 3.46. - Latrina e fossa da casa X

4

O quotidiano da população do bairro islâmico:
espaços e utensílios da preparação e do consumo alimentares

Num mundo em que aos homens estavam reservadas as tarefas da guerra, do comércio ou, simplesmente, do convívio nos locais públicos, fossem eles o mercado, a mesquita ou os banhos, o interior do lar era o espaço quase exclusivo das mulheres. Como em tantas outras cidades da orla mediterrânica, repetiam-se neste pequeno bairro rituais, hábitos e gestos de um ritmo diário condicionado pela execução de trabalhos rotineiros.

Era no interior da casa, no pátio ou na cozinha, espaços íntimos e longe dos olhares indiscretos da rua, que as mulheres de uma família alargada (mãe, filhas, sobrinhas, sogra etc.) preparavam conservas, confeccionavam refeições, teciam ou conversavam[335].

Algumas tarefas tinham, porém, maior relevo. Dentre elas as que, com maior probabilidade, consumiam mais tempo e mantinham ocupados um maior número de membros da família eram as que se relacionavam com a confecção dos alimentos. Os trabalhos de aprovisionamento (desde a compra de géneros no mercado ao transporte de água ou de carvão), de preparação e de cozedura (em casa ou no forno comunitário) prolongavam-se por várias horas. A importância destes actos levou a que, nalgumas casas do bairro, a cozinha tivesse passado a ocupar um lugar independente e de uso exclusivo. Não serviam como local de lazer, de dormida ou para a execução doutro tipo de trabalhos. Nesses pequenos compartimentos, onde por vezes é visível uma separação entre espaços de armazenamento e áreas de fogo[336], não parece ter havido qualquer utilização polivalente.

4.1.

ESPAÇOS E ARQUITECTURA DAS COZINHAS DO BAIRRO ISLÂMICO

As cozinhas surgem nestas casas como locais autónomos e, do ponto de vista arqueológico, identificáveis, funcional e planimetricamente, no seu todo. A forma como tais compartimentos se implantavam topograficamente na casa não obedecia a qualquer norma canónica: estavam colocados, indistintamente, perto da entrada[337] ou no ponto mais afastado do acesso à rua[338]. A tradição do carácter autónomo deste compartimento perder-se-ia após a Reconquista, deixando então a cozinha de surgir, e com excepção das casas mais ricas, como espaço individualizado no contexto da habitação.

Fig. 4.1. - Cozinha composta por dois espaços: área de armazenamento (à esquerda) e zona de fogo (à direita)

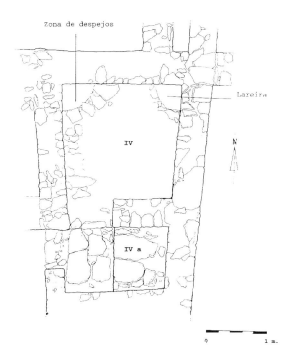

Fig. 4.2. - Cozinha da casa II
IV - Zona de fogo; IVa - Área de armazenamento

É ainda cedo para apresentar conclusões definitivas em relação ao modo como funcionavam tais compartimentos no dia-a-dia. A presença de sítios de fogo, os diferentes tipos de cerâmica encontrados *in situ* e a planimetria destes locais tornam, no entanto, possível o estabelecimento de propostas de leitura topográfica.

Nota-se, por exemplo, que três das quatro cozinhas integralmente escavadas tinham uma nítida subdivisão em duas áreas diferenciadas [figs. 4.1. e 4.2.]. Nessas casas[339], uma pequena dependência destinada ao armazenamento de alguns géneros alimentares antecedia, em termos de acesso a partir do pátio, a zona de cozinha onde normalmente se fazia o fogo.

O primeiro compartimento era constituído por uma pequena antecâmara ligada sempre de forma directa ao pátio [fig. 4.3.][340] e com uma área entre 1,91 m^2 [341] e 4,78 m^2 [342]. Ainda que não seja detectável qualquer sinal de luxo[343], estes espaços de entrada foram pavimentados de forma cuidada (lajes de xisto bem assentes[344] ou tijoleiras[345]). O compartimento de entrada podia contar ainda com uma plataforma ligeiramente sobre-elevada e com um ressalto de uns 10 a 15 cm.[346]. Situado em frente à porta de entrada da cozinha, este pequeno degrau podia ter uma superfície variável entre 0,60 m^2 [347] e 2,1 m^2 [348]. Parece provável que se destinasse a arrumar vasilhas de armazenamento (talhas assentes em pequenas peanhas, potes ou cântaros, com toda a probabilidade) que conteriam tanto os próprios alimentos como os géneros indispensáveis à sua confecção. É sabido que, para além da água, do azeite, das ervas aromáticas, era prática corrente a conservação de frutos destinados à alimentação[349]. Abun-

Fig. 4.3. - Área de armazenamento da casa I

dam nos *tratados de agricultura*[350] os procedimentos a seguir para guardar um grande número de produtos em jarras, ou pendurados das paredes ou dos barrotes do tecto, para posterior consumo.

A hipótese de uma ante-câmara destinada a este tipo de utilização é reforçada, no caso concreto da casa II, pelo espólio recolhido durante os trabalhos arqueológicos aí realizados - dele não fazia parte uma única peça de cerâmica de fogo -, com particular relevo para uma enorme talha decorada com estampilhas, fragmentada em grandes blocos e esmagada sobre o pavimento no momento de abandono da casa [figs. 4.4. e 4.5.] e que pôde ser integralmente reconstituída [fig. 4.6.][351].

Esta peça foi certamente destruída no seu local de uso, em época próxima do abandono da casa. É, por outro lado, quase certo que uma torre de roca e uma

Fig. 4.4. - Área de armazenamento (casa II): talha fragmentada sobre o pavimento

telha com decoração incisa [fig. 4.7.][352], encontradas no mesmo local, tenham pertencido ao período final de ocupação da moradia [figs. 4.4. e 4.5.].

Posso, em síntese, e a partir dos elementos recolhidos, afirmar que estes locais se destinavam à preparação de alimentos e a algumas funções de armazenamento.

Ao espaço interior da cozinha, desprovido de luz natural, tinha-se acesso por um estreito vão desprovido de porta, única abertura de que esse compartimento dispunha.

A identificação destes compartimen-

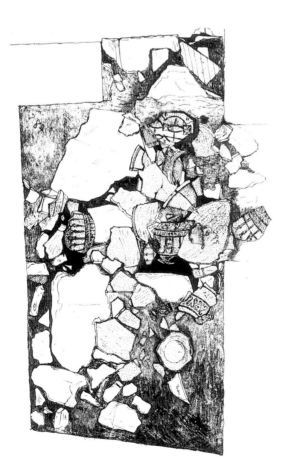

Fig. 4.5. - Área de armazenamento (casa II): talha fragmentada sobre o pavimento (desenho)

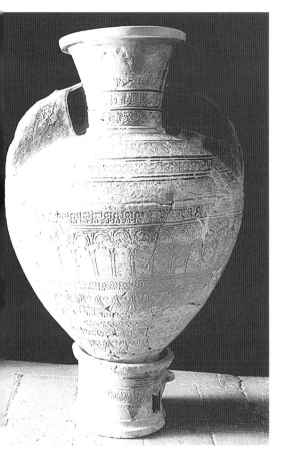

Fig. 4.6. - Talha reconstituída

tos das habitações não merece também dúvida. Em primeiro lugar, devido à presença de lareiras, as quais surgem apenas aqui. Em segundo lugar, e embora tal factor não seja determinante nem o de maior importância, pelo abundante espólio de louça de fogo, encontrado nas cozinhas em quantidades invulgares.

Era esta a área que estava reservada à zona de fogo, o qual se fazia no único sítio da casa que não abria directamente ao pátio. Também neste caso os factos arqueológicos nos ajudam a sustentar a hipótese avançada: para além das lareiras, o espólio cerâmico ali recolhido resumia-se a cerâmica de ir ao lume, com predomínio para uma forma de panela muito comum em sítios arqueológicos da época almoada (e com paralelos em Murcia[353], Jerez de la Frontera[354], Salir[355] ou Faro[356], por exemplo).

Os locais onde se acendia o fogo e se cozinhava eram a própria casa, como aqui se comprova, e o forno público, frequentemente citado nas receitas de cozinha[357].

A escassa área das zonas interiores das cozinhas de Mértola[358] levam-me a admitir a utilização destes locais apenas para a cozedura dos alimentos. Com dificuldade mais do que uma pessoa caberia em superfície tão diminuta, pelo que é descabido pensar nestes locais como espaço de convívio ou de encontro da família.

Há outros exemplos que comprovam esta exclusividade em torno da ocupação do espaço, mesmo em zonas rurais. Uma casa de *Los Guajares*, na zona de Granada, tinha um compartimento de reduzidas dimensões (2,19 x 2,60 - 5,69 m²) cuja função única era a de cozinha: ali se encontraram uma pequena lareira com argila moldada e um típico espólio de caçoilas, panelas, talhas e testos[359]. O uso exclusivo deste compartimento trata-se, no entanto, de uma excepção em povoado de marcadas características rurais. Nestes casos, e regra geral, as habitações escapam claramente ao cânone das habitações urba-

Fig. 4.7. - Telha esgrafitada

Fig. 4.8. - Zona de fogo da cozinha da casa II

nas, organizadas em torno de um pátio central e com uma relativa especialização em termos de funcionalidade[360].

Numa das cozinhas de Mértola[361], encontrou-se sobre o pavimento de terra batida um interessante conjunto de louça de fogo. Tanto este, de inequívoca cronologia almoada, como os possíveis restos de uma estrutura semelhante a uma pequena pilheira[362], se encontravam completamente cobertos pelos restos do telhado do compartimento[363]. É possível que a destruição da cobertura tenha ocorrido de forma violenta e aquando da reconquista da cidade. Só assim se explica a presença do espólio de cerâmica "intacto" e que foi certamente abandonado no momento em que os cavaleiros cristãos entraram em Mértola.

Nesta cozinha foi ainda possível identificar um conjunto de estruturas, de características marcadamente funcionais [figs. 4.2. e 4.8.]:

a) Na parede em frente à entrada na divisão interior, e em lugar bem demarcado em relação à lareira, encontrou-se um pequeno desaguadouro, ligado à canalização deste conjunto habitacional[364]. Delimitado por pequenas pedras fincadas no pavimento de terra batida, um buraco em quarto de círculo enquadrava uma laje de xisto situada num registo ligeiramente inferior. Suponho que a presença desta laje se destinasse a impedir a entrada de roedores e outros animais no interior das habitações, embora não fosse improvável que a abertura estivesse coberta, durante a maior parte do tempo, por uma tampa de madeira.

b) Este esgoto subterrâneo era comum às casas I e II.

c) No extremo NE da cozinha foi ainda encontrada uma estrutura de combustão, local onde se recolheram cinzas que permitiram identificar algumas espécies vegetais utilizadas na alimentação.

Fig. 4.9. - Lareira da casa III

A forma como as lareiras se organizavam não era uniforme, não parecendo haver uma regra definida. Em dois casos as lareiras resumiam-se a pouco mais de uma dezena de tijolos justapostos ao nível do chão e adossados a uma parede[365]. Trata-se de um procedimento simples e ao qual há apenas a observar que, possivelmente, o local da lareira se destinaria sobretudo a manter um fogo lento de brasas. É, pelo menos, o que se deduz, se considerarmos o razoável estado de conservação das próprias tijoleiras.

O lume para cozinhar não devia ser nem muito forte nem muito fraco e aconselhava-se que fosse preparado com lenha, de preferência seca[366]. A madeira acendia-se normalmente, pelo menos na região do Garbe, com uma planta chamada "fava de acender" (*ful al-shihal*)[367].

As análises ao tipo de carvão utilizado não têm sido conclusivas, embora, para além do tradicional azinho, se admita o uso da raiz de urze (localmente conhecida como *carrasca*), abundante na região e que gera altas temperaturas[368].

Noutros casos, existiam verdadeiras estruturas de combustão escavadas no solo das habitações e com uma profundidade de 0,20 m.[369] e 0,25 m.[370]. Esses buracos, circulares [figs. 3.2. e 4.9.] ou em quarto de círculo, estavam delimitados por bem organizados alinhamentos de pedras, cravadas no solo. As pedras, de pequenas dimensões, encontravam-se ao nível do pavimento da cozinha e delimitavam zonas de fogo[371] que se destinavam a comportar apenas uma peça de cada vez. Do ponto de vista técnico, trata-se de uma solução extremamente simples e pouco sofisticada, ainda que eficaz.

Este dispositivo, nitidamente arcaico e do qual, aparentemente, não perduraram quaisquer exemplos ao nível da arquitectura tradicional, é comum a muitos outros locais deste período, frequentemente localizados em zonas rurais. Estruturas de combustão como a das cozinhas de Mértola foram também identificadas em Los Guajares[372], Alcaria Longa[373] e noutros povoados rurais islâmicos da Andaluzia Oriental e do Levante Peninsular[374]. A presença deste elemento arcaizante pode também indicar que estamos, pelo menos nalgumas casas deste bairro, na presença de populações de origem rural ainda presas a hábitos ancestrais[375].

Emile Laoust registava, nos inícios deste século, um tipo de lareiras semelhante em tribos berberes de Marrocos. Em redor de pequenos buracos escavados no chão das cozinhas, eram, neste caso, colocadas três pedras em triângulo que serviam de suporte aos utensílios[376]. A tarefa de construção das lareiras estava, em Marrocos, destinada às mulheres[377].

Sem querer entrar em comparações fáceis ou abusivas, penso que o funcionamento das lareiras em Mértola, no período islâmico, podia ser semelhante. A falta de trempes ou grelhas em metal[378], referenciadas noutras estações arqueológicas[379], dão algum sentido a esta proposta, embora o problema possa ser equacionado de forma diferente e se possa admitir o desaparecimento das peças de metal em consequência da pilhagem que certamente se seguiu ao abandono do bairro.

Embora tal não se tenha constatado em Mértola, por vezes as próprias lareiras estavam colocadas nos pátios[380], sem qualquer espécie de delimitação. Em certos casos, é provável que algumas operações, anteriores à cozedura, tivessem lugar fora do espaço das cozinhas, devido às reduzidas dimensões destas.

É também possível que alguns processos de cozedura se concretizassem suspendendo a panela por uma corrente, a alguma altura da lareira[381].

Parece, por outro lado, pouco provável, que estas casas dispusessem de chaminés, ausência notada também em Évora na Baixa Idade Média[382]. O começo do uso das chaminés deve ser pouco anterior ao século XVI, quando esse costume se instalou primeiro nas grandes casas aristocráticas. Na habitação popular a tiragem do fumo era feita por uma simples abertura existente no tecto da cozinha. O buraco era tapado por um pedaço de cortiça atravessado no centro pela ponta de uma cana comprida, estando a outra extremidade no pavimento da casa. Este primitivo processo de tiragem ainda era visível em finais do século XIX na zona de Serpa[383]. Noutros casos, a cozinha não dispunha de caniço - ao contrário do resto da casa - mas somente de telha vã, pela qual se escapava o fumo da cozinha. Embora nada o comprove de forma irrefutável, do ponto de vista arqueológico, a presença de inúmeras telhas caídas directamente sobre o pavimento da cozinha e a própria lógica de utilização do local, leva-nos a pensar que as cozinhas das casas do bairro islâmico de Mértola terão disposto de um sistema de ventilação como o que acabei de descrever.

Segundo Julio Navarro a cozinha podia ser também usada como local de dormida da criadagem ou onde se trabalhava com o tear[384]. Essa hipótese, sustentável nas casas urbanas de Ciesa, parece-me difícil da admitir nos pequenos compartimentos de Mértola. No caso dessa remota probabilidade como local de dormida, seria certamente para a família e não para criados, de existência discutível no ambiente social do bairro islâmico de Mértola, cujo tipo de espólio não aponta, pelo menos na fase final da sua existência, para uma situação de riqueza[385].

ARMAZENAMENTO E CONSERVAÇÃO DOS ALIMENTOS

O armazenamento e a conservação dos alimentos eram, no período medieval, problemas cruciais do quotidiano. Sem meios que lhes permitissem guardar os alimentos frescos, cujo consumo era apenas possível numa curta época do ano, as populações desenvolveram complexos métodos que possibilitavam o prolongamento do seu período de uso, por vezes longos meses após a data de preparação [386].

O armazenamento e conservação dos alimentos tinham lugar, preferencialmente, no interior das casas[387]. Em Mértola, e para além do espaço de entrada nas cozinhas, era função desempenhada em compartimentos, de pequenas ou médias dimensões, ou salas que anteriormente chamei de "função complementar", os quais, embora pudessem ser também local de dormida, eram certamente o sítio onde talhas de maiores dimensões se guardavam.

Estes locais reuniam algumas condições apropriadas para tal tipo de funções. Ibn al-Awwam, por exemplo, desaconselhava sítios com fumo, luz solar e onde houvesse fogo para neles se fazer a conserva de alimentos[388], afirmação que põe de parte a zona interior das cozinhas para essas funções e reforça a ideia de terem existido compartimentos vocacionados para este tipo específico de utilização.

Com entradas bem identificadas por soleiras em tijoleira ou em blocos de xisto, com o pavimento argamassado (e, num deles, com uma provável repavimentação[389]), esses compartimentos podem ter sido locais de armazenamento, a despeito das suas reduzidas áreas[390]. A largura do vão de um deles[391] pode ser sintomática da necessidade de movimentar volumosos contentores.

O armazenamento dos cereais não deveria, em princípio, ser feito dentro das casas ou, sequer, nas suas proximidades: Ibn al-Awwam mencionava a existência de grandes silos subterrâneos *(matmuras)*, os quais eram devidamente preparados para essa finalidade[392].

Todos os autores que se ocupam de temas agrícolas são prolixos no fornecimento de soluções para a conservação de alimentos. Ibn Luyun, por exemplo, citava com profusão de detalhes os procedimentos a seguir para a conserva de ameixas, cerejas, alperces, pêras, nêsperas, romãs, figos, uvas, maçãs, marmelos e azeitonas[393].

Os figos eram postos a secar. As uvas eram prensadas depois de passadas por água a ferver engrossada com cinza e azeite[394]. As uvas e pêras eram introduzidas em cântaros, em que a boca era tapada com cinza macerada em azeite. Colocava-se esse recipiente dentro de outro, de forma que este o cobrisse até meio. Dizia-se que os frutos se conservavam assim durante toda uma temporada[395].

O tratado de Ibn al-Awwam, por exemplo, fazia uma certa diferenciação entre os tipos de artefactos cerâmicos e o respectivo uso: para as conservas de maçãs e de peras aconselhava-se um vaso novo de barro[396], ao passo que para as de uvas se consideravam mais apropriados vasos de vidro ou cântaros de vidrado verde[397]. Os cachos de uvas podiam também ser pendurados no interior do bocal de talhas onde se guardava vinho ou azeite. No entanto, as uvas-passas, embora preparadas em panelas novas de barro vidrado, deviam ser guardadas em cântaros novos e não em frascos ou vasos vidrados[398]. Os pêssegos, por seu turno, deviam ser guardados em vasos de barro vermelho vidrado[399] e os pepinos em vinagre dentro de um vaso de vidro ou barro vidrado[400].

Frutos como as abóboras ou os pepinos podiam cozer-se e guardar-se depois em jarras, em vinagre muito ácido. Podiam também, em alternativa, conservar-se em mel[401]. Cerejas e ameixas secavam-se ao sol e guardavam-se em jarras. Outros frutos, como as açofeifas, entrançavam-se em fios e penduravam-se ao ar, num telheiro ou outro local convenientemente ventilado. As bolotas conservavam-se debaixo do chão, em lugar onde não chegasse a chuva, cobertas de areia seca e folha de azinheira. O mesmo procedimento era seguido para as castanhas, nozes e amêndoas. As maçãs e os marmelos guardavam-se em potes tapados com um pano "vedado" com barro viscoso e colocados num compartimento fresco[402].

Torna-se difícil, do ponto de vista das tipologias, indicar com rigor que uso específico estava destinado a cada peça ou sequer saber se um determinado tipo de peça tinha uma utilidade exclusiva ou se, conforme parece mais provável, cada artefacto servia para várias funções. Ainda que, do ponto de vista arqueológico, nada comprove utilizações concretas, é possível levantar hipóteses e atribuir funções a algumas das formas cerâmicas identificadas durante os trabalhos arqueológicos e que são compatíveis com o conselhos incluídos nos tratados de Ibn al-Awwam, Ibn Luyun e Abu l-Jayr[403].

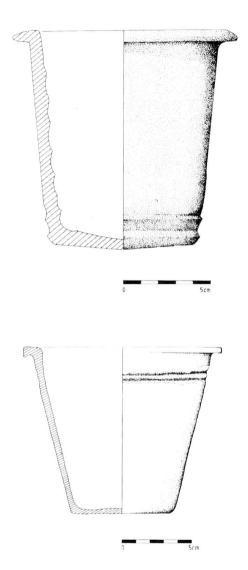

Fig. 4.10. - Objectos de cerâmica, provavelmente usados como medida

A protecção dos alimentos era tentada das mais diversas formas. Num mundo cheio de crenças, temores e superstições pareciam insuficientes os simples preparados culinários, os fermentos ou os açúcares, para garantir que os víveres não se estragariam. A magia tinha aqui um vasto campo de intervenção, que começava na escolha de objectos onde se inscreviam fórmulas apropriadas e ía até às variadas fumigações destinadas a afastar os espíritos e os animais indesejados.

O primeiro cuidado a ter consistia na escolha dos artefactos onde se iriam conservar os alimentos. A expressiva colecção de talhas de Mértola contém vários exemplos, para todo o período islâmico, dessas diferentes formas de protecção. Muitos dos utensílios de armazenamento (e em especial as talhas, onde se guardava a preciosa água[404]) eram, durante o processo de fabrico cobertas com estampilhas contendo palavras propiciatórias como *baraka* - benção, *al-yumn* - felicidade ou *al-mulk* - o Império (de Deus) - [fig. 4.11.]. Noutros casos era utilizada

Fig. 4.11. - Palavras propiciatórias - *al-yumn* (no topo), *al-mulk* (ao centro) e *baraka* (em baixo)

a "mão de Fátima"[405], que surgia por vezes associada a elementos de carácter floral e geométrico e que protegia dos feitiços não só os alimentos conservados nessa vasilha, mas também a casa e os seus habitantes.

Peças de sofisticação estética e notável apuro formal, eram, frequentemente, colocadas em lugar de destaque da casa, indo o seu papel muito além da mera funcionalidade e identificando, de modo claro, as posses dos moradores.

As práticas de magia não se cingiam, porém, aos objectos onde se guardavam os alimentos. Outras formas de protecção ao lar, como a fumigação das habitações, eram bastante utilizadas. Algumas, como a do uso de corno de veado ou de unha de cabra como forma de afugentar víboras e serpentes, ou ainda a utilização de produtos como o âmbar, o açafrão ou a cânfora para afastar os escorpiões[406], ligavam-se de modo inequívoco a práticas de magia.

Diferentes tipos de fumos eram tidos como úteis na tarefa de afastar os bichos do interior das casas e de impedir que eles chegassem perto dos alimentos[407].

Recorria-se também com frequência a sistemas mais prosaicos: os gatos eram presença habitual tanto nas casas como nos celeiros[408]. Sabemos também que as uvas eram postas sobre a palha das favas, da qual se dizia ter o poder de afastar os ratos[409].

4.2.1. Utensílios de conservação e armazenamento

Um dos tópicos mais estimulantes, e de mais problemática abordagem, no estudo do quotidiano destas populações é o que se refere à análise, classificação e elaboração de propostas de funcionalidade para os utensílios.

Ainda muito longe da multiplicidade de objectos e recipientes do mundo contemporâneo, a casa medieval mediterrânica, e sem referir o refinamento palatino, era não só detentora de uma série de artefactos e instrumentos em madeira, ferro ou bronze, como principalmente de uma grande quantidade e variedade de recipientes e contentores cerâmicos.

Os estudos conduzidos no domínio da ceramologia, no decurso das últimas duas décadas, têm permitido a criação de um conjunto de grupos, morfologias e tipologias, construídas em função de prováveis utilizações. Surgiram desse modo classificações genéricas como *louça de cozinha* [fig. 4.12.], *louça de mesa* [fig. 4.13.], *vasilhas de armazenamento, contentores de fogo* [fig. 4.12.] etc[410]. A enorme variedade de formas existente[411] sugere já alguma especialização, devendo, contudo, a pluri-funcionalidade ser admissível, mesmo em contextos urbanos[412].

Por razões que se prendiam com preconceitos religiosos, não eram utilizados objectos de ouro ou prata na cozedura dos alimentos[413]. Ainda que o Corão ou as tradições islâmicas não os proibissem[414], autores como Ibn Zuhr defendiam o uso exclusivo de utensílios em argila ou louça vidrada na cozinha[415]. Outros escritores da época, embora não fossem tão rigorosos a esse propósito, referiam nas suas receitas apenas o uso de materiais cerâmicos. A utilização quase exclusiva destes devia, por isso, ser generalizada.

Embora haja ainda referência documental ao uso de utensílios de cozinha em cobre, ferro, estanho, chumbo e vidro[416], a sua utilização é extremamente rara nos contextos arqueológicos de Mértola.

Os problemas em relação à utensilagem, e em especial à de cerâmica, colocam-se sobretudo ao nível das suas

Fig. 4.12. - Conjunto de louça de cozinha

funcionalidade e morfologia. Este último aspecto será apenas aqui considerado no que se refere às suas formas básicas e não à evolução que estas tiveram ao longo da época islâmica. Ao sabor de modas, influências, ou pela mudança de zonas de fabrico, muitas destas peças sofreram naturais modificações ao longo dos quinhentos anos de islamização do Garbe. A este respeito existe uma extensíssima bibliografia[417], estando contudo o tema muito longe de se encontrar esgotado. Não é, no entanto, este o aspecto que mais me interessa de momento. Importa aqui recordar alguns tipos básicos e tentar aproximações entre eles e a sua eventual função[418].

Por razões evidentes, e conforme já referi, são sobretudo os materiais cerâmicos os que chegam até nós através da intervenção arqueológica. É por esse motivo, mas sobretudo por razões que se prendem com a funcionalidade dos artefactos, que apresento exclusivamente peças de cerâmica neste grupo dos objectos de conservação e armazenamento.

Embora as tipologias estejam hoje razoavelmente definidas[419], muitas lacunas continuam ainda por esclarecer, no que se reporta ao uso preciso de cada tipo cerâ-

Fig. 4.13. - Conjunto de louça de mesa

mico. A proposta que se apresenta baseia-se, ao mesmo tempo, no cotejo de fontes escritas, nos trabalhos apresentados para outras estações arqueológicas peninsulares do mesmo período e na experiência colhida de forma directa durante as sucessivas campanhas de escavação.

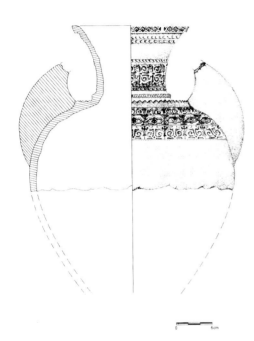

Fig. 4.14. - Talha (armazenamento de água, frutos secos e cereais)

Talhas

As talhas, com destaque para as decoradas, tinham como função a conservação de água, nelas se guardando, provavelmente, também frutos secos e os cereais de consumo corrente[420]. De decoração mais sofisticada [fig. 4.14.], eram, para além de contentores, peças que se colocavam em local de destaque no interior da casa.

Podiam ser impermeabilizadas interiormente[421] ou não, consoante o que nelas se guardava.

Embora existam exemplares de vários tamanhos (o que poderá ter a ver com o seu conteúdo ou com as próprias necessidades dos habitantes da casa) podemos considerar como dimensão média as peças com cerca de 70 cm. de altura, entre 20 a 30 cm. de diâmetro de boca, 55 cm. de largura máxima e aproximadamente 15 cm. de base [fig. 4.15.].

Fig. 4.15. - Talhas (armazenamento de água, frutos secos e cereais)

Cântaros

O transporte e armazenamento de água parece a função mais consentânea com a forma e a mobilidade dos cântaros[422], dependendo o uso específico das peças das dimensões que tinham.

Os artefactos de maiores dimensões (cerca de 45 cm. de altura máxima) seriam, primordialmente, utilizados no transporte da água desde o local de aprovisionamento [fig. 4.16.], ao passo que aos contentores de menores dimensões (cerca de 25 cm. de altura máxima) estaria reservado um papel de armazenamento, sempre em quantidades relativamente pequenas, dentro de casa [fig. 4.17.].

A decoração destas peças era feita com traços marcados com engobe, nos cântaros de pasta mais escura, ou com óxido de ferro (almagre) nas peças fabricadas com pastas claras.

Fig. 4.16. - Cântaros (transporte de água)

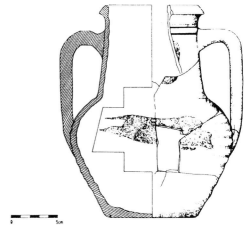

Fig. 4.17. - Pequeno cântaro (armazenamento de água)

Potes

Os potes constituíam outro dos grupos essenciais no que diz respeito à utensilagem de armazenamento. A sua morfologia é, no entanto, mais variada, adaptando-se mais facilmente a uma maior diversidade de produtos. Uma proposta recentemente formulada, e que parece perfeitamente válida, propõe três grupos distintos de peças[423]:

Um primeiro, formado por potes de duas asas, de maiores dimensões e destinado ao armazenamento de produtos como a farinha, os cereais, as leguminosas ou as azeitonas [fig. 4.18.].

Um segundo, composto por peças dotadas de múltiplas asas, e que se poderia destinar a conservar azeite, mel ou gorduras animais [figs. 4.19. e 4.20.][424].

Finalmente, um terceiro grupo de potes de pequenas dimensões (altura máxima de 8 cm.), de funções mais difíceis de determinar, e que podem ter servido para líquidos ou produtos de características medicinais ou utilizáveis em pequenas quantidades [fig. 4.21.].

Fig. 4.18. - Pote grande (armazenamento de farinha, leguminosas ou azeitonas)

Fig. 4.19. - Pote mais pequeno, de asas múltiplas, destinado à conservação de azeite, mel ou gorduras animais

Fig. 4.21. - Pequeno pote eventualmente utilizado para perfumes ou produtos de características medicinais

Fig. 4.20. - Proposta de funcionalidade para os potes de asas últiplas

4.3. CONFECÇÃO E CONSUMO ALIMENTARES

4.3.1. Louça de cozinha e confecção dos alimentos

Fogareiros

Esta forma constitui uma das mais perenes peças de fogo[425] utilizadas no quotidiano e teve uma vida particularmente longa, passando sem sobressaltos do mundo islâmico para o cristão e subsistindo até aos nossos dias.

Os fogareiros islâmicos de Mértola[426] constituem uma variante regional desta forma, bem conhecida em toda a arqueologia islâmica peninsular. Peças de feitura grosseira, do ponto de vista técnico e decorativo, e fabricadas em grandes quantidades, tinham certamente uma vida curta, devido à sua intensa utilização[427]. A renovação constante (talvez anual) a que obrigavam, não justificava, por isso, a importação de centros oleiros longínquos, aos quais se recorria apenas para a compra de artefactos mais sofisticados.

Fig. 4.22. - Fogareiro

Morfologicamente, os fogareiros de Mértola correspondem a um único tipo, o de dupla câmara. As peças deste grupo têm, invariavelmente, corpo de paredes globulares ou de perfil tronco-cónico invertido[428], tendo neste caso o sobrelanço vertical. A base, onde se procedia à recolha das cinzas resultantes da combustão, é normalmente troncocónica, sendo o fundo raso [fig. 4.22.][429].

Um elemento identificativo desta tipologia parece-me ser a separação muito marcada entre os dois corpos do fogareiro, elemento que é menos evidente em muitos exemplares do Levante Peninsular[430].

Em algumas destas peças notam-se ainda os vestígios da grelha onde os recipientes repousavam, ao passo que outros têm, na parte interior e acima da grelha, pronunciadas saliências.

Mesmo nestes artefactos, de exclusiva e prosaica funcionalidade, notam-se, por vezes, intenções decorativas no bojo e nas asas. Num dos exemplares, infelizmente incompleto, a boca da fornalha assemelha-se a um pequeno portal mainelado de duplo arco em ferradura [fig. 4.23.].

As asas pelas quais se segurava o fogareiro são normalmente desprovidas de decoração (com excepção de uma peça que apresenta um mamilo, à semelhança do que é possível ver em muitas jarrinhas de época tardia). Situam-se sempre perto do bordo, carecendo a colecção de Mértola de peças cujas asas arranquem junto à base.

O bordo apresenta frequentemente uma pequena concavidade, cujo formato deixa supôr que se destinaria a receber uma tampa[431].

Do ponto de vista decorativo, estes fogareiros caracterizam-se, normalmente, pela simplicidade. Para além do caso atrás referido da abertura de arejamento, que apresenta uma decoração exuberante, a figuração resume-se a discretos motivos incisos[432].

A dimensão da boca dos fogareiros permite também, nalguns casos, apontar prováveis funções: admite-se, por exemplo, que as peças mais largas servissem para grandes caçoilas[433].

Sabendo que era comum fazer pão sem forno - cozido na cinza ou dentro de uma marmita de argila hermeticamente fechada[434] - parece também aceitável que alguns dos fogareiros pudessem ter sido usados com essa finalidade.

Os fogareiros presentes neste grupo, todos integráveis numa cronologia almoada, não desapareceram com a Reconquista. A permanência de oleiros mouriscos no antigo território do Garbe, amplamente atestada pela documentação escrita, e a manutenção de muitos hábitos culturais (e, num sentido mais restrito, alimentares) por parte substancial da população, justificaram, também, a permanência de utensílios que, noutro contexto, deixariam de fazer sentido.

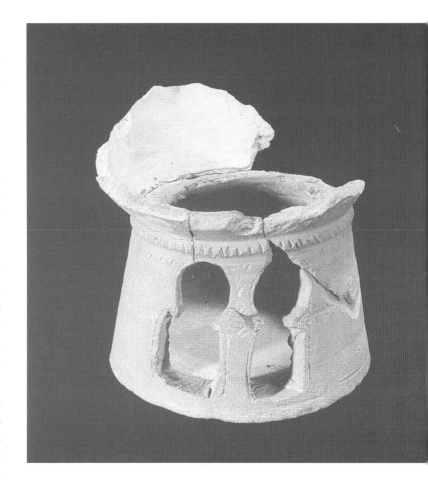

Fig. 4.23. - Fogareiro. A boca da fornalha assemelha-se a um pequeno portal mainelado de dois arcos em ferradura

Panelas

A peça básica da cozinha ao longo de todo este período foi, indiscutivelmente, a panela. Utensílio de antiga tradição, muito corrente no mundo romano, manteve um papel fulcral nas casas hispano-muçulmanas de todas as classes sociais. Esta peça, de base convexa, corpo globular com caneluras, curto colo cilíndrico, bordo engrossado e duas asas [fig. 4.24.], foi, conforme acertadamente se escreveu, a estrela dos utensílios da cozinha almoada no Garbe[435].

Encontramo-la em todas as casas do bairro almoada em grandes quantidades e apenas com variações de tamanho. Numa quantificação que serve apenas como balizagem, registe-se que as panelas correspondem a 89,3% do espólio da casa I e 88,2% do da casa II[436].

O tratado de cozinha de um anónimo do século XIII, publicado por Ambrósio Huici, dedicou algumas interessantes linhas a esta forma. Assinalava, nomeadamente, que as panelas deviam ser lavadas com água quente depois de utilizadas. Considerava ainda aconselhável que se preparassem panelas segundo os dias, para que se guisasse em panela nova cada dia, o que é, obviamente impossível[437]. Pondo de parte o "rigor" desta afirmação, foi o único artefacto que mereceu tão detida atenção por por parte daquele "Anónimo"[438].

Fig. 4.24. - Panela

A panela era normalmente exposta de forma directa ao fogo, frequentemente classificado como "lento", ou seja, sem chama viva. Podia ser tapada ou não, consoante o prato que estava a ser confeccionado[439]. Na preparação de uma determinada iguaria, as panelas deviam ficar sobrepostas e encaixadas uma na outra. À medida que o caldo da que estava debaixo ia secando, devia-se ir adicionando a água previamente colocada na de cima e que entretanto já estava quente[440].

Segundo al-Saqati, por seu turno, algumas comidas faziam-se com a panela destapada, ao passo que a cozedura da carne em água a ferver se fazia mexendo o caldo com um pau de figueira[441].

A presença de panelas pode indicar, conforme defende Beck-Bossard, um predomínio de pratos cozidos[442], o que permitia um completo aproveitamento das carnes.

À semelhança doutras peças de uso mais intenso, como os fogareiros ou as caçoilas, é crível que as panelas não tivessem, e devido a uma natural deterioração, um uso muito prolongado. A sua substituição devia registar-se a espaços regulares, talvez anualmente ou a intervalos menores, se as finanças domésticas o permitissem.

Caçoilas

A caçoila foi outra forma muito utilizada nas cozinha almoadas, embora de modo menos intenso que as panelas. Um dos tipos mais característicos recolhidos na alcáçova de Mértola, em contextos almoadas, é o da caçoila de fundo ligeiramente convexo e com aplicações plásticas no extra-dorso [fig. 4.25.].

Fig. 4.25. - Caçoila

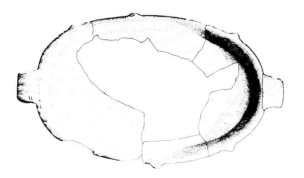

Fig. 4.26. - Caçoila

O autor anónimo do século XIII notava que peixes como o sável ou o esturjão, de consumo comum em Mértola (v. 5.2.1.4.), eram cozinhados em artefactos destes, cobertos e metidos no forno[443].

Uma destas peças, pela sua curiosa forma, aponta de maneira clara para um uso deste género [fig. 4.26.][444]. Embora formal e funcionalmente não seja peça de mesa, a caçoila podia ser também aí levada e usada em comum pelos convivas.

Os dados sobre o papel de cada forma cerâmica na cozedura dos alimentos são quase sempre dispersos e vagos e baseiam-se, uma vez mais, nos tratados de cozinha, *hisba* e agricultura. De forma quase sempre indirecta surgem referências ao modo de confeccionar este ou aquele prato, assim como os utensílios eventualmente necessários.Em raros casos, os textos indicam com rigor a função de uma determinada peça. Os peixes, por exemplo, aconselhava-se que fossem cozidos em *caçoilas* de argila ou vidradas, ao passo que os moluscos se preparavam em panelas de argila com uma tampa que devia ter orifícios para deixar sair o vapor [figs. 4.27. e 4.28.][445].

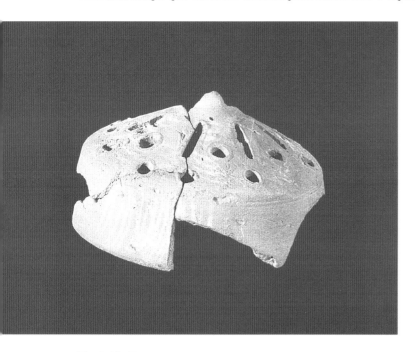

Algumas peças, pela sua evidente funcionalidade, tinham apenas uma utilização possível. Encontra-se neste grupo a panela de preparar o *cus-cus*, a qual era perfurada para permitir a cozedura da sêmola[446]. Não está presente em Mértola do ponto de vista arqueológico mas foi registada numa escavação na área urbana de Murcia[447], em Los Guajares[448] e em Almeria[449].

São, enfim, inexistentes, do ponto de vista arqueológico, os vestígios de grelhas ou espetos, embora o seu uso esteja documentado em vários tratados de cozinha[450].

Fig. 4.27. - Tampa com orifícios para deixar sair o vapor. Embora a cronologia desta peça seja pré-almoada, a sua existência naquela época está confirmada pelos textos escritos.

Fig. 4.28. - Tampas com orifícios para deixar sair o vapor. Embora a cronologia desta peça seja pré-almoada, a sua existência naquela época está confirmada pelos textos escritos.

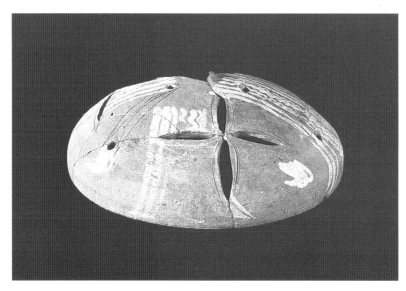

4.3.2. Louça de mesa e consumo alimentar

A utensilagem ligada ao consumo alimentar tem vindo, nos últimos anos e fruto de um conjunto de intervenções arqueológicas realizadas em diferentes pontos da Península Ibérica, a ser melhor conhecida. É hoje possível, sem dificuldade de maior, traçar morfologias e tipos, apontar cronologias prováveis (ou mesmo absolutamente confirmadas), ou indicar quais as áreas de proveniência de um número substancial de artefactos. Permanecem, contudo, por esclarecer pontos importantes no que se reporta ao uso concreto de muitos desses artefactos. Se no que diz respeito aos materiais ligados à confecção dos alimentos podemos apontar funções mais ou menos definidas, no que pertence ao mundo do consumo as dificuldades são consideravelmente acrescidas.

Tigelas

O tipo básico na louça de mesa[451] era a *tigela* [fig. 4.29.][452], embora se possa especular sobre a sua utilização precisa[453].

Norma geral era a utilização de peças em cerâmica à mesa, uma vez que o uso de prata e ouro era expressamente proibido por um bem conhecido *hadith*[454]. É, de algum modo, provável que tanto o uso de peças em bronze, exuberantemente decoradas [fig. 4.30.][455], como o desenvolvimento e difusão de técnicas de espectacular efeito decorativo como a *corda-seca* e o *verde e manganés* na louça de mesa sejam resultado deste tipo de restrições[456]. É indiscutível que estas peças não se destinariam a conter sopas ou caldos, devendo antes servir para a apresentação de frutas, bolos ou outras iguarias secas.

A maior ou menor dimensão de algumas peças poderia ligar-se com um uso colectivo ou individual[457], ao

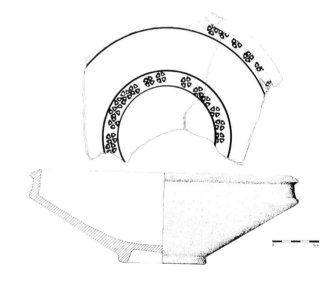

Fig. 4.29. - Grande tigela de utilização colectiva

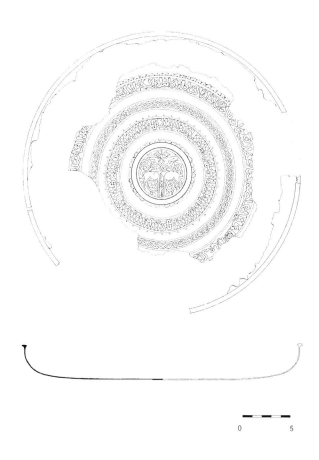

0   5

Fig. 4.30. - Prato em bronze, de provável fabrico oriental, e que seria eventualmente utilizado para a apresentação de frutos secos à mesa

passo que a maior largura e menor profundidade se relacionaria com um conteúdo mais sólido, ao passo que as peças fundas seriam usadas para alimentos de consistência mais líquida[458].

As tigelas, com uma tipologia extremamente variada, são um dos achados mais frequentes nas escavações arqueológicas deste período. Constituem também uma das formas melhor conhecidas e cujas variações morfológicas mais facilmente se enquadram do ponto de vista cronológico.

Algumas, de pé estreito, mais largas e fundas, podiam ser usadas em cozinhados "comidos colectivamente" como o *cus-cus*. A forma é conhecida, embora a palavra que correntemente a designa em Marrocos - *mokhfia* - esteja ausente nos textos escritos mais antigos[459]. Outras formas, como a *jofaina* (o equivalente à nossa escudela), aberta e de perfil hemisférico, e com diferentes tipos de profundidade, parecem destinar-se ao consumo de sopas ou de comidas mais ou menos caldosas[460]. Destinar-se-ia, com toda a probabilidade, a uma utilização individual.

Parece também evidente que às louças de mesa estava reservado um papel de destaque dentre o conjunto de artefactos de uma habitação. Constata-se, por exemplo, que há um muito maior número de peças de mesa importadas, ao contrário do que se verifica com as de cozinha, fabricadas localmente[461].

Bilhas e jarrinhas

Pequenas bilhas marcavam também presença nas refeições, como contentores de condimentos ou especiarias [fig. 4.31.]. Outros objectos de pequena dimensão - os recipientes que Rosselló Bordoy chamou *jarritas*[462] (e que entre nós temos designado como jarrinhas[463]) -, eram, pelas suas características porosas, ideais para conservar água, ainda que as de boca larga pudessem também ser usadas para beber [fig. 4.32.][464]. Outras jarrinhas deste género podiam não ser necessariamente para beber, mas antes para servir à mesa: pertenceriam a este grupo as peças de colo alto, com ou sem bico, ou ainda os jarros e jarrinhos de uma asa e com um bico que facilitava a decantação dos líquidos [fig. 4.33.].

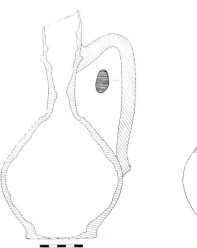

Fig. 4.31. - Bilha para condimentos líquidos e especiarias

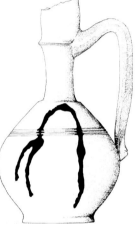

Fig. 4.32. - Jarrinha utilizada para beber. Embora a cronologia desta peça seja pré-almoada, a sua existência prolonga-se até épocas posteriores.

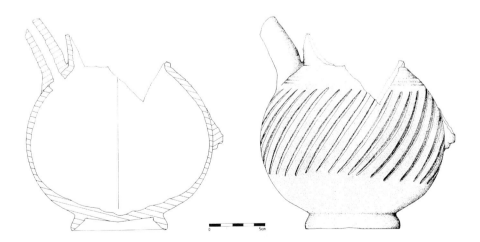

Fig. 4.33. - Jarro com bico para decantação de alguns líquidos ou infusões

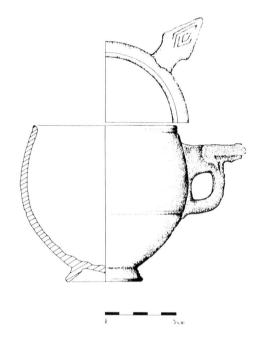

Fig. 4.34. - Copo de uso individual

Púcaros e copos

Pequenos púcaros ou peças de utilização tanto individual como colectiva eram usados para beber. O copo, embora não fosse de uso generalizado, pertencia ao lote dos objectos com que uma casa estava equipada[465]. Não só a forma se encontra arqueologicamente comprovada [figs. 4.34.], como a palavra árabe - documentada entre os séculos XIII e XV - permaneceu no léxico popular desta região (*cace* ou *caço*, dependendo das zonas), designando o utensílio utilizado para servir sopas e caldos[466].

Alguidares

À mesa eram ainda usados pequenos alguidares, de pé anelar ou assentes em três ou quatro pequenos apoios de perfil cónico [figs. 4.35., 4.36. e 4.37.]. Pensa-se que podiam conter água quente, de forma a manter alguns alimentos a uma temperatura apropriada.

Fig. 4.35. - Pequeno alguidar eventualmente destinado a conter água quente

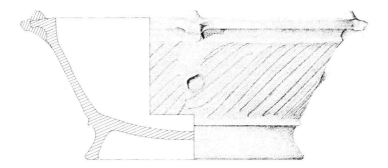

Fig. 4.36. - Pequeno alguidar eventualmente destinado a conter água quente (desenho)

Fig. 4.37. - Pequeno alguidar - proposta de funcionalidade

Outros objectos

Escasseiam, enfim, os elementos sobre os pequenos objectos do quotidiano relacionados com a mesa: as colheres estão documentadas nos textos escritos, embora o seu uso esteja certamente mais relacionado com a confecção do que com o consumo[467]. Feitas em madeira, delas não resta, até agora, qualquer vestígio arqueológico.

O aparecimento do garfo é bastante mais tardio, não sendo anterior aos finais do século XV, altura em que surgiu como requinte e raridade.

Das facas, por seu turno, temos alguns exemplares recolhidos em diversos contextos arqueológicos. O uso de cutelos é também, por vezes, identificável a partir de certos cortes, praticados no desmembramento de animais abatidos[468]. Em Mértola, porém, nunca se encontraram tais artefactos. Do ponto de vista arqueológico, as únicas facas aqui recuperadas são as de pequena dimensão, por vezes com cabo de osso decorados com os típicos círculos concêntricos e certamente usadas à mesa [figs. 4.38. e 4.39.][469].

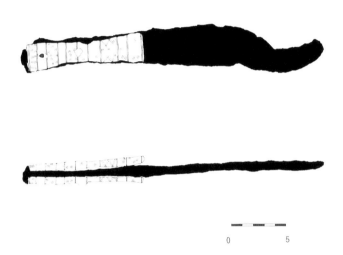

0   5

Fig. 4.38. - Faca de utilização doméstica

Fig. 4.39. - Facas de utilização doméstica

As formas de consumo em casa continuam a ser mal conhecidas. Embora tenham chegado até nós alguns relatos sobre o ritual da mesa no Islão peninsular, estes referem-se sempre à faustosa vida da corte califal. Os paralelos com o quotidiano dos modestos artesãos ou pequenos comerciantes da alcáçova de Mértola são, evidentemente, nulos.

Do hábito de tomar as refeições sentado no chão chegaram, pelo menos até ao século XVIII, reminiscências[470]. Os membros da família, e eventualmente algum convidado, sentar-se-iam sobre mantas dispostas no solo do salão da casa e tendo à sua frente a refeição, servida em tigelas colectivas de grandes dimensões[471]. Caso a refeição constasse de várias iguarias, estas eram apresentadas ao mesmo tempo[472], embora um autor anónimo do século XIII considerasse que os pratos se deveriam servir de forma sucessiva[473]. As boas maneiras à mesa eram já preocupação de alguns: Maimonides aconselhava que não se comesse de forma precipitada nem que se enchesse a boca…[474]

A água era muitas vezes bebida aromatizada com flor de laranjeira ou de rosas, hábitos dos mais requintados, certamente. A água, dizia Ibn Zuhr, devia ingerir-se durante as refeições, desaconselhando-se que fosse tomada fora dessas ocasiões[475].

A importância dada ao cerimonial da mesa era, dependendo dos meios sociais, considerável. Tal hipótese ganha alguma consistência se tivermos em conta a abundância de tigelas vidradas, importadas com toda a probabilidade do Vale do Guadalquivir e presentes mesmo em contextos teoricamente mais pobres[476]. Algumas peças, de maior luxo ou mais sofisticadas (como o do conhecido prato da gazela e do falcão), podiam mesmo provir de portos da região das actuais Tunísia ou Líbia[477]. Estas peças mais caras eram, normalmente, alvo de um prolongado uso, conforme o provam os gatos de reparação presentes em muitas delas.

4.3.2.1. Confecção e consumo públicos

Séculos antes do hábito generalizado do *fast-food* e do *take-away* o costume da aquisição de comida já confeccionada em locais públicos fazia parte do quotidiano das populações medievais[478]. A abundância de detalhes com que os autores dos tratados de *hisba* se referem às actividades dos cozinheiros e à venda pública da comida, parecem comprovar esta suposição.

A preparação e comercialização de alimentos tinham um carácter marcadamente público que a legislação não se cansava de vincar. Tentava, por todos os meios, inibir a prática de fraudes, contra as quais várias medidas estavam previstas. A confecção dos produtos a comercializar devia ter lugar à luz do dia, em local que qualquer pessoa pudesse ver, e nunca à noite ou ao amanhecer nem em casas isoladas. O *alamin* teria ainda que presenciar o modo como limpavam a carne, a metiam nas panelas e a punham ao fogo[479], embora esta disposição fosse certamente de ordem mais teórica que prática. Enquanto se preparava a comida, e antes de pô-la ao fogo, um aprendiz agitava um abanico para evitar que as moscas caíssem dentro da panela. Depois de postos os condimentos - infere-se do texto de al-Saqati que a comida era, nestes casos, normalmente condimentada antes da cozedura - as panelas eram tapadas com um pano limpo até ao momento de irem ao fogo[480].

Os cozinheiros deviam ainda expôr o que tivessem preparado em pratos côncavos e grandes panelas para que o comprador pudesse ver o que se aprestava a adquirir[481]. A diferença entre o que se mostrava e o que se vendia nem sempre era pequena: um autor do século XIV, al-Uqbani al-Tilimsani, afirmava que os figos e o peixe seco, vendidos em jarras, eram motivos de protestos frequentes, uma vez que o conteúdo do fundo não correspondia, em termos de qualidade, ao que se mostrava ao comprador[482].

Sabemos ainda que entre a classe popular, era corrente o hábito de comprar e consumir a comida já confeccionada nos mercados, facto atestado no Egipto[483] e na Síria medievais e, certamente, extensivo a toda a bacia do Mediterrâneo[484]. Alguns reprovavam, no entanto, o acto de comer na via pública, o qual deveria ser praticado em casa e a horas fixas[485].

4.3.3. Utensilagem cerâmica: produção, difusão e cronologia

É sabido que Mértola, importante porto fluvial em contacto permanente com o mar e cidade chave na economia do termo de Beja e com um papel de relevo no Garbe, mantinha contactos com os principais entrepostos do Andaluz e do Magrebe[486].

Cerâmicas comuns idênticas às de Mértola são identificáveis na alcáçova almoada de Silves[487]. Embora se admita hoje a produção de materiais cerâmicos junto à cidade do Guadiana, não é impossível que alguns destes artefactos (fogareiros, caçoilas e panelas, nomeadamente) possam ser provenientes de fornos algarvios[488]. Primeiro, dada a inequívoca ligação económica e política existente entre Mértola e Silves, situação que se manteve ao longo de todo o período islâmico. Segundo, devido à facilidade de comunicação entre duas cidades, providas de porto fluvial, o que reduzia a viagem entre a partida e a chegada a escassos dois dias de jornada. Terceiro, porque a indiscutível semelhança formal e decorativa entre algumas peças de Silves e de Mértola[489] obriga ainda a levantar a hipótese de estarmos perante a produção de um mesmo forno ou oficina, que teria fabricado e distribuído estas cerâmicas em todo o Garb al-Andalus.

Os espólios arqueológicos confirmam, a distintos níveis, essa realidade. Em primeiro lugar, a familiaridade existente entre importantes conjuntos de artefactos, visível aos níveis decorativo e morfológico que é comum a peças recolhidas nos actuais sul de Portugal e Andaluzia Ocidental. Materiais tipologicamente semelhantes surgem um pouco em todo o Garbe: Mesas do Castelinho[490], Alcaria Longa (Mértola)[491], Moura[492], Castro da Cola[493], Jerez de la Frontera[494], Niebla[495], Noudar[496], Cidade das Rosas (Serpa)[497], Beja[498] e Salir[499] são disso exemplo. Pode-se também admitir a existência de rotas e de uma rede de distribuição que ultrapassou um pouco este território. Pelo menos uma das peças exumadas no castelo de Palmela apresenta claras proximidades formais, morfológicas e decorativas com os materiais do Algarve e da Andaluzia Ocidental[500]. Uma dupla hipótese se pode colocar: ou estamos perante produções locais e fabricadas artesanalmente mas influenciadas por um poderoso fundo de inspiração comum pré-islâmico ou, em alternativa, existiu pelo menos um importante centro oleiro que exportou os seus materiais num âmbito regional.

Conforme referi mais acima, a questão varia consoante se trate de peças mais luxuosas ou de artefactos de uso mais corrente ou cuja substituição ocorresse com maior frequência.

Análises petrográficas realizadas ao longo dos últimos anos apontam para o fabrico de alguns materiais na bacia do Guadalquivir. Estão neste caso as peças *meladas*[501], de cronologia califal-taifas (séculos X/XI), cuja percentagem de cálcio aponta para uma produção oriunda de zonas calcárias, algures nas proximidades de Sevilha[502]. Estes artefactos, de relativo luxo, são extremamente abundantes na alcáçova de Mértola, a ponto de ser impraticável qualquer tentativa de quantificação[503].

A louça de mesa da última fase do período islâmico, aquele a que mais directamente se reporta este estudo é, no entanto, quimicamente diferente da anterior. Pode-se, a partir dessa constatação, argumentar que os chamados impérios norte-africanos representaram também uma mudança ao nível dos centros de produção, passando-se, a partir dos finais do século XI, a importar os materiais de melhor qualidade a partir do Norte de África[504].

Ao invés, os materiais menos apurados, e nomeadamente a abundante louça comum de pasta alaranjada, podem ter sido fabricados localmente. Os barros que estiveram na origem destas cerâmicas[505] são compatíveis com os que existem nas zonas de Corte do Pinto, Corte Gafo ou Pulo do Lobo, áreas próximas de Mértola. É também provável que a cidade fosse abastecida pelos fornos de Martinlongo, povoação localizada a 30 quilómetros e que foi, até há poucos anos, o sítio de mais forte tradição oleira desta região[506].

É, no entanto, legítimo considerar que essas cerâmicas comuns possam ser provenientes de um tipo de formação geológica semelhante à da região de Mértola. O mesmo princípio pode ser utilizado na avaliação doutros materiais, as cerâmicas de cor vermelho-acastanhado, cujas pastas de fabrico se coadunam, em princípio, com as formações geológicas da zona de Beringel.

Pode-se então concluir que uma parte substancial da cerâmica comum não seria produzida externamente, sendo antes resultante da laboração de fornos existentes a nível local. Existiria, assim, uma clara dicotomia no que diz respeito às utensilagens cerâmicas: peças de uma certa sofisticação (e que, *grosso modo*, coincidem com as alfaias de mesa) eram normalmente importadas, ao passo que as de cerâmica comum, e que correspondem quase sempre às de cozinha, eram fabricadas localmente ou num âmbito regional mas sempre num sítio relativamente próximo ao da sua utilização.

O quotidiano da população do bairro islâmico:
a alimentação segundo os dados arqueológicos

As intervenções arqueológicas realizadas no bairro islâmico da alcáçova de Mértola possibilitaram a aproximação a um conjunto de problemas referentes ao quotidiano da população que ali viveu. Tal abordagem seria certamente muito dificultada, e dada a inexistência de fontes escritas sobre esta cidade, caso não se dispusesse desse tipo de informação.

Em concreto, o crescente interesse que o estudo dos hábitos alimentares tem vindo a despertar encontra também no domínio da arqueologia respostas que as fontes escritas, só por si, dificilmente fornecem. A utilização de toda a gama de recursos que a arqueozoologia e a paleobiologia colocam ao nosso dispôr contribuem para equacionar, do ponto de vista histórico, o quotidiano das populações na perspectiva dos seus hábitos culturais e alimentares. O cruzamento de elementos recolhidos nessas análises com os que provêm doutras fontes (tratados de cozinha e de agricultura, textos de *hisba* ou médicos, textos poéticos, jurídicos etc.) contribuiu também, de forma indispensável, para caracterizar de modo pertinente uma determinada comunidade. É evidente que as informações obtidas proporcionam igualmente dados sobre os recursos locais, as culturas praticadas na região e os bens que eram importados, ou sobre hábitos alimentares ligados a questões culturais ou religiosas.

A relativa "marginalidade" ou, se se preferir, afastamento dos grandes centros - em termos geográficos, políticos e culturais - de uma cidade como Mértola, torna, no entanto, de difícil uso os textos escritos.

Os diversos tratados de *hisba* e agricultura andaluzes são, neste contexto, e a despeito do enorme manancial de informação, difíceis de manejar[507]. Se os primeiros se referem a centros urbanos de grande importância (classificação dentro da qual Mértola não se ajusta[508]), onde o controle dos enormes mercados urbanos obrigava à aplicação de medidas rigorosas e a uma apertada vigilância de funcionários, que talvez nem existissem num pequeno burgo como este, os segundos dizem normalmente respeito a espaços de características marcadamente agrícolas. Se considerarmos a escassa aptidão neste domínio da maior parte dos terrenos do termo de Mértola, que teve aparentemente na pastorícia um dos seus principais recursos, é fácil entender que as minuciosas indicações e conselhos dos seus autores não têm, aqui, grande cabimento. Alguns elementos dispersos presentes num e noutro tipo de obras acabaram, porém, por ser aduzidos devido à utilidade de algumas das suas informações e à sua possível aplicabilidade a situações concretas da ocupação do bairro islâmico.

Outras obras são, também, de difícil utilização neste estudo:

É esse, por exemplo, o caso das obras literárias, onde por vezes surgem referências dispersas aos hábitos alimentares das populações ou, mais frequentemente, aos rituais de mesa da corte califal[509]. Apenas acessíveis às classes mais abastadas, a sua utilidade é, no nosso caso, algo reduzida.

Os elitistas livros de cozinha medievais (do período islâmico ou da Baixa Idade Média portuguesa), de cunho marcadamente aristocrático, não podem também ser tomados em linha de conta[510]. Os habitantes da alcáçova de Mértola no final do período islâmico não se enquadram, como parece óbvio, naquele tipo de parâmetros ou de hábitos alimentares.

Por outro lado, alguns conhecidos trabalhos sobre a alimentação de populações cristãs não só se reportam à Baixa Idade Média, como o facto de retratarem, na maior parte dos casos, a alimentação da corte régia, retiram interesse a qualquer proposta ou tentativa de comparação entre as duas situações[511]. As diferenças em relação aos dados disponíveis para Mértola, nos casos em que dispomos de elementos concretos, ou as diferenças registadas nos espólios conhecidos nas cozinhas, cristãs invalidam qualquer formulação de analogias.

Muitos paralelos foram, ao invés, tentados através do que julgo serem as permanências de muito longa duração na alimentação popular ainda hoje praticada nas regiões meridionais de Portugal. Essa abordagem acaba, de qualquer modo, por assumir um carácter um tanto especulativo, uma vez que carecemos, tanto em termos arqueológicos como no que se refere à documentação escrita, de dados que atestem inequivocamente as propostas apresentadas. O mesmo princípio se aplica no que se refere às referências feitas mais adiante a determinados pratos da cozinha andaluza que se apresentam como tendo feito parte da dieta alimentar dos mertolenses. Embora as propostas avançadas sejam não só plausíveis como lógicas, não podemos ter a certeza absoluta (e parece improvável que algum dia a venhamos a ter) em relação ao seu consumo.

5.1.

OS RESTOS DO CONSUMO ALIMENTAR EM MÉRTOLA

A identificação e estudo dos hábitos alimentares da população de Mértola no período islâmico, teve início com a análise de vários lotes de materiais faunísticos e de macro-restos vegetais[512], recolhidos em diferentes locais do bairro onde se processou a intervenção arqueológica.

Do ponto de vista cronológico, os materiais recolhidos vão de finais do século XI até aos meados do século XIII estando a *topografia* da recolha efectuada relacionada com duas fases distintas de ocupação da zona da alcáçova.

Os materiais mais antigos referem-se a um conjunto de lixeiras e fossas situadas na encosta do castelo, a Sul do conjunto habitacional que designamos como "bairro islâmico". A encosta tem, aparentemente, uma cronologia anterior ao bairro, embora o carácter embrionário das investigações nesse espaço não permita conclusões definitivas. A suposição de que esta zona terá sido abandonada em finais do século XI parece ser confirmada pela cerâmica califal e da época das taifas proveniente de contextos arqueológicos bem datados[513]. As lixeiras e os entulhamentos existentes na zona da encosta, e nos quais os materiais dos séculos XII e XIII estão ausentes, são, aparentemente, contemporâneos do abandono das casas aí situadas, ou são pouco posteriores ao desaparecimento dessa área enquanto espaço habitacional.

Embora haja esse aparente desfasamento cronológico entre a derradeira fase de ocupação das habitações da encosta e as casas do bairro do período almorávida-almoada, os materiais faunísticos recolhidos em ambos os locais apresentam coerência entre si, não se registando diferenças significativas no que diz respeito às espécies consumidas. Parece-me, portanto, admissível a continuidade de hábitos alimentares nos diferentes períodos da islamização, ainda que o carácter um tanto limitado das recolhas não permita, a este respeito, voos interpretativos demasiado ousados.

Os materiais de maior interesse referentes à derradeira fase de ocupação deste sítio, coincidente com o período de vida do bairro da alcáçova, foram recolhidos em três pequenas lixeiras localizadas junto às latrinas de algumas dessas casas. Uma delas situa-se no troço de rua posto a descoberto no extremo Oeste do bairro, junto à muralha e era utilizada pelos moradores da casa V.

As casas do conjunto habitacional situado no extremo Norte da alcáçova foram, porém, as que forneceram a maior quantidade de materiais, recolhidos em especial em diversas fossas. Por razões que se prendem com a sua utilização só uma parte dos restos alimentares conseguem ser referenciados neste local.

As fossas serviam duas casas cuja localização precisa está definida, embora desconheçamos os seus limites por estarem situadas numa área que ainda não foi abrangida pela intervenção arqueológica. Considerando o ano de 1238/635 como limite máximo para a ocupação destes conjuntos habitacionais (v. cap. 3), é improvável que as fossas tenham sido utilizadas em datas posteriores à reconquista de Mértola. Parece, por isso, lógico que os restos aí recolhidos pertençam à derradeira fase de ocupação do bairro.

Diversos factores limitam, de forma drástica, a quantidade e qualidade dos materiais recolhidos, sendo os casos em que a recolha abrange a totalidade dos restos produzidos perfeitamente excepcionais. O processo destrutivo desses vestígios inicia-se muito antes do seu consumo: as formas de preparar (como a panificação), de conservar (como a salmoura) ou de confecção (como a fritura) limitam, à partida, as características da recolha que os trabalhos arqueológicos podem vir a proporcionar.

O aproveitamento de ossos para fins secundários, ou a sua destruição por animais domésticos, contribuem também para a diminuição das amostras. Finalmente, o passar dos anos acaba por ser determinante para a destruição de cartilagens e de restos vegetais de maior fragilidade. Aquilo que desaparece, fruto destes diferentes factores, é substancial.

Por razões evidentes que se prendem com a sua função, e apesar das limitações inerentes ao consumo alimentar e que já mencionei, todas as fossas forneceram apreciáveis quantidades de fragmentos osteológicos e de vegetais.

Em circunstâncias que se podem considerar de excepção, o interior de uma das cozinhas forneceu também materiais de interesse, numa recolha que se circunscreveu à zona de fogo do compartimento[514].

O carácter não sistemático das recolhas (a investigação compreendeu apenas *alguns* dos contextos deste tipo detectados ao longo dos anos na alcáçova) obrigam a uma certa prudência. Tenham-se, por exemplo, em linha de conta que muitos restos de alimentação não deixam para a posteridade quaisquer tipos de vestígios ou que nos será extremamente difícil afirmar de forma categórica quais os processos culinários utilizados pelos habitantes do bairro na preparação dos alimentos[515].

A ALIMENTAÇÃO DA POPULAÇÃO DE MÉRTOLA ISLÂMICA

O tema da alimentação das populações islâmicas é, normalmente, limitado por conjunto de lugares-comuns, escorados em meia-dúzia de princípios "irrefutáveis" ou em apriorismos difíceis de sustentar. A suposta inexistência do consumo de vinho e de carne de porco - verdades tidas como indiscutíveis e sobre as quais várias dúvidas se podem colocar - ou o estafado mas não cabalmente provado recurso aos legados gastronómicos de época islâmica na cozinha popular actual, são alguns dos enquadramentos preferidos neste género de abordagens.

Quando se fala de uma "dieta mediterrânica" é habitual utilizar-se um velho chavão, segundo o qual os hábitos alimentares destas populações assentam numa tríade, baseada no pão, no vinho e no azeite. Embora se reconheça o papel fundamental (alimentar e cultural, nomeadamente) que estes tiveram junto das populações que ao longo de milénios se instalaram e viveram na área de influência do grande Mar Interior, parece-me importante introduzir algumas variáveis a esse modelo. O caso de Mértola, embora não desminta ou anule tal perspectiva, adiciona elementos de interesse que podem enriquecer, nas perspectivas histórica e antropológica, uma imagem um tanto circunscrita. Convirá, portanto, introduzir novos elementos para discussão.

A partir da recolha nas escavações arqueológicas, e da qual darei conta de forma circunstanciada mais abaixo, parece-me importante sublinhar, em primeiro lugar, a utilização culinária da carne de diferentes espécies. O seu consumo variava, como parece evidente, de acordo com as condicionantes ecológicas do sítio e também consoante as capacidades financeiras dos habitantes da cidade. Em Mértola, a relativa variedade de macro-mamíferos referenciada aponta para alguma diversificação no que diz respeito ao consumo[516] embora, por razões geográficas, económicas e culturais, o predomínio se situe no grupo dos ovicaprídeos. Outra importante variável, fundamental num sítio como este, consiste no consumo de peixe, abundante no Guadiana e seus afluentes.

Persistem, de facto, dúvidas em relação ao peixe ser ou não um alimento desconsiderado. Embora esse ponto de vista seja mais ou menos assente, não deixa de causar perplexidade uma determinação do tratado de Ibn Abdun: "não deve permitir-se que os que vendem carne, *peixe* ou coisas análogas realizem grandes ganhos, *porque estes alimentos não são como os demais*"[517].

Embora não possamos ter a certeza sobre a forma que esse consumo tomava[518], os vestígios arqueológicos são abundantes. Por outro lado, parece interessante começar a perspectivar um tipo de alimentação que poderemos denominar de "alternativa"[519] e que constituía um importante recurso. Talvez menos utilizada pelas populações urbanas em época islâmica - os dados de que se dispõe a esse respeito são apenas esporádicos - constitui também um elemento a ter em linha de conta. Por último, os produtos hortícolas, que não tiveram certamente em Mértola, com as suas pequenas áreas de cultivo junto aos cursos de água, a importância que atingiram em zonas de grandes hortas como Murcia e Valência, mas que representaram uma significativa "base de apoio" em termos alimentares.

Uma outra perspectiva, e não menos importante, é a que se relaciona com a forma de confecção dos alimentos.

A cozinha do período a que me reporto, tanto no caso de Mértola como no que se refere à região Sul em geral, só por manifesto exagero ou falta de informação poderá ser classificada como "árabe" ou como "islâmica". Exceptuando a corte califal, onde terão sido eventualmente introduzidos traços de nítida influência do Oriente Mediterrânico durante o consulado do famoso Zyriab e que perduraram durante bastante tempo, os hábitos alimentares das populações autóctones apresentam características ligadas a tradições ancestrais, que permaneceram aparentemente arreigadas no quotidiano das populações.

Esta cozinha, que se pode designar de forma genérica como "mediterrânica", é fortemente tributária da tradição romana[520] e manteve-se bem viva no Sul de Portugal até ao século XVI, vindo depois a entrar em declínio, conservando-se apenas alguns resquícios que em certos casos subsistiram até hoje.

As comidas muito azeitadas e o consumo do *garum*, apresentado normalmente como se fosse um exclusivo do Império Romano, mantiveram-se no mundo mediterrânico ao longo de toda a Idade Média[521]. O *garum*, de antiga tradição mediterrânica, permaneceu muitos séculos para lá do desmoronar do Império, embora no Andaluz o nome se aplicasse a uns pequenos bolinhos preparados à base de cevada[522].

Às almas piedosas que por vezes se propõem reavivar as tradições gastronómicas medievais, conviria recordar o sabor fortemente azedo de muitas dessas iguarias, de duvidoso sucesso para o palato contemporâneo. Este gosto, proveniente da fermentação dos diferentes alimentos (incluindo os cereais), mais do que fruto de quaisquer preferências ou caprichos do gosto, era quase imposto por razões climáticas e de conservação dos alimentos. Os próprios molhos eram marcados pelo gosto fortemente ácido do *agraço*, obtido a partir de uvas verdes, vinho, vinagre ou laranjas amargas[523].

Por outro lado ainda, a textura dos próprios alimentos diferia bastante daquela que hoje se nos apresenta à mesa. Havia uma marcada preferência pelos "desfeitos" (elemento presente de forma abundante na documentação escrita) e pelas papas[524]. A presença de peças de carne inteiras, tão do agrado da mitologia cinematográfica contemporânea, seria difícil de admitir à mesa das populações medievais[525]. E se tal asserção pode ser admissível no caso de gentes abastadas, mais o será, por razões acrescidas, entre os habitantes deste pequeno bairro.

5.2.1. Consumo alimentar

A alimentação das populações andaluzas era sobretudo vegetal, com os cereais em primeiro lugar (pão, papas, sopas), complementados por leguminosas[526].

O pão (ou os cereais, em sentido genérico) teve uma evidente importância alimentar, por razões de ordem social e religiosa mas também devido à antiquíssima tradição do seu consumo neste espaço. A sua popularidade era generalizada, independentemente da classe social[527]. Aos ricos, contudo, estava reservado o consumo mais frequente de um produto de melhor qualidade: o pão de trigo, mais saboroso e, também, substancialmente mais caro[528].

A preparação do pão era tarefa primordial das mulheres da casa, podendo a moagem ser feita com uma pequena mó manual, até há pouco usada no Algarve, no Sul de Espanha e ainda em utilização nas regiões mais remotas do Magrebe[529]. Às mulheres cabia também levar o pão ao forno para a cozedura, a qual tinha provavelmente lugar em locais comunitários, pertencentes ao bairro ou a um forneiro, ao qual se pagava um imposto em pães pela utilização do imóvel[530].

A cozedura do pão não tornava, contudo, obrigatória a deslocação ao forno: para além do pão de cinzas[531] que, provavelmente, se terá feito nas casas do bairro islâmico de Mértola, podia ainda ser preparado através da utilização de fogareiros e sem o uso de qualquer forno, conforme referi atrás (v. cap. 4) e de acordo com uma tradição que parece ter sido também comum noutras latitudes da Europa Ocidental[532].

Ainda que o pão de trigo fosse o mais apreciado, muitos outros existiam como sucedâneos, embora não reste deles qualquer evidência arqueológica: um dos mais usados era o de arroz, embora fosse tido como pouco alimentício[533]. A este respeito, contudo, as opiniões não eram coincidentes. Abu Zahrah, citado por Ibn al-Awwam, afirmava ser o melhor dentre os pães de vegetais e que era de muito alimento[534]. Existiam outros, elaborados a partir de leguminosas: lentilhas, grãos, ervilhas, favas e alguns tipos de feijão. O mais saudável era o de grãos, embora fosse de digestão lenta[535]. Um outro vegetal, como a alfarroba, era muito utilizado na panificação, hábito que ainda persiste em algumas zonas da serra algarvia. Pães de pêras, maçãs e figos faziam também parte da dieta alimentar das populações meridionais[536]. Deixavam-se secar os frutos ao sol, trituravam-se e uma vez misturada a farinha obtida com a dos cereais, amassava-se com algum azeite e levedura e panificava-se[537]. Mesmo arbustos como o *sumaque* (normalmente utilizado para fins terapêuticos) eram considerados como panificáveis[538].

Parece-me, a este propósito, algo discutível a ligação a situações de fome - "disette", nas palavras de Lucie Bolens[539] - com que, de forma persistente, o problema é apresentado. É evidente que, sempre que possível, as populações recorreriam aos cereais e, de preferência ao trigo. No entanto, não era só na sua ausência, ou perante a impossibilidade material de o adquirir, que se utilizariam os sucedâneos[540]. A insistência de alguns tratados de agricultura neste tópico pode ser indicativo de um consumo frequente e não apenas em situações de extrema necessidade.

5.2.1.1. Cereais

Trigo (*Triticum aestivum*)

Em Mértola o cultivo de cereais constitui tradição antiga[541], apesar dos solos serem pouco propícios para o seu cultivo. É natural que essas searas se circunscrevessem a pequenas áreas de maior fertilidade e que a maior parte do que se destinava ao consumo humano fosse importado de outras paragens.

Embora se afirme que o trigo não era, no período islâmico, o cereal mais cultivado e comercializado foi o único a ser registado na alcáçova de Mértola[542]. A sua presença, tanto em contextos mais antigos como nos que se referem ao período almoada, parece indicar uma utilização continuada durante vários séculos. Em todo o caso, a própria natureza da utilização (a panificação, nomeadamente) deixa poucas evidências arqueológicas, dando margem para alguma especulação. O elevado custo do trigo levou, com toda a probabilidade, a que outros cereais - e nomeadamente a cevada - possam ter tido uma significativa quota de popularidade, ainda que tal careça de confirmação arqueológica.

A recolha de trigo entre as cinzas de uma lareira[543] permite o levantamento de várias hipóteses no que se refere à sua utilização culinária. Este cereal entrava na composição de algumas das receitas mais populares no Andaluz, as mais conhecidas das quais eram a *tarida* e a *harisa*. A utilização do trigo cozinhado em pratos deste género parece-me uma explicação possível para a presença do cereal naquele contexto arqueológico. A fragilidade dos dados não permite, porém, afirmações definitivas.

A *harisa* preparava-se com cereais (embora a mais apreciada fosse a de trigo[544]), carne picada e gordura e era, por vezes, enriquecida com manteiga ou mel[545], sendo o seu aspecto sólido e compacto um sinónimo de qualidade[546]. Era também prática comum adicionar leite a este tipo de papas[547], constituindo a ligação destes dois elementos - cereais e leite - um dos traços mais importantes da alimentação popular andaluza[548].

Da imensa popularidade desta iguaria nos falam com eloquência os textos escritos: preparada e vendida ao público nos mercados, a *harisa* foi alvo de particular atenção de al-Saqati[549], autor de um tratado de *hisba* que lhe dedicou parte substancial do seu texto, estabelecendo com minúcia as condições de confecção e venda deste produto. A *harisa* não era, contudo, um prato exclusivo da alimentação popular: independentemente da classe social, era encomendado para os casamentos[550], altura em que os cozinheiros menos honestos procediam a falsificações na sua confecção[551].

A *harisa* apresenta assináláveis semelhanças, no que diz respeito ao processo básico de preparação, com as *migas*, um dos pratos mais apreciados da gastronomia popular alentejana. Embora não haja correspondência directa entre um e outro, os ingredientes e respectiva forma de confecção têm notáveis paralelos. Na região alentejana, em regiões mais arcaicas ou entre as pessoas mais idosas, persiste ainda o costume de adicionar leite às *migas*, num hábito que parece ligar-se aquela antiga forma de consumo[552].

A *tarida*, outro prato muito apreciado e feito à base de cereais, era preparada com pão feito em pedaços e impregnado num caldo gorduroso, no qual se tinham previamente cozido carne e verduras. Antepassado directo da açorda alentejana, a *tarida* era, por vezes e na sua versão mais pobre, feita apenas com água, um pouco de azeite e alguns condimentos[553].

Os ensopados de carne, herdeiros desta tradição, são ainda hoje uma iguaria muito apreciada no Sul de Portugal, onde têm habitualmente papel de destaque nas grandes festas familiares[554].

Entre as sopas mais populares contar-se-ia ainda o *gaspacho* (na zona Sul de Portugal pronuncia-se de forma corrente *caspacho*), sopa fria preparada com pão e legumes desfeitos[555]. Não referenciável do ponto de vista arqueológico e ausente dos livros de cozinha do período islâmico peninsular, deve ter tido, até pela pobreza dos ingredientes que comporta, um carácter bem popular.

Não é impossível que os grãos de trigo recolhidos num dos contextos arqueológicos - na lareira da cozinha da casa II - sejam, por seu turno, os resíduos da preparação de pães de cinzas, comuns nesta época e cujo uso perduraria até aos nossos tempos. Parece pouco provável, devido à inexistência de provas arqueológicas nos locais que escavei, que tenham sido usados em Mértola fornos portáteis (os *tannur* de tradição oriental) ou os pratos de pão (*tabaq*[556]), de provável origem romana e ainda hoje correntes no Norte de África[557].

Esses restos podem ainda, e com maior grau de probabilidade, ter feito parte da preparação doutros pratos, confeccionados à base de trigo grelhado ou fervido, segundo a tradição culinária norte-africana de raíz berbere[558]. Este hábito, que desapareceu dos nossos horizontes culturais, persiste ainda na Europa Oriental, onde chegou vindo do Magrebe, por influência turca[559]. O "cus-cus", igualmente de tradição berbere e feito a partir da sêmola de trigo, foi introduzido na Espanha muçulmana apenas no início do século XII, tendo-se mantido na nossa cozinha até ao século XVII[560].

5.2.1.2. Frutas e leguminosas

Em relação a outros vegetais, o predomínio situa-se, no que diz respeito às espécies atestadas arqueologicamente, no figo, na uva e no chícharo.

Os dois primeiros têm uma longa história na região, figurando desde os inícios da ocupação romana entre as espécies mais abundantes desta zona. Em meados do século II a.C. eram já mencionadas como frequentes na Lusitânia por Políbio, o qual omitia curiosamente qualquer referência à oliveira, que segundo Jorge Alarcão, terá sido introduzida pelos Fenícios[561].

Estas espécies eram justamente as que Ibn Bassal citava no seu tratado, a grande distância de todas as outras, não restando dúvidas sobre a importância que tinham, em termos absolutos, na alimentação popular no Andaluz[562]. Ibn Bassal referia, em primeiro lugar, quatro espécies arbóreas: figueira, videira, amendoeira e oliveira. Seguiam-se, em ordem de importância cerca de uma dezena de árvores de fruto, de entre as quais se destacavam a romaneira, a macieira e a ameixeira[563]. De modo um pouco mais lato, cabe também referir que o consumo daqueles dois primeiros produtos tinha uma importância fulcral em todo o Mediterrâneo: um *hadith* falava expressamente do figo e da azeitona "comidos pelos homens"[564].

Figo (*Ficus carica*)

O figo, em particular, desempenhou papel de relevo na dieta das populações durante o período islâmico[565], pelas suas características nutritivas e, especialmente, por ser um dos frutos mais comuns e acessíveis[566]. Pode-se, sem grande esforço, inferir a sua importância a partir da leitura dos tratados de *hisba* de Ibn Abd al-Rauf[567] e de Ibn Abdun[568], nos quais é o único fruto a merecer tratamento detalhado no que se refere à sua venda. Aí se expõem com clareza as precauções a tomar nas transacções deste produto, de forma a evitar as fraudes.

Consumidos frescos (de Junho a Setembro) ou secos, os figos tiveram, durante largos séculos, um papel fundamental na alimentação das populações mediterrânicas. Ainda no século XVIII, e segundo o relato de viajante Link, constituíam uma peça indispensável na subsistência das camadas mais pobres[569].

Uva (*Vitis vinifera*)

As uvas, por seu turno, eram consumidas na época da colheita, ou ainda secas ou transformadas em vinho[570]. O interdito corânico sobre o consumo de bebidas fermentadas ou o próprio *hadith* que proibia explicitamente o comércio de vinho[571] não deviam ser tomados de forma muito rigorosa[572]. Que ele era fabricado, admitia-o o próprio Ibn Abdun ao aconselhar que não se vendessem muitas uvas a quem se soubesse que ia fazer vinho[573]. As graínhas recolhidas nas fossas de Mértola têm, porém, outro enquadramento. Não se tratam de restos provenientes de fabrico de vinho, mas de uvas de mesa, consumidas pelos habitantes das casas.

O consumo de passas era, certamente, muito frequente e apreciado. Note-se, por exemplo, que a palavra portuguesa *acepipe* - hoje sinónimo de *iguaria* - tem a sua origem neste bem de consumo[574].

Há outras referências mais explícitas à uva: Edrisi falava dos vinhedos de diversas cidades do Andaluz[575] - misturados por vezes com figueirais, como era prática corrente na Idade Média[576]. O dado mais importante, porém, reportava-se à região de Almeria, onde eram mencionadas 970 estalagens registadas na administração e que tinham que pagar imposto sobre o vinho[577].

Chícharo (*Lathyrus cicera*)

No período islâmico o consumo do chícharo estaria, aparentemente, muito vulgarizado, dada a frequência com que foi recolhido nos estratos almoadas de Mértola, embora a sua utilização pareça ter sido mais alargada, tanto em termos geográficos como culturais[578]. A sua forma de confecção mais generalizada seria a cozedura em caldos, enriquecidos com alguma gordura ou carne.

Cultivado nas terras pobres e ácidas do Sul do distrito de Beja, é também conhecido como *chícharo relveiro*. A sua área de dispersão coincide em termos genéricos com a do grão de bico, sendo os países mediterrânicos os que mais os cultivam[579]. A área ocupada pelo cultivo dos chícharos é, no entanto, substancialmente mais pequena. A utilização do *chícharo relveiro*, cultura pobre, parece indiciar uma situação de alguma penúria, ou então o desconhecimento do chícharo branco (*Lathyrus sativus*), de maior interesse gastronómico e que mais tarde viria a ser popularizado no Alentejo e Algarve[580].

Este último fazia parte da dieta tradicional da região há pouco mais de dez anos. Usado em particular no Alentejo e no Algarve, era consumido de forma corrente, em especial com carne de borrego ou carneiro. Nas regiões do litoral algarvio e alentejano era também comido em verde, guisado, só ou com carne[581].

A marca de pobreza que, em anos mais recentes, surge associada a este tipo de comidas fez decair o seu consumo de forma drástica, sendo o chícharo hoje praticamente ignorado pelas gerações mais jovens.

Oliveira (*Olea europaea*)

É sobejamente conhecido o valor alimentar e também cultural da oliveira em toda a civilização mediterrânica. Os restos referenciados na escavação não permitem, no entanto, quaisquer conclusões, embora seja quase certo que tenham feito parte das refeições de moradores daquele bairro, não sendo o resultado de qualquer processo de transformação[582].

As azeitonas eram comidas nessa época de forma similar à dos nossos dias, nomeadamente no que diz respeito à sua preparação para conserva e posterior consumo[583].

Um conjunto doutros vegetais foi ainda referenciado em Mértola, embora sem a importância, em termos quantitativos, dos que anteriormente mencionei. Citem-se o melão (*Cucumis melo*), que se aconselhava que fosse comido com pão fermentado[584] ou o linho (*Linum usitatissimum*), cuja semente era usada como laxante e, ainda, misturada com mel como forma de combater a tosse provocada pelo frio[585].

Mencionem-se também vestígios de pinheiro manso (*Pinus pinea*) e de azinheira ou sobreiro (*Quercus sp.*)[586], a presença frequente de ameixa ou abrunho (*Prunus domestica insititia*) e da erva doce (*Foeniculum vulgare*) e raros elementos de pêssego (*Prunus persica*)[587].

Qualquer dos vegetais referenciados não implicava a realização de um tráfico comercial de média ou longa distância. O figo e o chícharo eram produtos abundantes na zona[588], ao passo que a uva provinha de zonas aptas ao seu cultivo[589]. Os produtos frutícolas, por seu turno, podiam vir das pequenas hortas que à época já existiriam nas margens do Guadiana ou em zonas de melhores solos e com abundância de água, situadas perto da cidade.

A presença de algumas destas espécies - nomeadamente o trigo, o chícharo, o melão e o linho - indicam um contexto agrícola marcado por uma escassa pluviosidade[590]. O predomínio de culturas de sequeiro coincide com as características da região, na qual os sistemas de irrigação tiveram, desde sempre, uma importância diminuta. As próprias características do terreno, de razoáveis declives, e a pobreza dos solos, tornavam pouco atractivas, do ponto de vista económico, o recurso a este tipo de tecnologias.

5.2.1.3. Carne

O estatuto que a época medieval conferia à carne era, em termos globais, a de um bem de consumo que, ainda que não fosse de consumo totalmente vulgarizado, tão pouco era de uso excepcional[591]. Em termos absolutos, o espólio osteológico recolhido em Mértola não pode confirmar ou desmentir tais afirmações. Por outra parte, a presença maioritária de animais jovens em determinadas espécies, como se verá adiante, escapa um tanto ao raciocínio "animais jovens para aproveitamento económico *versus* animais menos jovens para abate e consumo", dicotomia tantas vezes afirmada e que importará documentar cabalmente e discutir com maior rigor.

5.2.1.3.1. Mamíferos

Em relação aos mamíferos regista-se um predomínio acentuado da ovelha, da cabra e do coelho, os quais contabilizam cerca de 84% do total dos restos encontrados nas lixeiras da encosta, aproximadamente 75% dos da casa II, atingindo os 87% noutras amostras[592]. O claro predomínio destas espécies e a presença disseminada de cervos e aves permite-nos levantar a hipótese de estarmos perante uma paisagem de tipo misto neste período: espaços amplos nas zonas de ganadaria e bosque aberto de azinheiras, onde viviam cervos, coelhos e aves[593].

Os achados de Mértola confirmam, a este nível, aquilo que nos dizem algumas fontes escritas do período islâmico. A preocupação expressa nos tratados de *hisba* com os cuidados a ter no comércio de diversas espécies, pode ser sintomática da sua particular abundância nos mercados urbanos e da frequência com que as mesmas eram transaccionadas e consumidas. Aparentemente, os vendedores de carne de borrego, cabra e coelho ocupavam papel de destaque. Do comércio das duas primeiras espécies falava com detalhe Ibn Abd al-Rauf, ao passo que a última era alvo de maior atenção por parte de Ibn Abdun[594].

As carnes de inferior qualidade e baixo preço - os despojos de reses, nomeadamente - eram muito vendidas nos *suqs* e empregues nas cozinhas mais pobres[595]. Preparavam-se, para venda, caldos com os despojos de animais, mais acessíveis economicamente. Um dos mais consumidos era preparado com a cabeça de alguns animais (cordeiro, vitela etc.) desfeitas e cozidas em água com muitos condimentos, às quais se juntavam pedaços de pão[596].

Em termos globais, muito poucos ossos de mamíferos demonstraram sinais de manipulação no que se reporta aos materiais provenientes das zonas mais antigas da ocupação. Apenas um apresentava sinais de fogo directo e somente doze ossos de vaca e vinte e dois de ovicaprídeos mostravam cortes intencionais; por outro lado, a baixíssima quantidade de peças mordidas pode relacionar-se com a escassez de canídeos nas amostras de Mértola[597].

Ovelha (*Ovis aries*) e cabra (*Capra hircus*)

O consumo de ovicaprídeos (que juntei num único grupo devido à dificuldade de destrinçar uns e outros que tantas vezes se coloca) foi generalizado na época, representando a maioria deste tipo de vestígios em vários locais[598].

É particularmente difícil proceder, hoje, à reconstituição do tipo de rebanho existente no período islâmico. De qualquer modo, e se se considerar a permanência, em zonas mais arcaicas, de hábitos e modos de vida teimosamente arreigados, pode-se inferir, com alguma margem de erro, a existência, naquela época, de pequenos rebanhos de ovelhas[599] e cabras de uma a duas dezenas de cabeças, tal como há poucos anos se registava na serra algarvia[600].

Os animais de Mértola eram predominantemente jovens o que permite supôr uma utilização principalmente cárnica[601], ainda que no caso das cabras o predomínio de adultos leva a pensar num uso preferencial de produtos secundários[602]. Estas constatações afastam, de momento, a hipótese de estarmos perante uma situação de pastoreio transumante, no qual os animais raramente são usados para alimentação. Podemos, então, equacionar a questão de forma diversa, concluindo-se que estaremos na presença de rebanhos pertencentes ou a pequenos proprietários urbanos ou a comunidades rurais das redondezas, que teriam em seu poder um número de cabeças de gado que possibilitavam tanto o seu consumo regular como o comércio com a cidade.

Embora tal não possa ser concluído a partir dos vestígios arqueológicos, sabe-se que estes animais tinham, do ponto de vista alimentar, "sub-utilizações": a gordura das cabeças de vaca, carneiro e cabra era frequentemente utilizada em processos de falsificação da *harisa*[603].

No que se refere às ovelhas, é interessante notar a predominância de ossos do crânio recolhidos e claramente identificados[604]. Duas razões dão a esta constatação uma particular importância: por um lado, porque uma das sopas mais populares no Andaluz era preparada com as cabeças desse animal[605]; por outro, devido a permanências, do ponto de vista alimentar, no que se refere ao consumo das cabeças de borrego, ainda hoje particularmente apreciadas na região alentejana[606].

Sobre a forma como eram mortos e esquartejados estes animais nenhuma informação chegou até nós, ainda que noutra investigações realizadas se tenha chegado a conclusões positivas a este respeito[607].

Coelho (*Oryctolagus cuniculus*)

Não foi possível determinar, no que se refere aos coelhos, se se trata de animais domésticos ou bravos, embora o carácter tardio da sua domesticação nos permita supôr que estejamos na presença de animais caçados[608].

A carne deste pequeno animal era, em geral, muito apreciada, sendo de comércio generalizado nos mercados[609]. Sabemos também que era vedado aos vendedores de coelhos, assim como aos de aves, fazer o seu negócio junto às mesquitas[610].

Boi (*Bos taurus*)

Outra espécie ligada ao consumo alimentar e representada em Mértola é a dos bovídeos (*Bos taurus*), com uma importante amostra que atinge, por vezes, os 10% (apesar das condições geográficas serem pouco propícias à bovinicultura). A maioria dos ossos recolhidos nos estratos mais antigos reportam-se a animais classificados como adultos ou sub-adultos[611], o que configura a sua utilização preferencial como animais de trabalho[612].

Veado (*Cervus elaphus*)

Foram também recolhidos diversos restos de veado (*Cervus elaphus*), animal que na origem habitava a planície e cuja deslocação para áreas de bosque é fruto da acção humana[613]. O facto deste animal estar presente nos diferentes locais onde se procedeu à recolha de materiais osteológicos, permite concluir que não se trata de um achado acidental e que o consumo de veado ainda que não fosse frequente teria, a despeito das pequenas quantidades identificadas, uma incidência maior do que normalmente se supõe[614]. Estes dados adquirem maior relevo se tivermos em conta que a carne que se podia obter de um veado equivalia à de catorze ovicaprídeos[615].

Porco (*Sus domesticus*) e **javali** (*Sus scrofa*)

Está, por outro lado, definitivamente provado o consumo de suídeos (*Sus scrofa* ou *Sus domesticus*) em Mértola.

Esta constatação está longe de ser um caso isolado. Em Mesas do Castelinho e Calatrava registaram-se situações análogas, o que obriga a rever aquilo que durante anos a fio se tem dito e escrito acerca deste tópico. Parece-me insuficiente a sistemática argumentação de estarmos na presença de achados acidentais[616] ou, em alternativa, desses restos serem proveniente do consumo alimentar de eventuais populações cristãs[617]. Admitamos, ao invés, um consumo ocasional de javalis ou de porcos criados em liberdade fora das cidades[618]. O conhecido interdito corânico de consumir carne de porco, ou até de a mercadejar[619], não devia ser cumprido de forma rígida. Sabemos, por outro lado, que a qualidade dessa carne era, e a despeito das proibições, particularmente elogiada: Maimonides chegou a dizer que "o porco é o melhor dos animais quadrúpedes"[620], afirmação espantosa se analisada no contexto religioso e cultural da época[621].

Mencionem-se, por fim e no que respeita aos mamíferos, alguns fragmentos de lebre (*Lepus granatensis*) e de cavalo (*Equus caballus*), este último fundamentalmente usado como animal de trabalho mas que pode ter tido também uso alimentar[622]. Parece ser essa a interpretação para os ossos cortados e nos quais se constata uma pátina idêntica aos demais, o que leva a pensar na sua passagem por processos culinários.

5.2.1.3.2. Aves

As aves constituem um grupo pouco representado no que se refere aos níveis da encosta (de cronologia mais antiga), com apenas 47 restos, dos quais 72% pertencem a perdizes (*Alectoris rufa*). Na casa II, dos 26 restos, 19 são de galinha (*Gallus gallus*) - 73% - e 5 de perdiz - 19%[623]. Trata-se, também, de um elemento que pouco acrescenta aquilo que já sabemos para a época e se tivermos também em conta a abundância desta espécie, muito apreciada e que era inclusivamente vendida nos mercados[624].

Perdizes e faisões eram considerados alimentos de luxo, estatuto que nas cidades meridionais se diz também ser atribuído à galinha[625]. Tal afirmação parece ser parcialmente contrariada no caso de Mértola (e ainda que as perdizes não estejam representadas no povoado rural de Alcaria Longa), região de boas potencialidades cinegéticas e onde surgem algumas peças de caça - aves, nomeadamente -, associadas às habitações islâmicas do bairro da alcáçova.

5.2.1.4. Peixe

O Guadiana foi, desde sempre e na zona a que me reporto, uma das principais fontes de alimentação das populações ribeirinhas. A sua fantástica riqueza piscícola reflectiu-se, de forma evidente, na economia local, que tinha na pesca uma das principais actividades. Por outro lado, a presença de uma imensa variedade de espécies comestíveis, teve reflexos na dieta alimentar da população de Mértola, conforme testemunham os abundantes vestígios recolhidos em vários contextos arqueológicos de época islâmica. Pode-se mesmo afirmar que, em períodos de escassez ou maior necessidade, seria mesmo o único recurso a que os mais pobres podiam recorrer.

Embora nos faltem dados escritos referentes ao período islâmico, a documentação portuguesa de finais do século XV e inícios do XVI, testemunha de forma expressiva a riqueza piscícola do rio, a qual não passou certamente despercebida aos novos senhores da cidade a seguir à Reconquista. Do troço do Guadiana que se situa em frente da vila e daí para montante, pagavam os pescadores à Ordem de Santiago, nos inícios do século XVI, um quarto do peixe de umas zonas e metade do que recolhiam nos locais de maior abundância[626]. É muito provável que os canais [fig. 5.1.], pesqueiros e bocais que os cavaleiros detinham como monopólio na comenda de Mértola, estivessem já em funcionamento no final do período islâmico. O mesmo se poderá dizer de todos os sistemas móveis de pesca artesanal (*tarrafas* e *galritos*), transportados a bordo dos característicos barcos da bacia do Guadiana.

O peixe constituiu, já o afirmei, parte importante da dieta alimentar da população de Mértola no período islâmico[627]. Por razões evidentes, as espécies fluviais predominavam à mesa dos mertolenses da Idade Média. Mais de 51% das amostras de que dispomos nos níveis mais antigos da escavação arqueológica referem-se a peixes do rio: os diferentes tipos de muge (*Mugilidae*) - 32,2% -, o barbo (*Barbus sp.*) - 16,1%[628] e o esturjão (*Acipenser sturio*) - 3,22%[629]. A primeira representa, e em conjunto com outra espécie da mesma família, o garnete (*Liza aurata*), mais de metade dos restos recolhidos. O seu consumo parece ter sido frequente no Andaluz, onde era considerado como um dos melhores peixes[630].

Por seu turno, e em relação ao esturjão, sabe-se não só que devia ser muito abundante na época[631] como também que a sua carne e ovas[632] eram particularmente apreciadas.

Em relação aos outros peixes identificados, as amostras são mínimas e não permitem mais do que uma breve referência. Para além do sável (*Alosa alosa*)[633], peixe que suporta tanto a água doce como a salgada, foi também registada a presença de espécies unicamente marinhas, como a sardinha (*Sardina pichardus*)[634], o sargo (*Diplodus sargus*), o besugo

(*Pagellus acarne*), o goraz e a breca[635]. O consumo destes peixes confirma a lógica existência de um comércio entre a cidade e as zonas da costa.

De acordo com as observações feitas na fauna recolhida em Mértola, o estado em que se encontraram as espinhas dos peixes indica que não houve um processo de fritura[636], ainda que na tradição alimentar cultural destas populações se incluisse esta técnica culinária, em relação à qual existem inúmeros dados escritos.

Outras espécies muito consumidas e apreciadas na época estão ausentes nas nossas amostras. Salientem-se, em particular, o polvo seco, o pexelim[637] e a lampreia, de uso corrente mas que não deixam quaisquer vestígios e, em especial, o popularíssimo atum, sobre o qual parece conveniente acrescentarmos mais alguns elementos.

O atum vem do alto-mar (zona das Canárias), faz um pequeno trajecto seguindo a costa, vai pôr os seus ovos um pouco ao largo, depois regressa fazendo o mesmo

Fig. 5.1. - Canais. Sistema fixo de pesca (rio Guadiana)

trajecto em sentido contrário. Antes da desova, de Abril a Junho, é o atum de *direito* (ou de ida), gordo e mais apreciado; depois é o atum de *revez* (ou de retorno), mais magro[638].

Embora o atum fosse pescado nesta época - Edrisi, por exemplo, mencionou-o expressamente ao falar da importância da sua pesca para os habitantes de Ceuta, cidade onde referenciou mais de cem espécies de peixes - não apareceu um único exemplar na escavação de Mértola. A descrição que Edrisi fazia da pesca do atum assemelha-se muito aos métodos tradicionais em uso até há poucos anos atrás[639]. É possível, e tendo em conta a larguíssima tradição de consumo desta espécie, que os peixes fossem preparados em salmoura na costa algarvia - Lagos, Cacela e Castro Marim são referidos como locais de pesca desta espécie na documentação portuguesa medieval, havendo também nesses locais notícias de salga de atum, cavala ou sarda na mesma época[640] - e só posteriormente transportados para o interior e aí comercializados[641].

Da forma de consumo do peixe pouco se sabe, a partir dos elementos arqueológicos[642]. De acordo com os relatos que chegaram até nós, era normalmente consumido frito, tendo venda generalizada nos mercados urbanos[643], local onde o *muhtasib* devia escolher para os vendedores de peixe uma localização afastada por causa dos cheiros[644].

5.2.1.5. Moluscos

Longe da conotação de alimento de elite social que hoje se confere a alguns moluscos, a sua presença era constante nos hábitos das populações medievais que habitavam na proximidade da costa marítima.

A realização deste comércio com regiões costeiras comportava o transporte de moluscos, maioritariamente representados na escavação de Mértola pela amêijoa. É provável que estes moluscos fossem provenientes da região do estuário do Guadiana, sendo certo que amêijoas e ostras eram transportadas vivas Guadiana acima[645].

Nos 87 restos detectados nos estratos mais antigos, predomina de forma clara a amêijoa fina (*Tapes decussatus*) - 68,9% -, registando-se ainda a presença de espécies como a vieira (*Pecten sp.*) - 10,3% -, o berbigão (*Cerastoderma edule*) - 10,3% e as ostras (*Ostrea edulis*) 6,8%[646]. Na casa II a amostra é ainda mais expressiva no que se reporta à amêijoa, que atinge aqui 89,2% do total, surgindo também a vieira, com uma representação de 5,4% [647].

5.2.1.6. Alimentação dita marginal

Um outro tipo de alimentação faria ainda parte dos hábitos das populações medievais. Normalmente omissas nos estudos sobre este tema[648], as formas de consumo classificáveis como "marginais" teriam um papel de relevo na dieta desta zona e não apenas em épocas de crise ou de escassez doutros bens. O hábito de comer ouriços[649], rãs, cobras, lagartos ou texugos, costume hoje em claro declínio - e do qual permanecem ainda ténues vestígios em zonas rurais -, seria comum no período islâmico. Numa das lixeiras de Mértola, identificaram-se dois ossos de texugo (*Meles meles*), ainda que a sua utilização aponte, normalmente, sobretudo para o aproveitamento da pele e do pêlo em detrimento do da carne, embora este último não esteja, à partida, excluído. Em determinadas zonas do Oriente Mediterrânico, e na mesma época, o hábito de comer lagartos assados fazia parte das atitudes normais da subsistência[650].

Foram também identificados restos de ouriço e de gineta[651].

Para além da observação directa e de quaisquer considerandos de índole etno-arqueológica, podemos recorrer, neste caso, às fontes escritas coevas. Ibn Zuhr, por exemplo, referia como animais apropriados para consumo alimentar os ratos, que se podiam comer assados, os ouriços, o lagarto e as serpentes[652].

Embora o caracol seja também consumível - e muito apreciado nas regiões meridionais da Península - o facto de estar registado na jazida de Mértola[653] não pode, no entanto, ser levada em linha de conta. Animal de características necrófagas, a sua presença constitui uma constante nos estratos referentes ao cemitério cristão que se veio sobrepor ao bairro islâmico, o que invalida qualquer proposta interpretativa devidamente fundamentada.

A recolecção tinha, em regiões pobres como esta e onde a necessidade de obter "suplementos" alimentares podia ocorrer com alguma frequência, um papel difícil de substituir. Embora alguns autores sugerissem que se devia proibir a venda de cogumelos[654], por exemplo, é duvidoso que este tipo de normas tivesse qualquer eficácia. Cogumelos, túbaras e frutos silvestres, parte integrante da dieta popular da região até aos nossos dias, desempenhariam, já no período islâmico, um papel fundamental na subsistência das populações.

Conclusão

As escavações arqueológicas na alcáçova de Mértola têm vindo a proporcionar um apreciável conjunto de dados que, conforme procurei demonstrar, nos permitem hoje conhecer de forma mais rigorosa os contornos que a ocupação dessa área assumiu ao longo da época islâmica, e em especial no que se refere ao seu último período.

Sobrepondo-se a estruturas anteriores, das épocas romana e tardo-romana, que em parte reutiliza, o bairro islâmico da alcáçova de Mértola corresponde, como vimos, a um conjunto urbano cuja ocupação se situou, aproximadamente, entre os finais do século XI e a quarta década do século XIII. Concebido e construído de raiz, implicou o delinear de uma rede viária (grosseiramente ortogonal), a execução de obras de nivelamento do terreno, bem visíveis nos perfis da escavação, e a instalação de diversos sistemas de saneamento. A realização desta obra, assim como a remodelação da mesquita e os melhoramentos na fortificação, ocorridos em época pouco posterior, só me parecem explicáveis, convém sublinhá-lo, pela presença de um poder dotado de meios financeiros e com a necessária autoridade para pôr em prática um esquema de "planeamento urbano".

As habitações do bairro, por seu turno, apresentam esquemas construtivos e organizativos muito semelhantes entre si. Embora variações na área das casas, e num ou noutro pormenor construtivo, possam denunciar alguma diferença de estatuto económico, todas elas se regem pelos mesmos princípios. Construídas em alvenaria ou taipa, ou por uma conjugação destes dois processos, têm sempre coberturas de telhas de canudo e pavimentos de blocos de xisto, tijoleiras, argamassa ou terra batida. Organizadas em torno de um pátio central descoberto, dispõem sempre de um pequeno átrio de entrada, de um salão (o espaço nobre da moradia) e da respectiva alcova, de uma provável área de armazenamento, de uma cozinha e de uma latrina.

Embora este modelo corresponda a uma conhecida tipologia de casa mediterrânica, alguns hábitos dos seus moradores (como o das lareiras escavadas no chão) parecem denunciar a presença de populações autóctones, particularmente ligadas a hábitos ancestrais.

Uma análise mais detalhada de alguns aspectos do quotidiano levou-me a concentrar parte deste trabalho em áreas relacionadas, de forma directa ou indirecta, com a alimentação.

Os trabalhos arqueológicos permitiram assim constatar que várias cozinhas destas casas se organizavam em dois espaços diferenciados, facto que se relaciona com a funcionalidade de cada um deles: uma área de armazenamento que abria directamente ao pátio central da casa e um espaço interior onde se fazia o fogo. O espólio cerâmico reunido possibilitou, também, e no seguimento do que desde há anos vem sendo prática na Península Ibérica, a concretização de algumas propostas de funcionalidade em relação aos artefactos de armazenamento e de ir ao fogo. Apresentaram-se ainda neste âmbito as formas principais de louça de mesa. Parece-me interessante, neste domínio, frisar que a louça de cozinha pode, na sua grande maioria, ter sido fabricada localmente, ao passo que as mais luxuosas peças de mesa correspondem, em princípio, a materiais importados dos principais centros oleiros andaluzes e norte-africanos.

Numa primeira abordagem aos hábitos alimentares da população, pôde-se verificar que aqueles se caracterizavam por um claro predomínio de produtos provenientes das imediações da cidade.

Muitos desses alimentos permaneceram na dieta da população local durante vários séculos. Alguns deles - como o figo, o chícharo ou a tainha - desempenharam um papel fulcral na subsistência popular. A sua imagem é hoje associada na região à pobreza e à falta de meios financeiros para adquirir outros alimentos.

No consumo de carne avultam também os recursos locais, com incidência nos que estão relacionados com a pastorícia - a cabra e a ovelha, designadamente - e ainda naqueles que se poderão ligar às actividades cinegéticas.

Para terminar, registe-se a presença esporádica de espécies marinhas e de moluscos que deixam perceber a existência de algum comércio de alimentos com a zona costeira.

O conhecimento que temos do bairro da alcáçova de Mértola é, e apesar das dez habitações conhecidas (oito das quais mencionadas neste texto), ainda muito parcelar. As ruas, fossas e casas que a arqueologia tem vindo a revelar não são mais que parte de uma fascinante realidade que, segundo espero, nos próximos anos virá a ser desvendada de forma mais acabada.

[1] Utilizarei, ao longo do texto, a moderna grafia *Mértola* em vez da transcrição a partir do árabe - *Martula*. De igual modo, e devido a dificuldades técnicas, não se utilizarão as normas de transcrição do alifato para o alfabeto habitualmente usadas.

[2] Chama-se, desde já, a atenção para o facto de todas as datas anteriores à reconquista da cidade, se reportarem, simultaneamente, à Era de Cristo e à Hégira.

[3] Por razões de ordem prática, a numeração das imagens foi organizada por capítulo. Assim, à primeira do cap. 1 corresponde o 1.1., à primeira do cap. 2, o 2.1. etc.

[4] A presunção de que a globalidade desse espaço não era, do ponto de vista biofísico, substancialmente diferente da que hoje corresponde à circunscrição administrativa de Mértola leva-me a fazer uma caracterização genérica deste território a partir dos dados disponíveis para o actual concelho, descrição que visa apenas um enquadramento geográfico para o estudo que se pretende desenvolver.

[5] V., a este respeito, um trabalho de Jorge Gaspar sobre os portos fluviais do Tejo. Um dado particularmente interessante reporta-se aos custos do transporte aquático, considerado por Luís Ferrari Mordau dez vezes mais barato que o terrestre - Gaspar, 1970: 154 e 156

[6] V., a propósito da geomorfologia, Ribeiro, 1987: 158-160. Para uma introdução genérica ao Portugal Mediterrânico continua a ser indispensável a consulta de Ribeiro, 1986.

[7] A caracterização biofísica do território baseou-se sobretudo em Matos, 1993: 8-24.

[8] Os valores de temperatura médios desta zona são os mais elevados do Alentejo. V. Matos, 1993: 10

[9] V., para a questão climática, Ribeiro, 1988: 357-360 e 390-421.

[10] A classificação de solos é feita de A a E, representando a primeira letra os mais aptos ao uso agrícola e a última os mais pobres.

[11] Matos, 1993: 18

[12] Feio, 1983: 65-66

[13] Alarcão, 1974: 4

[14] Garcia, 1986: 97-98

[15] Foi nos vaus de Mértola que D. Sancho passou na razia à Andaluzia, em 1216 - Viana, 1961: 97-98

[16] Os dezasseis "moinhos de enxurrada" citados nas Visitações de 1482 da Ordem de Santiago situavam-se nas ribeiras de Chança (três), Oeiras (oito), Carreiras (dois) e Vascão (três) - Boiça, no prelo. O curso sub-tropical destas ribeiras limitaria, de forma bastante acentuada, a capacidade de laboração dos moinhos, que funcionavam apenas durante cerca de três meses por ano, época em que o caudal era suficiente para fazer trabalhar os engenhos.

[17] Essa dependência é afirmada por Ibn Said, ar-Razi e Iacute - Garcia, 1986: 24-25

[18] Picard, 1986: 60-62

[19] Viana, 1961: 72-72 e 75

[20] A palavra parece derivar do latim *limes*

[21] Veiga, 1880: 177-178

[22] V. também Garcia, 1989: 13

[23] Viana, 1961: 68

[24] O texto do foral de D. Sancho II refere como território de Mértola dois terços do espaço intermédio em direcção a Serpa, Alfajar de Peña e Ayamonte, povoações às quais caberia o restante terço dos terrenos - Arquivo Nacional da Torre do Tombo, *Livro de Mestrados*, fol. 172 v. publicado por Veiga, 1880: 177-178 e Gonzalez y Gonzalez, 1951: 51.V. apêndice I (doc. 1)

[25] V., a esse respeito, Garcia, 1986: 54

[26] Afirma-se textualmente que "assy como parte termyno Serpa com Nespereira (?) y dende adelante por la Vena de Chança como entra em Guadiana" - documento publicado por Rego, 1963: 731. V. apêndice I (doc. 2)

[27] Em finais do século XV, os seus habitantes ainda estavam autorizados pelo monarca português a pescar, caçar, cortar lenha e madeira no termo de Mértola - v. apêndice I (doc. 3). As relativamente recentes fronteiras não tinham conseguido quebrar a lógica de organização económica do antigo território - documento publicado por Neves, 1982: 172-173

[28] É a fortificação, conhecida como Monteagudo e localizada no termo de Mértola, que Ibn Qasi tomou, ao falhar a primeira tentativa para conquistar a cidade - Lopes, 1911: 113
V,. a propósito da identificação de Alfajar, Garcia, 1989: 9-10

[29] Roldan Castro, 1993: 311

Num texto de 1332 é mencionado um "Ramos Piriz, bezino del alcarya de Joham Perez termo de Niebra" - documento publicado por Rego, 1968: 604

[30] Devo esta informação ao Dr. Juan Aurelio Perez Macias, a quem agradeço.

[31] Este processo parece ter-se iniciado em finais do século XIII, com uma primeira demarcação do termo de Serpa. Nos fins do século XIV, estariam já integradas no termo de Almodôvar, Senhora da Graça dos Padrões e Santa Cruz - Toucinho, s.d.: 16-17 e 36-38. S. Marcos da Ataboeira já integrava o termo de Castro Verde no século XVI.

[32] O concelho actual, um dos maiores do País, tem 1280 km^2.

[33] Sobre o papel do Guadiana, enquanto via comercial, v. 1.3.1.

[34] Lopes, 1911: 46

[35] Texto publicado por Coelho, 1972: 38

[36] Texto publicado por Coelho, 1972: 66

[37] A muralha não abrange, como é evidente, os arrabaldes construídos a partir do século XVIII.

[38] Não existe qualquer texto sobre esta estrutura, pelo que as informações apresentadas dizem respeito à identificação feita no terreno.

[39] Garcia, 1986: 54

[40] Frequentemente classificada como "ponte romana" devia ser uma estrutura defensiva de controle do próprio porto e eventualmente utilizável, em caso de assédio, como local de recolha de água do rio. V. Pavón Maldonado, 1993: 42-47

[41] Os materiais estão depositados no Campo Arqueológico de Mértola, aguardando-se para breve a sua publicação.

[42] A pronunciada vertente da encosta obrigou à construção de enormes estruturas que permitiram o nivelamento do terreno e a posterior construção de um conjunto de edificações de carácter palatino.

[43] Duarte Darmas desenhou esta zona com algum detalhe referindo-se mesmo ao criptopórtico: "aqui esta hua aboboda atopida muito booa". V. *Livro das Fortalezas de Duarte Darmas* editado por Almeida, 1943: 35

[44] Texto publicado por Coelho, 1972a: 188
Uma outra campanha de obras, não comprovada documentalmente, poderá ter-se realizado na altura em que o *mahdi* Ibn Qasi se assenhoreou de todo o Garbe, por volta de 1144/538.

[45] Torres, 1991: 16

[46] As fortificações do Garbe conheceram, ao longo do período almoada, consideráveis obras de beneficiação, destinadas a fazer face aos crescente ímpeto da Reconquista. V., a propósito das fortificações almoadas, Torres Balbás, 1985.

[47] Junto ao sítio onde hoje está instalada a Biblioteca Municipal. A imitação, praticada neste período, de grandes silhares pintados a cal na fachada das muralhas, é também identificável em locais como Salir, Moura ou Alcácer do Sal.

[48] Torres, 1991: 18-20
A amplitude dessas obras terá implicado a destruição dos níveis de ocupação referentes à época islâmica, a qual dificilmente virá a ser conhecida com algum rigor no que se reporta a este espaço.

[49] Torres, 1991: 20-21

[50] Veja-se o desenho realizado por Duarte Darmas in Almeida, 1943: 33.

[51] A seguir ao século XVI, as obras na fortificação limitaram-se a pequenas reparações ou restauros.

[52] Parece ter sido essa atalaia que D. Paio Correia tomou ao mesmo tempo que conquistou Mértola - "(...) ajuntou o mestre D. Paio Correia sua gente e entrou pela terra da Lusitânia que era conquista de Portugal onde havia muitos lugares em poder dos mouros. E ganhou deles Mértola e a torre que está da parte de fora daquela vila (...)" (excerto da Cópia dos Tombos Velhos da Câmara da Cidade de Tavira, publicado por Araújo, 1983: 289). No desenho de Duarte Darmas a torre é ainda mencionada como *atalaya* [fig. 1.9.].

[53] Macías, 1993a: fig 3

[54] Veja-se o desenho realizado por Duarte Darmas in Almeida, 1943: 37.

[55] Esta entrada servia, exclusivamente, o paço dos freires de Santiago e data, como toda a estrutura envolvente, de finais do século XIII.

[56] V., para estes cálculos, Torres Balbás, 1985: 106 e Torres, 1993: 396-397.

[57] Da mesquita chegaram até nós algumas portas e o *mihrab*. Este último apresenta, do ponto de vista decorativo, paralelos com o da mesquita de Almeria, de construção posterior à tomada desta cidade pelos almoadas, em 1157. Cf. Boletim D.G.E.M.N., 1953, Torres Balbás, 1953: 412-429 e Ewert, 1971: 391-460.
O desenho de Duarte Darmas, feito nos inícios de Quinhentos, mostra-nos ainda a estrutura arquitectónica da mesquita com o alminar e cinco telhados de duas águas, cobrindo cada uma das naves - V. Almeida, 1943: 33

[58] García Gómez, 1981: 19

[59] Os nomes islâmicos estão presentes em duas das nove lápides da *maqbara* de Mértola: uma delas refere-se a Ishaq al-Ansari e pode corresponder a um indivíduo de possível origem síria, cuja *nisba* está presente também em Almeria e Moura - v. Borges, 1992: 65-69

O cemitério islâmico sobrepôs-se parcialmente ao campo funerário paleocristão, ocupando os terrenos entre a antiga basílica e as muralhas da cidade - Macías, 1993a

[60] A área do pequeno arrabalde extra-muros não deveria alterar, de forma substancial, esse número.

[61] Baseado num dado do *Qirtas* referente à mesquita de Qarawyyin em Fez, Torres Balbás calcula 2,15 pessoas por metro quadrado - v. Torres Balbás, 1956: 351-352. Na mesquita de Mértola, com 288 m² de área coberta caberia um máximo de 619 pessoas.

[62] Veja-se o *Cadastro da população do reino* publicado por Collaço, 1931: 57
Tenha-se em conta que a conversão do número de fogos em habitantes, assim como a contagem de quatro pessoas por fogo, não são temas pacíficos nem reúnem unanimidade. A falibilidade e as diferentes metodologias destes cálculos acabam por desvalorizar o rigor das propostas - v. 1.3.2. e Rau, 1986: 103-106.

[63] Argumentos de ordem histórica e etno-arqueológica foram apresentados há alguns anos por Torres, 1984: 50-53 e 58-62. Até ao século passado era aindam razoavelmente frequentes as relações comerciais entre o Algarve e o Magrebe - Vasconcelos, 1975: 292.

[64] Goitein, 1983: 1

[65] Embora não haja qualquer relato para o período islâmico, torna-se de imprescindível consulta Garcia, 1982.

[66] Regulamentação referente ao sistema de funcionamento das minas, as duas tábuas - conhecidas como Vipasca I e II - estabeleciam com rigor tanto os direitos dos arrendatários dos diversos serviços directa ou indirectamente ligados à exploração mineira como a ordenação geral relativa à exploração das minas pelo Fisco. V., a este respeito, Encarnação, 1984: 204-216

[67] Encarnação, 1984: 162-163 e 366-367

[68] Encarnação, 1994

[69] Dias, 1993: 112-115

[70] Delgado, 1992: 125-133

[71] Macías, 1993a

[72] V. cap. 4 e Torres, 1987a: fig. 79

[73] Refiram-se, nomeadamente, as cerâmicas provenientes de Sevilha, Málaga, Almeria ou do Norte de África.

[74] *Portugaliæ Monumenta Historica*, vol. I, p. 645 publicado por Veiga, 1880: 179-183.

[75] Garcia, 1986: 55

[76] Boa parte das páginas seguintes baseiam-se no estudo, ainda inédito, de Miguel Rego e Cláudio Torres - referenciado como Rego, 1994.

[77] Exceptuam-se o início da via de Serpa, junto ao Guadiana e um troço do importante caminho de Beja - Rego, 1994.

[78] Rego, 1994: sítios 22 e 27

[79] Garcia, 1986: 101-102

[80] Garcia, 1986: 98

[81] Rego, 1994: sítio 14

[82] Rego, 1994: sítio 118

[83] Rego, 1994: sítio 50

[84] Garcia, 1986: 56

[85] Torres, 1992: 195

[86] Garcia, 1986: 56

[87] Rego, 1994: sítio 91 e Torres, 1992: 195

[88] Rego, 1994: sítio 104

[89] Zozaya, 1987: 226. Henri Terrasse, por seu turno, afirma que os castelos de alguma importância distavam entre si o equivalente a uma jornada, isto é, de 25 a 30 km. - Terrasse, 1954: 12
Valores um pouco mais altos, no que respeita ao raio de deslocação diária, são apresentados por Gonçalves, 1988: 177-200

[90] Edrisi, 1866: 149

[91] Edrisi, 1866: 218

[92] A exploração de metais preciosos pode não ter terminado, ao contrário do que durante muitos anos se pensou, com a desagregação do Império. Essa tese carece, no entanto, da respectiva comprovação arqueológica. V. Torres, 1993: 388-389

[93] Garcia, 1986: 54

[94] Garcia, 1986: 53. Já anteriormente Ibn Qasi procurara refúgio junto dos Banu Açuna, uma família da região que o protegeu após a falhada tentativa de tomar o Castelo de Monteagudo - v. Lopes, 1911: 113-114
A recente e insólita descoberta de uma sofisticada peça de joalharia no povoado islâmico de Alcaria Longa [fig. 1.20.], de difícil entendimento num contexto aparentemente pobre, parece-me ganhar uma leitura diferente num quadro de poderio político e económico que estas comunidades pareciam ter. Não é, por outro lado, de excluir

totalmente que se trate do produto de algum saque ou roubo.

[95] As moedas encontradas em povoados rurais têm, certamente, essa proveniência.

[96] Parto do princípio que houve, em muitos casos, uma relativa permanência na estrutura de ocupação do território, ou seja, que o povoamento pós-Reconquista ocupou os locais anteriormente habitados.

[97] Almeida, 1971: 136

[98] A existência de contactos regulares e estreitos com Mértola parece-me inegável. A presença de cerâmicas produzidas em olarias dos vales do Guadalquivir e encontradas no povoado rural de Alcaria Longa só é explicável pela existência de um entreposto comercial ao qual estas populações recorriam - V., a propósito das produções cerâmicas, Boone, 1991 e Boone, 1991b

[99] Boone, 1994: 531-532

[100] Em Mallorca e Ibiza, a área das alcarias ultrapassava um pouco os 80 hectares. V. Barceló, 1988: 103

[101] Boone, 1994: 533

[102] Boone, 1994: figs. 4 e 5

[103] V. o texto publicado por Collaço, 1931: 57
O cálculo de quatro habitantes por fogo está longe de ser uma solução pacífica ou unanimemente aceite. Os números podem oscilar entre três e oito pessoas por casa, segundo as épocas e os locais. A pouca fiabilidade dos cálculos acabam por desvalorizar o interesse destas propostas. Veja-se, a este propósito, Rau, 1986: 103-106

[104] Este tipo de montes nada tem a ver com a estrutura do mesmo nome das zonas mais ricas, como Moura, Serpa ou Beja, por exemplo, onde a palavra designa a exploração agrícola de um proprietário.

[105] Feio, 1983: 62

[106] Bazzana, 1983: 164

[107] Essa influência terá sido mais importante, como parece lógico, durante os períodos de relativa autonomia política.

[108] "Alcáçova de Mértola" constitui a designação actual   e utilizada somente após o início das escavações arqueológicas no local - da encosta situada no extremo Norte do Castelo. Refira-se, em todo o caso que a expressão é apropriada, uma vez que o espaço amuralhado dos castelos se divide em alcáçova e castelejo, correspondendo em Mértola este último à fortificação cristã começada a edificar em 1292 - Torres, 1991: 18-20 e Marques, 1987: 71

[109] Cotas aproximadas de 91 metros no Castelo e de 14 metros nas margens da ribeira de Oeiras

[110] Materiais neolíticos foram recolhidos, sem contexto arqueológico, naquela área. Encontraram-se, também, em estratos de enchimento da encosta, peças da Idade do Ferro, e datadas dos séculos VII-VI a.C..

[111] Torres, 1987

[112] Uma publicação sobre este período deverá resultar de uma linha de investigação em curso no C.A.M. sobre *Mértola romana - estudo de arqueologia espacial.*

[113] Embora alguns vestígios arqueológicos (nomeadamente as cerâmicas) sejam abundantes, falta ainda informação relativa à existência de estruturas habitacionais naquela zona entre os séculos V e XI. As brutais mutações causadas pelo cemitério instalado no local após a Reconquista contribuem, de forma substancial, para dificultar análises mais detalhadas e rigorosas.

[114] Desse cemitério, que se sobrepõe às estruturas islâmicas, foram levantadas, até ao momento, mais de 500 sepulturas. O posterior aproveitamento desses terrenos como hortas, ao longo dos séculos XVII, XVIII e XIX, faz já parte da história recente do sítio e não tem importância decisiva para uma interpretação da evolução da alcáçova.

[115] Ainda que nada o prove de modo irrefutável trata-se de uma hipótese perfeitamente plausível, tanto por razões de ordem topográfica, como pela imponência das estruturas arquitectónicas visíveis no local - v. Torres, 1987: 618

[116] Coloca-se hoje a hipótese de a cisterna que ocupa o centro do castelo ser uma obra do período islâmico - Pavón Maldonado, 1993: 41

[117] Santos, 1977: 255-264 e Torres, 1991: 21-22

[118] Reaproveitando impostas de cronologia mais antiga, a lógica construtiva da parte superior deste vão de entrada parece indicar o arranque de um arco em ferradura.

[119] Cotas aproximadas de 91 metros no Castelo e de 66 metros junto à muralha Norte

[120] Os enterramentos causaram, evidentemente, grandes perturbações nas estruturas habitacionais. Paradoxalmente, foi a presença do cemitério que pode ter evitado a destruição global deste antigo bairro, ao contrário do que se verificou noutras alcáçovas do Sul, como Moura, Serpa, Loulé ou Tavira, profundamente modificadas no Pós-Reconquista.

[121] Macías, 1991: 405-428

[122] Incluo aqui a casa VII, a única desta área minimamente legível do ponto de vista da planimetria.

[123] Os chamados silos 4 e 5, por exemplo. Macías, 1991: 406

[124] Um terceiro espaço diz respeito ao *forum* e será tratado de forma autónoma em 2.1.

[125] Uma situação paralela verifica-se em Almuñecar, onde, para vencer o declive do cerro onde assenta a cidade, se construiu um criptopórtico, idêntico ao de Mértola do ponto de vista funcional - v. Molina Fajardo, 1983

[126] Edifício com 14 m. de comprimento (no troço conservado), 7 m. de largura e ábside semi-circular orientada a Oeste. A própria hipótese de se tratar de uma basílica carece de confirmação e está por provar de forma definitiva. Não é, sequer, impossível que a construção tivesse, logo de início, funções religiosas e sido consagrada a uma das divindades do panteão romano. Parece claro, em qualquer dos casos, que esta construção terá sido adaptada ao culto cristão.

[127] Não está definitivamente provado que haja qualquer tipo de conexão entre a muralha Oeste e esta área termal, que deverá ser um pouco posterior à construção do *forum*.Também não pode ser completamente posta de parte a hipótese de que a pequena piscina posta a descoberto pelas escavações tenha, logo de início, sido destinada a ser usada como baptistério.

[128] Museu de Mértola - marcação: ME 81/AF/2a

[129] Torres, 1987: 618

[130] É pelo menos o que se infere do deliberado entulhamento que ali se verifica, com a presença de vários fustes de coluna de época romana no seu fundo.

[131] Torres, 1987: 618. A face deste criptopórtico corresponde a pouco menos de um terço da extensão da muralha Norte da alcáçova.

[132] Esta hipótese só poderá ser correctamente avaliada após a realização de estudos mais detalhados sobre as estruturas postas a descoberto.

[133] A cronologia desta estrutura estará, assim, situada no século III (cf. *infra*).

[134] As cotas rondam os 66 metros.

[135] As cotas estão, aqui, um pouco acima dos 64,50 m.

[136] Cf. *infra*.

[137] Na sua construção foram reutilizados vários elementos arquitectónicos dos séculos I-II, o que leva a pensar numa cronologia posterior. Esta ideia é reforçada pela constatação de um programa construtivo onde abundam os materiais que anteriormente integravam outros edifícios, situação à partida incompatível com um edifício de época imperial plena. V. Torres, 1987

[138] O vinho e azeite, por exemplo, tinham neste local fresco e húmido condições ideais de conservação.

[139] Tão pouco é de excluir que esses depósitos de água da encosta, a Sul do *forum*, se tenham mantido em funcionamento mesmo durante o período islâmico. O *hammam* islâmico, por seu turno, não foi, até hoje, localizado. Testemunhos orais referindo a existência de vários arcos abobadados debaixo de uma casa situada junto ao Mercado Municipal levantam a hipótese dessa importante infra-estrutura estar eventualmente aí localizada.

[140] Recorde-se que o ritual de baptismo praticado na época obrigava à existência de pequenas piscinas, onde os catecúmenos eram mergulhados por inteiro. Parece lógico que, pelo menos com uma certa regularidade, essa água fosse substituída.

[141] O achado de uma cruz patada no interior da piscina do complexo termal obriga-nos a considerar a sua utilização como baptistério e a adaptação da basílica civil ao culto religioso.

[142] Bolens, 1981: 164

[143] Um dos meios de limpar a água consistia em fazer submergir alguns blocos de cal que funcionavam como purificadores. Devo esta informação ao Dr. Miguel Rego, a quem agradeço.

[144] Até há poucas dezenas de anos, e antes da criação de redes de água domiciliárias, havia em Mértola aguadeiros que iam buscar água junto à Torre do Rio, para venda na povoação. A figura do *açacal* era, como se sabe, comum nas cidades meridionais - v. Dozy, 1869: 221

[145] É evidente que a dimensão das descargas domésticas nada tinha a ver com as que hoje os autoclismos domésticos de forma corrente provocam. De qualquer maneira, em zonas secas, a possibilidade de mistura entre os despejos domésticos e a água para beber era real. Um médico cairota, Ibn Ridwan, afirmava, em pleno século XI, que os habitantes de Fustat bebiam a água do Nilo misturada com os dejectos domésticos - Goitein, 1983: 54

[146] Um paralelo importante para este criptopórtico existe em Almuñecar (Granada) onde, depois do abandono do *forum*, se ergueu no local um conjunto de casas, mantendo ainda hoje o local aquelas funções. A estrutura arquitectónica da cidade andaluza terá sido edificada na segunda metade do século I, precisamente com as mesmas funções da de Mértola: eliminar o desnível da colina e criar uma plataforma que servisse para instalar construções civis. Não teve, contudo, reutilização como cisterna - Molina Fajardo, 1983: 259 e 267.

[147] Níveis 1b e 1c - Torres, 1987: 621 e fig. 5

[148] A existência destes estratos assinala a realização de uma grande campanha de obras nesta zona, na época em que se construiu o bairro.

[149] Estavam cobertos pelos níveis superficiais de entulhamento e inicialmente foram classificados como deposições do século XIII, admitindo-se a existência de uma relação directa entre os corpos e a reconquista de Mértola pelos cavaleiros da Ordem de Santiago. As marcas de violência física exibidas por alguns deles, e o facto de outros terem sido

atirados para a cisterna ainda vivos, parecia constituir razão de peso em abono desta teoria - Torres, 1987: 621 e 625

[150] Os primeiros entulhamentos do criptopórtico começaram pouco depois do seu abandono como cisterna. Os corpos localizavam-se todos na primeira camada de entulhamento (nível 2b), sobre os lodos e lamas do fundo (nível 2c). Nas camadas superficiais (1b e 1c) dominam as cerâmicas califais; a partir do nível 2a começam a prevalecer os vestígios arquitectónicos, desaparecendo as cerâmicas no 2b - v., a este respeito, Torres, 1987: 621, 625 e fig. 5

[151] As análises de radio-carbono datam entre 789 e 895 d.C. (desvio de 1 sigma) as ossadas do esqueleto nº 3 levanta das naquele local - análise ICEN-797 (1991). V., para os acontecimentos políticos, Macías, 1993: 420

[152] Em termos históricos, esse abandono poderá estar balizado entre o início das revoltas *yahsubis* (763/146) e as lutas autonomistas de Ibn Marwan (884/270 a 889-890/276) - Macías, 1993: 420-422.

[153] A dificuldade que se aqui se verifica é comum a outros sítios arqueológicos, para os quais apenas dispomos, normal-mente, de informações respeitantes à última época do período islâmico. Esses obstáculos estendem-se ainda aos domínios da cerâmica paleoandaluza, que só recentemente começou a ser estudada de forma sistemática.

[154] Por apenas assumir relevo e um papel centralizador nesses períodos, em momentos de crise dos centros polarizado-res (fossem eles Beja, Córdova ou Sevilha) a história de Mértola permanece, para as épocas mais recuadas, e apesar do inegável peso económico e importância estratégica que sempre teve, em boa parte por desvendar.

[155] Casa I - comp. 1: dinheiro de D. Afonso II (nº 217/MO 5)
Casa I - comp. 1: dinheiro de D. Sancho II (nº 225/MO 5)
Casa II - comp. 5: dinheiro de D. Sancho I (nº 302/MO 7)
A manutenção de um comércio, eventualmente algo debilitado, entre áreas definitivamente cristianizadas e as que ainda se encontravam islamizadas, parece-me hipótese provável. Embora esse comércio deva ter sofrido alguma desaceleração após as alterações políticas "provocadas" pela batalha de Zallaqa (e em particular após as ferozes campanhas levadas a cabo no Garbe entre 1161/557 e 1195/592) terá continuado a processar-se até à tomada de Mértola.

[156] É, no mínimo, grotesco, imaginar que os guerreiros se deslocariam para o campo de batalha com as sacolas cheias de moedas...

[157] V. cap. 3

[158] Do ponto de vista estratigráfico, esta afirmação pode ser comprovada pelo perfil Sul das quadrículas 7 B, 7 C e 7 D, no qual é bem visível o assentamento que permitiu a construção da rua. Nesse nível de enchimento abundam os materiais cerâmicos, sempre de cronologia califal-taifas, que o datam, com razoável segurança. A estreita ligação entre as soleiras das portas e o piso da rua comprovam ainda que esta foi certamente concebida e executada na mesma época em que ali se instalou o bairro islâmico.

[159] O abalo de terra destruiu o alminar da mesquita aljama de Sevilha (hoje Igreja do Salvador), o qual foi imediata-mente mandado reconstruir por al-Mutamid - Valencia, 1994: 604

[160] Não me parece ilógico propôr que a localização do bairro possa também ter a ver com a proximidade da mesquita, importante centro polarizador no contexto citadino.

[161] O pano de muralha virado a Nordeste apresenta a característica decoração a cal imitando silhares, de cronologia almoada.

[162] A sua presença, ainda que previsível, não foi até ao momento constatada para Leste daquela estrutura. A extensão do troço claramente identificado é de 30,60 m., rondando a sua largura 1,25 m.

[163] Não foram encontrados vestígios de qualquer tipo de estrutura, o que me leva a pensar que se trataria de uma escada amovível, eventualmente em madeira.

[164] Tem de comprimento 22,50 m. e de largura 1,85 m.
Note-se, por exemplo, que, para a Valência de meados do século XV, numa altura em que se decide proceder à reformulação da rede viária da cidade, os valores existentes não diferem em muito dos que apresentamos: as ruas com mais de 18 metros deviam ter 2,70 m. de largo, as ruas de 13,50 a 18 metros teriam 2,25 m., ao passo que as de 10,80 a 13,50 teriam uma largura de 1,80 m. - Guiral, 1985: 1602

[165] Para além das casas III, IV, V, VI e VIII são visíveis outras soleiras de portas em áreas que não estão completamente escavadas.

[166] Cf. *infra*.

[167] As ruas islâmicas de Bayyana/Pechina (Almeria) apresentam as mesmas características, se bem que as dimensões sejam um pouco diferentes:têm 2,50 m. de largura, medida que desce para 1,40 m. no adarve (Castillo Galdeano, 1990: 111-112). Essas medidas são, por exemplo, muito próximas com as verificadas (2,80 m) numa rua romana posta a descoberto nas escavações em curso no Claustro da Sé Patriarcal de Lisboa - devo esta informação aos Drs. Clementino Amaro e José Luís de Matos, a quem agradeço.
Em El Fortí (Dénia) as ruas têm uma largura de 0,75 m, 1,70 m. e 2,25 m., consoante as suas funções e importância. As de maior dimensão são as que se reportam às principais vias de circulação - Gisbert Santonja, 1992: 44

[168] Essa característica é observável no perfil Sul da quadrícula A 6, na qual se vê claramente o pavimento da rua Oeste do bairro.

[169] Carvalho, 1989: 12-17

[170] É sintomático, a este propósito, que em trabalhos recentes editados em Portugal se continue a estabelecer uma inacreditável dicotomia urbanismo muçulmano *versus* urbanismo cristão. V., a este respeito, Carvalho, 1989: 9-20

[171] A definição de plantas de padrão geométrico é, em muito, anterior à Baixa Idade Média. Não é possível, neste aspecto, seguir o que se afirma em Gaspar, 1970a: 198 e 205

[172] Vallejo Triano, 1990 e 1991

[173] Os seus escavadores referem, a este propósito, a existência de um "urbanismo linear e marcadamente geométrico", ao qual chamam, apesar de tudo, *pseudo-ortogonal* - Gisbert Santonja, 1992: 27, 42 e fig. 7

[174] Castillo Galdeano, 1990: 112 e fig. 1

[175] Navarro Palazon, 1990

[176] Mais recentemente, na abandonada cidade de Shaltish (Saltés) - situada nos sapais da foz do Odiel, a curta distância de Huelva -, em local não muito distante de Mértola, os levantamentos preliminares aí realizados proporcionaram a trama urbana do sítio que se organizava segundo eixos quase ortogonais definindo *insulas* de dimensões variáveis (32m.x38m.; 32m.x44m.; 38m.x54m.), divididas em sub-sectores mais pequenos, separados por bandas que poderão ser pequenos eixos de circulação - Bazzana, 1994: 625 e fig. 5

[177] O debate em torno deste tema acaba por se tornar um tanto ocioso. As propostas que aqui se apresentam não são mais, na realidade, que uma súmula de teses mais aprofundadas, as quais são, segundo penso, argumentação de peso para afastar de vez fantasmas como a inexistência de um urbanismo organizado nas cidades hispano-muçulmanas. V. Almagro, 1987: 421-448

[178] Verifica-se, através do estudo das plantas de várias urbes do Andaluz que, quer nas cidades peninsulares de origem romana quer nas de fundação muçulmana, é patente um sistema viário hierarquizado - Almagro, 1987: 422

[179] Ainda que um tipo de organização e gestão das cidades ao modo ocidental (com instituições municipais) fosse desconhecido, isso não significa que tal assunto fosse considerado de menor importância - v. Abdel-Rahim, 1982: 50-53.

[180] As informações a este respeito são, por vezes, contraditórias. Um autor de origem andaluza, Yahya ibn Umar, mencionava sem condenar, no século IX, o costume que havia nos *suqs* de regar o espaço em frente à loja - García Gómez, 1957: 290-291

Dizia, por outro lado, Ibn Abdun: "Tocante a las calles, deberá ordenarse las gentes de los arrabales que cuiden de que no se arrojen a ellas basuras, inmundicias ni barreduras, así como que se reparen los baches en que pueda detenerse el agua y el lodo. Cada cual reparará y mirará por lo que esté delante de su casa. Si en algún sitio hubiese muchos desagües de agua sucia, se obligará al propietario a construir y mantener en buen uso una alcantarilla. Deberá prohibirse que quien tenga un desagüe de agua sucia lo deje correr en verano por las calzadas. Cualquier molestia para el público, sea antigua o reciente, habrá de ser suprimida" - García Gómez, 1981: 119-120

[181] A frequência com estes objectos aparecem em Mértola permite-nos avaliar a sua popularidade nesta cidade.

[182] Arié, 1960: 370

al-Garsifi dedicava também atenção à vigilância das ruas, dando indicações precisas sobre a forma de manter a ordem pública, sobre a maneira de utilizar as ruas ou em relação ao modo como os cidadãos se deviam comportar - Arié, 1960: 360-363

[183] Este lento "puzzle" só vai sendo definido à medida que os trabalhos arqueológicos vão avançando. O adarve tem uma extensão total de 18,8 m., organizando-se em três troços, respectivamente com 7,2 m., 6,3 m. e 5,3 m. (a largura deste beco oscila entre 1,15 m. e 1,35 m.).

[184] O poial da casa situada em 5 L tem uma cota máxima de 65,03 ao passo que a situada em 7 L tem o poial mais alto a 64,98 (os degraus superiores, que se conservam intactos, medem 1,40 m. e 1,05 m. de comprimento). A leitura destas habitações só será possível quando se proceder à escavação integral desta zona da alcáçova. Estes dois conjuntos devem desenvolver-se ao longo dos sectores Oeste das quadrículas 5, 6 e 7 L.

[185] O adarve tem uma extensão total de 13,90 m., divididos num troço maior com 9,00 m., orientado no sentido Norte-Sul que dava acesso às habitações, e outro com 4,00 m. (orientado a Este-Oeste), apenas parcialmente posto a descoberto. A sua largura varia ligeiramente, oscilando entre 2,10 m. junto à casa I e 1,50 m. perto da esquina. Esta pequena via estreita, no entanto, ainda mais junto à porta de entrada da casa II, onde tem apenas 1,10 m.

[186] A cota da rua oscila apenas 20 cm., entre os 64,60 e os 64,80 m.

[187] V., por exemplo, Arié, 1960: 361

[188] A única habitação, neste adarve, a dispôr, aparentemente, de animais de carga era a casa II (v. cap. 3). O achado de um casco de burro, encontrado sobre o pavimento de rua poderá, eventualmente, estar relacionado com a presença de um destes animais.

[189] Mokadem, 1992: 180

[190] Junto à casa X encontrou-se recentemente uma porta, em cujo interior foi aberta uma fossa. É possível (e partindo do princípio que é totalmente desprovida de sentido a instalação de tais estruturas *dentro* das habitações) que a estreita passagem onde aquela se situa seja o começo de um adarve que serviria várias moradias [fig. 2. 17.]. Tal hipótese só poderá ser confirmada, ou invalidada, pelas escavações ainda em curso naquele espaço.

[191] Mokadem, 1992: 179

[192] García Gómez, 1957: 292. Portas desse tipo são ainda hoje visíveis no Magrebe. Hafid Mokadem menciona, em trabalho recente, dois exemplos: o bairro al-Blida, em Salé tem uma porta com 2,00 m. de largura e uma altura máxima (vão) de 2,20 m. A rua Bazzu, na Qasbah des Oudaia (Rabat) tem uma entrada fechada por uma porta com 1,10 m. de largura e um vão de 2,00 m - Mokadem, 1992a: figs. 74 e 75

[193] Fernandez Casado 1985: 59-62

[194] Na habitação VIII foi detectada uma fossa no átrio de entrada. Desactivada à época em que a casa se construiu, pode tratar-se de um sistema de saneamento que se situava em plena rua e que acabou por ser "abrangido" pelo alargamento da casa.

[195] Sistemas de saneamento do mesmo tipo, tanto de época romana como islâmica, são visíveis na encosta do castelo. O estado incipiente das investigações no que se reporta aquela área não permite, contudo, mais do que assinalar a sua presença.

[196] Convirá, talvez, sublinhar que este tipo de procedimento não era novidade no mundo mediterrânico. Esquemas muito semelhantes aos de Mértola verificam-se em cidades como Delos, na Grécia Antiga - Fernández Casado, 1985: 59.

[197] Pelo menos no troço visível. Não é impossível que tivesse origem numa área mais a Sul, ainda por escavar.

[198] Com uma extensão de 6,90 m.

[199] Em todo o caso, não é nada que se assemelhe ao fantástico sistema de águas residuais de Madinat az-Zahra, o qual se estende por 1625 metros - Vallejo Triano, 1991: 10.
Um sistema de canalizações do mesmo tipo é identificável em Denia, cidade onde os esgotos subterrâneos se organizavam perpendicularmente à rede viária - Gisbert Santonja, 1992: 44

[200] O desnível verificado entre o esgoto na latrina da casa II e sob o pátio da casa I (cerca de 0,70 m.), não parece também compatível apenas com o escoamento dos esgotos domésticos.

[201] Em Valência constatou-se, com alguma surpresa, que estas fossas se localizavam no *interior* do próprio pátio, embora essa escavação não permita apresentar dados generalizados e conclusões definitivas - Pascual, 1990: 308

[202] Dos pontos de vista construtivo e volumétrico apresentam notáveis semelhanças entre si. Eram feitas com fiadas de pedras sobrepostas, tinham um formato "cilíndrico" (apresentando um perfil ligeiramente abaulado no centro) e eram cobertas com uma laje de maiores dimensões. A fossa 1 (adarve Este) tinha 1,90 m. de profundidade e 0,50 m. de diâmetro, dimensões não muito diferentes das da fossa 2 (no mesmo adarve e com 1,20 de profundidade e 0,70 m. de diâmetro) e das da fossa 3, situada junto à casa X (1,35 m. de profundidade e 0,70 m. de diâmetro).

[203] Casa III

[204] Este facto reforça o que atrás se disse sobre o abandono do criptopórtico.

[205] E através do qual era feito o acesso às casas I e II.

[206] Fossa nº 2

[207] Fossa nº 1

[208] Sublinhado meu.
"Tocante a los basureros, no se deberá arrojar nada de basura ni de limpieza de pozos negros dentro de la ciudad, sino fuera de puertas, en campos, jardines o lugares destinados a este fin. Se deberá ordenar enérgicamente a los habitantes de los arrabales que limpien los basureros que han organizado en sus propios barrios" - García Gómez, 1981: 120

[209] Leguay, 1984: 84

[210] Laurioux, 1992: 73

[211] García Gómez, 1981: 120

[212] Arié, 1960: 361

[213] Arié, 1960: 368

[214] García Gómez, 1981: 149

[215] O carácter lento dos trabalhos arqueológicos impede-nos de ter um maior lote de casas integralmente escavadas.

[216] As áreas apuradas são as seguintes: casa I - 81 m^2; casa II - 72 m^2; casa III - 88 m^2; casa VIII - 45 m^2.

[217] Navarro Palazon, 1990 e 1991a e Bazzana, 1994

[218] Torres, 1993: 378

[219] Tomando como aceitável a existência de agregados familiares com 4 ou 5 membros obteríamos um número de habitantes para Mértola entre os 2000 e os 2500, o que me parece mais credível. Recorde-se, de qualquer maneira, o que atrás afirmei a este respeito.

[220] Casas II, III e IV

[221] Casas I, II, III e VIII

[222] É esse o caso das habitações IV, V e VI

[223] A casa VII, o único conjunto localizado na encosta do castelo e que excluí deste estudo, está parcialmente escavada. A casa X, da qual se identificaram já a entrada, o átrio, a latrina, um pátio cuidadosamente pavimentado e o salão, poderá, nos próximos anos, vir a fornecer uma planta completa da sua organização [fig. 3.4.].

[224] Está neste caso a habitação IX, da qual se puseram à vista apenas a cozinha e parte do salão.

[225] Vejam-se, por exemplo, os casos de Saltés, Ciesa, Pechina ou Denia (cf. *infra*).

[226] O actual Centro Histórico de Mértola constitui, como disse mais atrás, um denso emaranhado de casas, ruas e vielas. Certamente alvo de inúmeras modificações ao longo dos séculos que se seguiram à Reconquista, não é possível identificar, em nenhuma das suas actuais habitações, traços de organização interna que correspondam à funcionalidade das habitações do período islâmico - veja-se o exemplo de Jerez de la Frontera, citado em Torres, 1993: 377

[227] Trata-se, de qualquer maneira, de uma forma de organizar o espaço que se importou do Oriente Mediterrânico.

[228] As escavações arqueológicas que se têm vindo a realizar um pouco por toda a Península permitiram identificar um apreciável conjunto de bairros edificados ou em uso em época paralela ao da Alcáçova de Mértola - recordemos os casos de Denia (Gisbert Santonja, 1992), Murcia (Navarro Palazon, 1991), Ciesa (Navarro Palazon, 1990 e 1991a), Saltés (Bazzana, 1994) e Pechina (Castillo Galdeano, 1990).

[229] A ausência de dados fiáveis para épocas anteriores no que diz respeito a estruturas habitacionais (e com excepção das de tipo palatino) não é um "exclusivo" de Mértola.

[230] Segundo Ibn Abdun, os fornos de tijolos e telhas localizavam-se, sem excepção, fora de portas - García Gómez, 1981: 113.

[231] Boone, 1991b

[232] As medidas nem sempre eram rigorosas e para o próprio *codo* existiam várias bitolas. No caso de o *qadi* não ter fixado essa medida em lugar público, as partes em desacordo podiam chamar uma terceira pessoa a fim de que o seu braço servisse de padrão - Talbi, 1954: 299

[233] Talbi, 1954: 297. O transporte de entulho e materiais de construção a dorso de mula é ainda o método utilizado nos bairros antigos de algumas vilas e cidades. Pude observá-lo em Mértola, em 1993, e no Albaicin, em Granada, em Novembro de 1994.

[234] Isso é visível em particular no que se refere à casa I, melhor conservada.

[235] A taipa é um processo construtivo no qual a terra, devidamente preparada, é metida numa cofragem e depois apisoada até se obter uma consistência conveniente.

[236] Encontra-se frequentemente na escavação um fino paramento de argamassa de cal a cobrir os muros.

[237] García Gómez, 1981: 112

[238] Este tipo de medidas podem ser consideradas como padrão e foram utilizadas em todo o Andaluz nesse período - v., a esse respeito, Catarino, 1992: 17

[239] O tipo de madeira não é discriminado pelas fontes escritas.

[240] García Gómez, 1981: 113

[241] Não se põe a hipótese de terem sido arrancados, uma vez que em todas as casas são visíveis os pavimentos originais.

[242] Em termos globais são soluções semelhantes a outros contextos urbanos do Garbe, contemporâneos de Mértola. Em Silves, por exemplo, a casa escavada tinha um pavimento de terra batida, argamassada com cal e areia conservando alguns compartimentos restos de um revestimento com lajes de arenito vermelho - Gomes, 1988: 51.

[243] Os salões das casas I, II, IV, VIII e X foram pavimentados desta forma.

[244] Casa VIII/III

[245] É óbvio que a escolha da tijoleira tem a ver com o facto de se tratar de um compartimento descoberto e sujeito tanto à acção da chuva como dos raios solares.

[246] Casa I/II. V., a este respeito, o cap. 4.

[247] Casa I/IV

[248] Casa III/VI

[249] Em princípio, as paredes do interior da casa eram mais baixas que as exteriores. Garantia-se assim a inclinação do telhado para dentro, o que permitia rentabilizar o armazenamento da água da chuva. Aconselhava-se, de modo explícito, que, quando necessário, se usasse de preferência madeira antiga na construção das casas - Ibn al-Awwam, 1802: 389

[250] Não é certo que tenha existido uma diferença de coberturas em açoteias para as regiões do Sul e de telha para áreas setentrionais. Não posso, a este respeito, seguir o que afirma Oliveira Marques - Marques, 1987: 65

[251] al-Uqbani considerava como "problema de urbanismo" as goteiras que vazavam para o exterior das casas - Talbi, 1954: 296

[252] Marques, 1987: 66

[253] Sendo verdade que o solo de Mértola não é apto para a conservação deste tipo de materiais nunca se encontraram quaisquer elementos que possam apontar para a destruição pelo fogo desses travejamentos. Estratos de incêndio foram registados, por exemplo, em Silves (Gomes, 1988: 70) e Salir (Catarino, 1992: 20).

[254] A prática de pilhagens era generalizada e dela há mesmo testemunhos escritos. Nos inícios do século XIV, os povoadores da região de Sevilha iam buscar "ladriello e ripio" a numerosas aldeias velhas para a construção das suas casas - Gonzalez Jimenez, 1990: 114.

[255] Em Silves, por exemplo, contabilizaram-se cerca de 300 kg. de telhas no interior de uma habitação que não foi escavada na sua totalidade. Tal como em Mértola, o telhado caído sobre o pavimento provocou o esmagamento de um grande número de peças de cerâmica - Gomes, 1988: 51.

[256] Constatei esse facto na cozinha da casa II (C. II/IV).

[257] Helena Catarino registou, no Castelo de Salir, as seguintes medidas: 42 cm. de comprimento, uma largura máxima de 18 cm. e mínima de 10 cm. - Catarino, 1992: 18.

[258] Casa I (C. I/I e C. I/II)

[259] A única provável excepção é casa X, cujo muro Norte do pátio apresenta uma espessura exagerada para um edifício com apenas um piso.

[260] A soleira de entrada de maiores dimensões é a da casa VIII com 0,90 m. de comprimento. Outras, bem mais estreitas, são as das casas I e II, com soleiras de 0,65 m. e 0,75 m., respectivamente. Os valores das outras habitações não puderam ser verificados. As soleiras ou foram possivelmente arrancadas após o abandono das casas para serem reaproveitadas ou, noutros casos, foram destruídas pela abertura de covas do cemitério.

[261] Bernabé Guillamón, 1993: 11

[262] Casa I - 81 m²; Casa II - 72 m²; Casa III - 88 m²; Casa VIII - 45 m². Incluem-se aqui apenas as casas cuja área total pôde ser completamente confirmada. As casas IV, V e VI, por seu turno, poderiam ter áreas aproximadas de 58 m², 60 m² e 55 m².

[263] Em Denia há 27 casas com áreas que oscilam entre os 65 e os 95 m² - Gisbert Santonja, 1992: fig. 8 e lam. IX. Tipologicamente apresentam inúmeras semelhanças com Mértola
Em Pechina as casas vão dos 44,25 m² aos 250 m². A maior delas viria inclusivamente a ser dividida dando origem a duas habitações distintas, uma com 131 m² e a outra com 119 m² - Castillo Galdeano, 1990.
A organização básica das habitações de Saltés é do mesmo género, embora as áreas sejam, neste caso, algo maiores - Bazzana, 1994.

[264] Não existe em Mértola uma separação nítida entre os salões como zona de recepção e as zonas marginais formadas pelos espaços de serviço, cozinha ou latrinas, hipótese levantada por Bernabé Guillamón para um palácio de Murcia. De qualquer modo, os cerca de 820 m² de área desse complexo não podem ser comparados com as relativamente modestas habitações de Mértola - Bernabé Guillamón, 1993: 17-18

[265] Contexto C. II/VI, por exemplo

[266] Parece, contudo, mais ou menos seguro, que o bairro terá sido sempre habitado por populações autóctones. As lareiras escavadas no chão, parecem incompatíveis, pelo seu manifesto arcaismo e carácter endógeno, com qualquer tipo de população exterior à realidade local.

[267] Casa II/III

[268] Casa II/II

[269] Casas VIII e IX

[270] Beirante, 1988: 160

[271] Beirante, 1988: 163

[272] As cozinhas e respectivas utensilagens terão abordagem mais detalhada no cap. 4.

[273] Mokadem, 1992: 176-177 e Khiara, 1994: 35-36

[274] Mokadem, 1992: 177

[275] Casas III e IV

[276] Casas V, VI e VIII

[277] A soleira de porta situada em 7B e pertencente à fachada oposta aquelas habitações, não está defronte da entrada de nenhuma casa. É, de qualquer modo, um exemplo isolado e que não permite extrapolações.

[278] Na casa I, a entrada (com um vão de 0,65 m. delimitado por duas jambas em tijoleira) está bem marcada por um fragmento de fuste. Esta soleira está sobre-elevada 0,15 m. em relação ao pavimento da rua e dela se passa para o átrio, 0,40 m. mais abaixo. Ao lado da casa X detecta-se também uma situação semelhante junto à entrada de uma casa (ou adarve) por escavar; idêntico procedimento está presente na porta de uma habitação da rua do extremo Sul do bairro. Segundo Mokadem, a altura das soleiras em Rabat e Salé é superior entre 0,15 a 0,20 m. em relação ao pavimento da rua - Mokadem, 1992: 182

[279] Casa II

[280] Casa I (0,65 m.) e Casa VIII (0,90 m.). Em Silves, a soleira de uma porta tinha 0,92 m. de distância entre os orifícios dos gonzos e 0,50 m. de largura máxima - Gomes, 1988: 56

[281] As casas I, II e as duas habitações ainda por escavar no perfil Oeste desta zona do bairro.

[282] Na casa I e na entrada do possível adarve, junto à casa X.

[283] Casas III e X.

[284] A primeira que aqui apresento foi recolhida no contexto ME 81/ 5B/ 180 b e mede 26 cm. de comprimento; a segunda, pertencente ao contexto ME 80/ GA/ QF mede 23,5 cm. Estas chaves têm paralelo com a que se encontrou na alcáçova de Silves - v. Gomes, 1988: 77 e fig. II.34

[285] Vasconcelos, 1967: 424-425

[286] Essas peças são semelhantes a ferraduras mas nunca tiveram tal função. Não é, contudo, impossível que, numa situação de necessidade, ferraduras fossem usadas como dobradiças.

[287] Esta palavra daria origem a *zaguan* (em castelhano) e a *saguão* (em português).

[288] No átrio das *alhóndigas* era costume passearem-se os viajantes, segundo o testemunho de al-Saqati - 1967a: 393. Recorde-se que as *alhóndigas* eram o local favorito para algumas transacções urbanas. Este modelo de edifício importado do Oriente era simultaneamente armazém de mercadorias (no piso inferior) e hospedagem (no piso superior).

[289] Casa I - 4,98 m^2; Casa II - 1,34 m^2; Casa III - 8,80 m^2 e Casa X - 5,30 m^2

[290] Distinta parece ser a situação de Silves. Ainda que o vestíbulo não tenha sido integralmente posto a descoberto, a área escavada ultrapassa os 12 m^2, o que leva a pensar na existência de um complexo de tipo palatino - Gomes, 1988: figs. II.5, II.6 e II.12

[291] Casas I, III - terra batida; Casas II, VIII - blocos de xisto

[292] Embora se colocasse inicialmente a hipótese de um dos átrios (casa II/IX) abrir também em direcção a um pequeno espaço de trabalho (casa II/VIII) verificou-se depois que um muro de adobes fazia a separação entre esses espaços.

[293] Casa II/IX. Nesta zona, um pequeno espaço com 0,90 m. x 0,90 m., detectou-se ainda um pequeno contexto com muita cerâmica. A cota desta zona (64,46) era mais baixa que o átrio propriamente dito, do qual está separada por um pequeno degrau.

[294] Casa II

[295] Castillo Galdeano, 1990: 113

[296] Navarro Palazon, 1990: 179

[297] Torres, 1993: 378

[298] De resto, a evaporação resultante das temperaturas que se fazem sentir na região e a própria necessidade de substituir a água regularmente tornariam incomportável o seu consumo.

[299] Goitein, 1983: 150

[300] Em Valência verifica-se também numa casa um sistema idêntico, embora não se apresente qualquer explicação para a sua funcionalidade - Pascual, 1990: 307 e fig. 1.

[301] Este pátio, particularmente cuidado, pode, e dada a profundidade do tanque central, ter servido como pequena alverca.

[302] A cota do pátio da casa II, por exemplo, oscila entre os 64,41 (junto à porta do compartimento V) e os 64,27 (vértice NE do tanque central).

[303] Castillo Galdeano, 1990: 113

[304] Pátio da casa II .

[305] Casa I - 21,2 m^2 (26,1% da área da casa)
Casa II- 12,2 m^2 (17% da área da casa)
Casa III - 24, 6 m^2 (27,9% da área da casa)
Casa VIII - 8 m^2 (17,7% da área da casa)
O que é importante sublinhar é que se mantém uma relação de proporcionalidade mais ou menos estável entre a área do pátio e a área total da casa. Comparem-se estes números com os que se apuraram nas casas de Saltés, que andam à volta dos 36,66 ou 55,25 m^2 - Bazzana, 1994: 628.

[306] Laurioux, 1992: 71

[307] Navarro Palazon, 1991 : 20 e fig.9

[308] Nas casas I, III (aqui de forma total) e X nota-se perfeitamente que os ladrilhos foram levantados, eventualmente para reutilização noutro local.

[309] Testemunhos escritos referem a realização de fumigações nestes locais. Feitas com ervas ou madeiras, eram comuns como forma de perfumar as casas - Goitein, 1983: 137.
Os objectos com que elas se faziam eram normalmente em bronze, o que pode, devido a eventuais pilhagens, explicar a sua ausência nos níveis de ocupação almoada da alcáçova de Mértola.

[310] 1,00 m. na casa IV, por exemplo.

[311] Casa I - salão. Não se encontrou qualquer vestígio da coluna, apenas detectável pelo local onde assentava a base (0,30 m.).

[312] Casa I - 14,5 m^2; Casa II - 7,8 m^2 (5,15 m^2 do salão e 2,65 m^2 da alcova); Casa IV - 13,5 m^2; Casa VIII - 6,8 m^2.
As dimensões apontadas por Julio Navarro para a Casa de San Nicolás são muito superiores e dizem, neste caso, respeito a um palácio urbano - um dos salões teria 18,6 m. de comprimento - Navarro Palazon, 1991: fig.9

[313] Devo esta informação ao Dr. Patrice Cressier (Casa de Velazquez), a quem agradeço. Conservam-se, nos depósitos do Museu de Mértola, diversos fragmentos de uma destas braseiras.

[314] V. proposta em Torres, 1985. As torres de roca são designadas por alguns autores como peças de xadrez - Catarino, 1981: 21 e 23 (fig.7) - ou como cachimbos - Redman, 1986: 130 (fig. 4.12, A e B)

[315] Os candis constituem uma das formas mais vulgares aqui encontradas e sobre eles recordarei apenas o seu papel, essencial na iluminação das casas da alcáçova [fig. 3.35.].

[316] De forma mais dispersa têm-se, também, encontrado vários espevitadores de candil [fig. 3.36.].

[317] Curiosamente, nunca se encontrou qualquer peça de xadrez em Mértola. É mais que provável que o aristocrático jogo não fosse praticado pelos moradores deste bairro.

[318] Ponte, 1986: 139-141

[319] Arié, 1960: 370

[320] C. II/VIII

[321] O chamado silo 5 - v. Macías, 1991

[322] Silva, 1992: 36-37

[323] Casas I e II

[324] C. II/VI

[325] Navarro Palazon, 1990: 181 c fig. 1

[326] Casa I

[327] São medidas aproximadas às de idênticas estruturas existentes em Silves (Gomes, 1988: 62 e 74) ou em Murcia (Bernabé Guillamón, 1993: 25)

[328] El-Bokhari, 1984: 69-70

[329] El-Bokhari, 1984: 69

[330] Para outras abluções utilizava-se o *hammam*, onde homens e mulheres se deslocavam por turnos e se lavavam usando o *ushnan* (cinzas pulverizadas de plantas alcalóides) - Goitein, 1983: 140
Os banhos públicos tinham ainda outra curiosa função: nos seus fornos, transformados em incineradoras *avant la lettre*, era queimada uma grande parte dos lixos urbanos - Eliséeff, 1982: 125

[331] El-Bokhari, 1984: 71
Na escavação do Castelo de Silves foi identificada uma pequena pia para abluções situada junto à fossa da latrina - Gomes, 1988: 74 e fig. II.31

[332] Não é impossível que tivessem sido precipitadamente atirados para o esgoto durante os momentos que antecederam a tomada da cidade.

[333] Casa V

[334] Casa X

[335] O papel da mulher adquiria contornos tanto de ordem prática como simbólica. Há referências escritas ao facto de a mulher se fazer quase sempre acompanhar no interior da casa por uma pequena bilha de azeite com a qual tanto acendia as lâmpadas como temperava a comida. Segundo Goitein, o papel da mulher na casa era ao mesmo tempo o de alguém que proporcionava a alimentação e a luz - Goitein, 1983: 142-143

[336] V. plantas das casas I e II (fig. 3.1.) e fig. 4.2.

[337] Casa I

[338] Casa II

[339] As habitações I, II e IX, designadamente.

[340] Não tenho, até ao momento, nenhum dado que me leve a alterar esta afirmação.

[341] Casa II

[342] Casa I

[343] Não há, nestes sítios, vestígios de estucarias finamente esculpidas ou a presença de elementos arquitectónicos (frisos, capitéis ou grades) de grande qualidade.

[344] Cozinhas II e IX

[345] Cozinha I

[346] Como podem ser exemplo as cozinhas I e II.

[347] Casa II

[348] Casa I

[349] Cf. *infra*

[350] Os de Abu l-Jayr, 1991: 312-317, Ibn Luyun, 1988: 242-248 e de Ibn al-Awwam,1802: 660-682, nomeadamente.

[351] Peça incluída na exposição permanente de cerâmica islâmica do Museu de Mértola.

[352] Esta telha não pode, pela sua fragilidade, ter pertencido ao telhado. Coloca-se como hipótese plausível, embora difícil de comprovar, que os seus enigmáticos esgrafitos tivessem um papel profiláctico.

[353] Navarro, 1986: 172-173

[354] Fernández Gabaldón, 1987: fig. 3 - 1 e 2

[355] Catarino, 1992: 25 e fig. 10 - 1 a 3

[356] Museu Arqueológico de Faro: peça nº 2042 (proveniente do Largo da Sé, em Faro)

[357] Era inclusivé frequente que o processo de cozedura se iniciasse dentro de casa e fosse concluído no forno público - Marin, no prelo.

[358] 6 m^2 na casa I e 3,65 m^2 na casa II. São medidas idênticas às de uma cozinha de época islâmica escavada no Castelo de Salir e que tinha 4,8 m^2 de área - Catarino, 1992: 18

[359] Bertrand, 1990: 212

[360] Ao contrário também do que é visível em ambientes urbanos, onde o local do fogo estava normalmente bem delimitado, nas casas rurais era normal mudar o sítio das lareiras. Em Alcaria Longa localizaram-se 25 estruturas deste género em apenas três conjuntos habitacionais - Boone, 1993a: 116

[361] Casa II

[362] Sabemos, com toda a segurança, que estes tijolos não pertenceram a qualquer cobertura (constituída exclusivamente por barrotes e telhas) nem faziam parte dos muros da casa, construídos com blocos de xisto argamassados na sua parte inferior e certamente de taipa na parte superior, idênticos a outros do bairro almoada. Sistemas semelhantes são ainda visíveis na arquitectura popular da zona.

[363] Grandes fragmentos de telha cobriam todo o espaço da cozinha.

[364] Não deixa de ser um pouco insólita a presença desta estrutura na cozinha. A relação das sociedades medievais (e em especial das mediterrânicas) com a água era radicalmente diferente da que hoje temos. Qualquer desperdício, por pequeno que fosse, era evitado. Resta-me admitir que, por eventuais dificuldades no escoamento de águas usadas nalgumas tarefas culinárias, tivesse havido necessidade de construir aquela abertura. A sua utilização devia, em todo o caso, ser esporádica.

[365] Casa I - 0,85 m. x 0,45 m. e Contexto II/II - 0,50 m. x 0,30 m.
Um sistema idêntico foi detectado no Castelo de Salir, onde uma lareira com 0,70 m. por 0,50 m. se organiza sobre o pavimento da cozinha - Catarino, 1992: 18

[366] Ibn Zuhr, 1992: 147. Outros autores apontavam explicitamente o carvão ou, em alternativa, a lenha seca - Ibn al-Jatib, 1984: 137

[367] A planta, conhecida como levístico (em castelhano) é, na realidade o *Tordylium officinale* - Asin Palacios, 1943: 380. Segundo me informou o Prof. João Pais, trata-se do *tordílio*, planta que prefere os lugares pedregosos e que é comum em todo o Mediterrâneo.

[368] Devo esta informação ao Dr. Manuel Madeira (Mértola), a quem agradeço. O uso desta matéria-prima era familiar aos ferreiros, que a usavam nas suas forjas. V. Font Quer, 1978: 530-531

[369] Casa I

[370] Casa III

[371] Raio de 0,60 m. na casa I e um diâmetro entre 0,65 m. e 0,70 m. na casa III.

[372] Bertrand, 1990: 212

[373] Boone, 1993a: 115 - fig. 6 B

[374] Bazzana, 1992: 126-134

[375] Não é, de qualquer maneira, fácil comprovar uma hipótese como esta.

[376] Laoust, 1920: 51

[377] Laoust, 1920: 52

[378] Ibn Razin, por exemplo, falava no uso de trempes - Manuela Marin, no prelo.

[379] Na Península Ibérica foi encontrada uma trempe num contexto islâmico dos séculos XI-XII, em El Morico (Castellón) - Bazzana, 1992: 130-131 e fig. 79. Este artefacto é, juntamente com as grelhas e os espetos, mais frequente no mundo cristão e menos comum na área mediterrânica, onde são mais abundantes os espólios cerâmicos - Bazzana, 1992: 130.

[380] Castillo Galdeano, 1990: 114

[381] Embora tal não possa ser comprovado arqueologicamente, recorri neste caso aos dados que nos proporcionam levantamentos realizados no âmbito etnológico - Vasconcelos, 1975: fig. 142.

[382] Beirante, 1988: 163

[383] Piçarra, 1899: 56

[384] Navarro Palazon, 1991a: 100

[385] Parece-me importante assinalar a ausência quase generalizada nestes conjuntos de peças de luxo e a presença de panelas em cerâmica comum (de aquisição frequente e substituídas a espaços regulares) reparadas com gatos. Essa atitude, normalmente aplicada às dispendiosas tigelas e jarras de importação, só me parece justificável numa situação de penúria.

[386] Maria José Azevedo Santos defende uma dicotomia para as práticas de conserva: salga e fumagem para carne e peixe, secagem e calda para as frutas. Da escolha da fruta, sua cozedura, demolhas em águas quentes e frias até à colocação definitiva na conserva medeiam 15 dias - Santos, 1992: 87-88

[387] Em especial no caso de bens de maior consumo o armazenamento era feito anualmente. Em muitas casas havia mesmo medidas para controlar o consumo e avaliar os gastos efectuados - Goitein, 1983: 141
Alguns objectos encontrados na escavação de Mértola, e que não deverão ser confundidos com copos, podem ter sido usados como medidas [fig. 4.10.].

[388] Ibn al-Awwam, 1802: 661

[389] Casa II

[390] 3 m² na casa II/VI. O compartimento VI confina a Norte com o IV e a Sul com o X, estando separado dum e doutro por estreitos muros (argamassado no primeiro caso e de adobes no segundo)

[391] 1,00 m., uma franca desproporção em relação às dimensões do compartimento

[392] Ibn al-Awwam, 1802: 678. Embora a existência destas *matmuras* não tenha, até à data, sido comprovada em Mértola, há documentação referente a Silves, por exemplo - Botão, 1992: 34-35

[393] Ibn Luyun, 1988: 242-248

[394] Ibn Luyun, 1988: 242

[395] Abu l-Jayr, 1991: 314

[396] Ibn al-Awwam, 1802: 670 e 671

[397] Ibn al-Awwam, 1802: 662

[398] Ibn al-Awwam, 1802a: 410-411

[399] Ibn al-Awwam, 1802: 674

[400] Ibn al-Awwam, 1802: 684

[401] Abu l-Jayr, 1991: 312

[402] Abu l-Jayr, 1991: 313 e Ibn al-Awwam, 1802: 671. Tradicionalmente, ainda se conservam os figos metendo-os num recipiente em camadas sucessivas, separadas apenas por farinha.

[403] Cf. *supra*.

[404] Parece discutível que nas grandes talhas, luxuosamente decoradas, se guardasse azeite. O carácter poroso destes objectos, destinados a fazer ressumar o que neles se contivesse, parece inadequado à conservação daquela gordura.

[405] A mão, símbolo da divindade para os muçulmanos, tem uma utilização constante, "seja como elemento apotropaico (que protege do mau olhado), profiláctico (que afasta os males) ou divino (que protege de - e contra - todos os males, humanos ou provocados por espíritos ocultos" - Khawli, 1994: 607-608

[406] Ibn al-Awwam, 1802a: 344-345 e 348. O uso do corno de veado era também aconselhado com a mesma finalidade por Dioscórides, cientista do século I e reflecte uma crença cuja origem desconhecemos mas que parece ter estado bem arreigada no mundo mediterrânico - Laguna, 1967: 154

[407] As receitas para esses fumos eram várias: uma preparava-se com cebolas, esterco de burro e vinagre até formar um emplastro que se estendia num pano de algodão. O fumo, espalhado no interior das casas durante seis horas, era particularmente eficaz contra vespas, abelhas, escaravelhos de asas, moscardos e pulgões; outra, com duas partes de bosta e uma de alcaparras, era aconselhada para afastar gafanhotos e grilos. Para fazer fugir os ratos usava-se um vaso de barro que se enchia com palha misturada com um pouco de pez derretido, mistura à qual se puxava fogo, soprando-se depois o fumo para dentro do compartimento onde estavam os ratos - Ibn al-Awwam, 1802a: 342-344. Outro autor, Ibn Wafid, apresentava também soluções para afastar escorpiões, cobras, formigas, pulgas ou moscas mas o texto perdeu-se, restando apenas o título do capítulo - Millás Vallicrosa, 1943: 331-332.

[408] Eram colocados nos *agadir* do Sul de Marrocos para impedir as devastações causadas por grilos e insectos - informação recolhida na conferência de André Humbert no colóquio "Castrum V" (Murcia, Maio de 1992).

[409] Ibn al-Awwam, 1802: 662

[410] Estas designações são apenas uma forma de classificar os objectos e de lhes dar, sem grande rigidez nem pretensões de rigor absoluto, um enquadramento coerente na vida quotidiana. Após uma primeira proposta tipológica (Rosselló Bordoy, 1978) têm-se multiplicado os estudos neste domínio. Merecem, a esse nível, particular atenção os trabalhos de Navarro Palazon (1986) e Flores Escobosa (1993).

[411] Essa multiplicidade pode, em parte, ser também justificada pelo número de objectos cerâmicos que a mulher tinha que levar como dote ao casar-se. No Oriente Mediterrânico era comum que a esposa transportasse para o seu novo lar dois ou três exemplares de cada utensílio - Goitein, 1983: 142. V. também García Gómez, 1957: 305-306

[412] Não raro, ainda hoje se constata nos meios rurais que um pote ou um cântaro depois de perdida a sua função inicial é utilizado para guardar a cal com que se caiam as paredes ou, simplesmente, para ter algumas flores plantadas.

[413] Ibn al-Jatib, médico e célebre visir de Granada no século XIV, dizia serem as peças de ouro as mais aconselháveis a estas tarefas, seguindo-se-lhe as de prata e finalmente as de cerâmica. Comentava ainda ser muito comum o uso de peças em cobre para fritar, embora esse uso fosse desaconselhado, ao passo que indica como apropriados para fazer frituras os artefactos em estanho ou chumbo - Ibn al-Jatib, 1984: 137.

[414] O interdito do uso de ouro e prata refere-se apenas à louça de mesa - v. 4.3.2.

[415] Ibn Zuhr, 1992: 147

[416] Ibn Zuhr, 1992: 147 - v. também o anónimo editado por Huici Miranda, 1966.

[417] A partir de Rosselló Bordoy, 1978, primeira síntese moderna sobre a cerâmica do Andaluz, ainda que restringida às Baleares, têm-se multiplicado os estudos neste âmbito. V., também, e para uma base metodológica, Bazzana, 1979 e Bazzana, 1980.

[418] Alguns pratos necessitavam de artefactos um tanto estranhos, como o de um cozinhado feito dentro de um alcatruz de nora - Huici Miranda, 1966: 112-113

[419] Vejam-se, por exemplo, Rosselló Bordoy, 1978, Navarro Palazon, 1986 e Flores Escobosa, 1993

[420] A sua tipologia é bem identificável em termos morfológicos. É marcada pela presença de um bordo normalmente boleado ou em aba, colo de perfil cilíndrico, bojo pançudo ou globular e base plana ou ligeiramente convexa. A pasta é normalmente branca ou vermelha. Do ponto de vista decorativo podemos considerar essencialmente um grupo: o das peças adornadas com estampilhas e normalmente vidradas no exterior com vidrado verde de óxido de cobre.

[421] Utilizava-se pez neste processo.

[422] Do ponto de vista morfológico, os cântaros caracterizam-se pelos bordos em aba ou boleados envasados, pelo colo cilíndrico e pelo bojo globular ou troncocónico invertido. Por razões evidentes, o fundo é normalmente raso ou ligeiramente convexo.

[423] Khawli, 1993: 66

[424] O facto destas peças serem vidradas interior e exteriormente torna este uso bastante plausível. Tapadas com um pano, seriam depois penduradas, de forma a ficarem fora do raio de acção dos roedores. V., a este respeito, Torres, 1993: 380.

[425] Em rigor não é uma peça de cozinha mas antes um contentor de fogo que se arruma neste grupo por razões de ordem prática.

[426] Vários exemplares estão expostos na exposição permanente de cerâmica islâmica do Museu de Mértola ou conservam-se nas suas reservas. V. Torres, 1987a: 32 e 33

[427] Os fogareiros eram provavelmente feitos em vários blocos: a maior parte das fracturas coincide com os pontos de colagem. Devo esta informação ao meu colega Manuel Passinhas da Palma, que a baseou no restauro de várias dezenas de artefactos deste género.

[428] Estas últimas têm, normalmente, o sobrelanço vertical.

[429] Os fogareiros de Mértola têm paralelos evidentes com peças do Castelo de Silves (Q 8/C 2-5 e Q 2/C 2-17) recolhidas em contextos arqueológicos contemporâneos. O vestígio da grelha é, no entanto, descrito como suporte de filtro, ao passo que o artefacto é classificado como "grande vasilha" - Gomes, 1988: 277-279.

[430] Navarro Palazon, 1991: 38 e 40.

[431] É provável que a junção destes artefactos permitisse, por exemplo, a cozedura artesanal do pão.

[432] Reticulados, círculos concêntricos (por vezes com estrela ao centro) e faixas serpentiformes.

[433] O fogareiro 0025 do Museu de Mértola tem 0,34 m. de boca. Outro exemplares mais pequenos variam entre os 0,26 m. (0022) e os 0,31 m. (0020).

[434] Laurioux, 1992: 49.

[435] Lafuente, no prelo.

[436] Lafuente, no prelo. V. Macías, 1991: 407.

[437] Na interpretação de alguns ceramólogos o sentido deste conselho pode, no entanto, referir-se à utilização da peça como "limpa" ou de modo a que se evitasse cozinhar em panelas que já tinham ganho cheiro devido a um prolongado uso - Lafuente, no prelo.

[438] Huici Miranda, 1966: 89-90.

[439] Alguns levavam a procedimentos mais complicados, como o da receita que obrigava ao uso de uma tampa furada no centro. Um espeto com uma galinha na ponta que ficava dentro da panela permitia que se remexesse o interior sem perda de temperatura - Huici Miranda, 1966: 25 e Rosselló Bordoy, no prelo.

[440] Granja Santamaria, 1960: 24

[441] al-Saqati, 1968: 173

Outros autores afirmam que se deveria usar o rabo de uma colher para mexer determinados cozinhados - v. Granja Santamaria, 1960: 24.

[442] Beck-Bossard, 1981: 319.

[443] Huici Miranda, 1966: 10.

[444] Esta peça (nº inv. CR/CC/0015) foi publicada por Torres, 1991a: 509.

[445] Ibn Zuhr, 1992: 66 e 69. Algumas peças do Museu de Mértola adaptam-se a este tipo de função - v. Torres, 1987a: 18-19.

[446] Rosselló Bordoy, no prelo. V. Bluteau, que refere o cus-cus como uma "maça, reduzida a grãosinhos e cozida com o vapor de agoa quente" e que era confeccionada numa "tigella de fogo (...) chea de buraquinhos" - Bluteau, 1712: 645.

[447] Navarro, 1991: 128 (nº. 38 e 39).

[448] Devo esta informação ao Dr. Alberto García (Universidad de Granada), a quem agradeço ter-me facultado o acesso aos materiais dessa escavação. A peça aí recolhida (e com a referência C/86-10-II-III) apresenta sinais de fogo na sua parte inferior.

[449] Flores Escobosa, 1993: 31 e 32. Esta última peça é apresentada pelos autores como "queijeira", mas a sua funcionalidade e os paralelos etnográficos são mais consentâneos com a preparação do *cus-cus*.

[450] Marin, no prelo.

[451] Não sendo provável que existissem "mesas" nestas casas, utiliza-se essa expressão apenas por razões de ordem prática.

[452] Trata-se de um nome adoptado por alguns arqueólogos, embora o uso desta palavra esteja longe de ser pacífico. Ao contrário de Espanha, onde a partir de estudos arqueológicos e filológicos se adoptou a expressão *ataifor* (v., por exemplo, Rosselló Bordoy, 1991: 146), em Portugal não existe nenhum trabalho comparável em época recente. A nomenclatura das peças tem, assim, estado ao gosto particular de cada arqueólogo ou depende de aspectos tão subjectivos como a sua experiência pessoal ou a sua origem, em termos geográficos. Outros nomes igualmente utilizados para esta tipologia: prato, prato teigo, ataifor, malga etc.

[453] Algumas, classificadas como tigelas, nem sequer seriam forçosamente "peças de mesa": veja-se, por exemplo, a referência que faz Lucie Bolens às *gidara* (tigelas), usadas pelo inspector dos *suqs* para verificar a qualidade de determinados produtos acabados de confeccionar. Em Portugal, *gidara* constituiu o étimo de *alguidar*, designando outro tipo de objecto. Não é, também, impossível que os artefactos atrás mencionados sejam, de facto, pequenos alguidares e não tigelas - Bolens, 1990: 59.

[454] El-Bokhari, 1984b: 669.

[455] Conserva-se no Museu de Mértola um prato em bronze (nº inv. BR/ME/0001), de provável fabrico oriental e que seria utilizado para a apresentação de alguns alimentos secos à mesa. Nos vários círculos concêntricos identificam-se, sucessivamente, frases propiciatórias, o cordão da eternidade e uma frase de invocação divina repetida quatro vezes. No medalhão central, duas gazelas afrontam-se com os pescoços entrelaçados.

[456] Citem-se, a título de exemplo, as peças publicadas por Torres, 1987a: 77 e 79-85.

[457] Flores Escobosa, 1993: 64

[458] Não podemos, a este propósito, estar de acordo com Helena Catarino quando escreve que "as malgas ou caçoilas não vidradas e as grandes malgas ou saladeiras (cuencos) distinguem-se apenas pelas suas dimensões, as primeiras com um diâmetro de abertura inferior a 250 mm." - Catarino, 1992: 24. Ainda que a pluri-funcionalidade das caçoilas seja admissível, trata-se de uma artefacto essencialmente de ir ao fogo; por outro lado, não é apresentada qualquer justificação para sustentar os 250 mm. como marco de separação de diferentes tipologias.

[459] Rosselló Bordoy, 1991: 85. Este autor compara as peças aos grandes *ataifores* da cerâmica *nazari* (séculos XIV/XV)

[460] Rosselló Bordoy, 1991: 94 e 95

[461] Boone, 1991 e 1991b

[462] Rosselló Bordoy, 1978: 29-39

[463] Torres, 1987a: 14 a 16. Ainda que esta designação possa ser discutível, é a que tem sido adoptada de forma generalizada - v., por exemplo, Guerra, 1993. Não me parece prudente formular propostas alternativas sem a realização de estudos mais aprofundados neste âmbito.

[464] É essa a proposta formulada por Rosselló Bordoy, 1991: 146 e 165.

[465] Nos níveis islâmicos de Mértola encontraram-se alguns exemplares destas formas - Torres, 1987a: 51 e 52. É provável que o uso do copo se fosse vulgarizando à medida que se subia na escala social. No manuscrito do século XIII de al-Wasit (hoje na Biblioteca Nacional de Paris) vê-se um grupo mulheres, de copo na mão, a ouvir um tocador de

alaúde. O triunfo definitivo do copo virá apenas na Época Moderna, onde surge em primeiro lugar nas mesas aristo-cráticas. Era, de qualquer modo, utilizado no Egipto no século XII - Goitein, 1983: 148.

Na Península Ibérica, está presente nos estratos dos séculos XII-XIII de Denia - Gisbert Santonja, 1992: 89-90 e fig. 20 - 5 a 7.

V. também, a propósito da forma de "estar à mesa", Santos, 1964: 234-235.

[466] V., Nunes, 1900a: 181. Ainda utilizado de modo corrente, embora esteja em claro declínio. A palavra árabe *kas* designa uma forma aberta cilíndrica ou troncocónica usada para beber - Rosselló Bordoy, 1991: 82

[467] O anónimo do século XIII refere que as colheres, grandes ou pequenas, teriam que ser feitas com madeira dura - Huici Miranda, 1966: 90

[468] Morales Muñiz, 1986

[469] A folha destas pequenas facas nunca ultrapassa os 17 cm., o que invalida a possibilidade de terem servido para esquartejar animais.

al-Saqati, por exemplo, menciona o hábito dos berberes de comerem a carne assada usando uma faca - al-Saqati, 1968: 182. Esse costume é também atribuído ao Profeta por El-Bokhari - El-Bokhari, 1984b: 669

[470] Veloso, 1992: 32. V. também Marques, 1987: 80-81. Embora não conheça testemunhos escritos para o Andaluz neste período, Goitein refere que no Mediterrâneo Oriental mesas e cadeiras, tal como os entendemos hoje, não eram objectos utilizados - Goitein, 1983: 107-108.

[471] Os pratos individuais pertencem à civilização do Indivíduo que o Renascimento e um nascente capitalismo criaram.

[472] O serviço "à russa", no qual os pratos são trazidos à mesa sucessivamente, foi definitivamente popularizado apenas a partir do século XIX - Laurioux, 1992: 91

[473] Este conselho aplicar-se-ia, até pelo número de pratos citado (nada menos que sete), a mesas abastadas e tinha sido introduzida no Andaluz logo nos inícios do século VIII por Umar b. Abd al-Aziz - Huici Miranda, 1966: 91

[474] Maimonides, 1989: 314

[475] Ibn Zuhr, 1992: 130

[476] Veja-se o caso de Alcaria Longa - Boone, 1993: 122

[477] A importação das peças mais sofisticadas podia mesmo ser feita de zonas algo afastadas, como a actual Tunísia. O exemplar de maior efeito estético recuperado nas escavações de Mértola - o prato da gazela e do falcão - foi, prova-velmente, fabricado na Tunísia no século XI. De apurada feitura técnica e artística, conheceu, certamente, prolon-gada utilização, conforme o atestam as sucessivas reparações com gatos. Uma peça do mesmo género foi recolhida em Denia (Espanha) e atribuída pelos seus escavadores às oficinas de Kairouan - Gisbert Santonja, 1992: 119. A temática da peça a que nos referimos (Museu de Mértola - nº. inv. CR/VM/0001) é de origem oriental. Existe no Gemeentemuseum (Holanda) - inv. nº. OC (I) 47-69 - um prato com uma ave idêntica à de Mértola e que terá sido fabricada no século X ou XI, no Irão Oriental ou na região ocidental da Ásia Central.

[478] Embora Mértola isso não esteja, evidentemente, comprovado, esse costume era corrente no mundo mediterrânico, mesmo em cidades de pequena ou média dimensão.

[479] al-Saqati, 1968: 172

[480] al-Saqati, 1968: 173

[481] Arié, 1960: 209

[482] Talbi, 1954: 297

[483] Goitein, 1983: 141

[484] al-Saqati, 1971: 176

[485] Maimonides, 1989: 314

[486] Torres, 1984; Boone, 1991 e 1991a

[487] Gomes, 1988: 272-278

[488] Não é, sequer, de excluir que Silves possa ter sido um dos centros abastecedores do Garbe. Alude-se, ainda no século XV, à presença na cidade de vários oleiros mouros - Leal, 1984: 33-34

[489] Recordemos o caso dos fogareiros.

[490] Fabião, 1991 e Guerra, 1993

[491] Boone, 1992 e 1993a

[492] Macías, 1993b

[493] Viana, 1961 e Mestre, 1992

[494] Fernández Gabaldón, 1987

[495] Perez Macías, 1993: 55-62

[496] Materiais provenientes da escavação do Castelo de Noudar, cujo estudo está a ser preparado por Miguel Rego.

[497] Retuerce Velasco, 1986: 85-92

[498] Correia, 1991

[499] Catarino, 1992

[500] Fernandes, 1993: n°s. 110, 111, 113, 114, 116 e 119

[501] Trata-se, neste caso, de tigelas ou bilhas feitas com barros de boa qualidade e cobertas depois com um vidrado rico em óxido de manganés.

[502] Boone, 1991a

[503] Ao invés, no pequeno povoado rural de Alcaria Longa, a percentagem de *melados* não vai além dos 3,2% do total dos achados - Boone, 1991a.

[504] Esta hipótese, levantada por James Boone, é perfeitamente plausível - Boone, 1991a. Carece, no entanto, de uma total fundamentação, a concretizar mediante a apresentação de uma lista de prováveis locais de produção eventualmente localizados no Magrebe ou do Sul da Andaluzia.

[505] Constituem 75% dos fragmentos recolhidos em Alcaria Longa - Boone, 1991a.

[506] Catarino, 1988: 19

[507] Um bom ponto da situação em relação às fontes escritas utilizáveis nestas investigações foi dado por García Sánchez, 1984: 269-288.

[508] Embora tenha tido um estatuto de algum relevo entre as cidades do Garbe, Mértola é apenas um aglomerado entre tantos outros, nomeadamente aos níveis político e económico, se o posicionarmos na globalidade do Andaluz.

[509] Leia-se, por exemplo, a expressiva descrição de Ibn al-Jatib a propósito do cerimonial de mesa no Alhambra - Flores Escobosa, 1993: 63

[510] Podem, contudo, servir-nos como ponto de referência ou de contraste com os hábitos alimentares seguidos pelo grosso da população. No que se refere ao Andaluz, muitas das receitas recolhidas em dois livros de cozinha aparecem também em tratados de *hisba*. A diferença entre umas e outras residia na qualidade dos ingredientes básicos empregues.

[511] Num estudo surgido há alguns anos foi publicada uma listagem de peixe e fruta consumidos na corte de D. Afonso V - Santos, 1983: 307-343. A base alimentar tanto em relação aos primeiros (predomínio de linguados, azevias e salmonetes) como aos segundos (pêras e soromenhos) apresenta tais discrepâncias com os dados referentes a Mértola que tornam inútil qualquer hipótese de comparação.

[512] A identificação destes restos teve lugar na Faculdade de Ciências e Tecnologia da Universidade Nova de Lisboa e na Faculdade de Ciências da Universidade Autónoma de Madrid sob a orientação dos Profs. Doutores Miguel Telles Antunes e João Pais, no primeiro caso, e Arturo Morales Muñiz, no segundo. V. os respectivos resultados nos quadros e gráficos do apêndice II.

[513] Os materiais recolhidos nos silos 4 e 5 têm cronologias que não ultrapassam os fins do século XI, o que me obriga a corrigir uma proposta que anteriormente formulei - v. Macías, 1991.

[514] As cinzas encontradas na lareira da cozinha II (contexto C II/IV), perfeitamente seladas pelo telhado derruído, continham um apreciável conjunto de sementes. Ao contrário do que é habitual neste sítio arqueológico, não se verificou no contexto referente à lareira qualquer interferência da necrópole cristã - v. caps. 2 e 3 -, o que permitiu classificar como islâmico todo o espólio aí recolhido.

[515] Os lacticínios, os produtos panificados e alguns legumes, por exemplo, não resistem à passagem do tempo. Por outro lado, a elevada acidez dos solos de Mértola levou a que desaparecessem muitos vestígios que, noutras condições, se poderiam ter eventualmente conservado.

[516] Foi registada a presença de perto de uma dezena de espécies apropriadas para o consumo humano - Morales Muñiz, 1993

[517] García Gómez, 1981: 162. Sublinhados meus.

[518] Não sabemos, nomeadamente, até que ponto o peixe era um alimento de recurso e utilizado apenas em caso de maior necessidade. Os hábitos alimentares das populações medievais continuam ainda a ser relacionados por uma certa aversão ao consumo de peixe, ainda que no caso de Mértola a exuberância dos dados em presença pareça desmentir tal perspectiva.

[519] Os lagartos, as deliciosas rãs ou os caracóis constituíam (e constituem ainda) manjar particularmente apreciado nas zonas rurais do concelho de Mértola - v. 5.2.1.6.

[520] V. Bolens, 1990

[521] Laurioux, 1992: 13
Note-se também que o azeite, embora fosse a gordura mais popular, estava longe de ser a única. V. Ibn Zuhr, 1992: 117-122

[522] Bolens, 1990: 93-95. Existiam também outros tipos, como o *almorí*, de que se preparavam diversas variedades.

[523] Laurioux, 1992: 33

[524] V. em Marques, 1987: 7-22 e 251-252

[525] Refiro-me, como é evidente, a populações de parcos recursos. Algumas receitas dos tratados de cozinha de época islâmica previam que o animal, despojado das vísceras, conservasse a sua forma original.

[526] García Sánchez, 1983: 139

[527] Em determinadas regiões, à medida que se descia na escala social, o consumo de cereais crescia em importância: na Provença, por exemplo, entre os mais humildes, o pão chegava a atingir 52 a 64% do orçamento alimentar - Louis Stouff citado por Coelho, 1983: 98

[528] "A hierarquia das pessoas define-se pela cor do pão que comem e pela qualidade do que bebem" - Louis Stouff citado por Laurioux, 1992: 19. Sublinhe-se, em todo o caso, que a cor do pão não provém, necessariamente, do cereal com que é confeccionado, mas da peneiração que a farinha sofre. Não esqueçamos, igualmente, que no espaço mediterrânico o trigo era o cereal mais cultivado e que, em maior ou menor quantidade, todos o comiam.

[529] V., a este respeito, para o Oriente Mediterrânico, Goitein, 1983: 142.

[530] *Buyya* em árabe hispânico, de onde derivou o português *poia*, com o mesmo sentido - García Gómez, 1981: 136 (nota 1)

[531] Massa depositada nas brasas de uma lareira e depois coberta pelas mesmas até cozer.
Um autor do século XIII nota que este pão (*malla* em árabe) era particularmente apreciado pelas gentes do campo, constituindo a sua comida, ao passo que era detestado nas cidades - Huici Miranda, 1966: 83.

[532] Laurioux, 1992: 49

[533] García Sánchez, 1983: 163
Ibn Zuhr cita mais de dezena e meia de pães feitos a partir de distintos ingredientes, ainda que considerasse o de trigo como o melhor - Ibn Zuhr, 1992: 47-49.

[534] Ibn al-Awwam, 1802a: 95. Não é muito provável que se fizesse pão de arroz em Mértola, ainda que esse cereal pudesse aqui ter chegado por via fluvial e sido comercializado.

[535] García Sánchez, 1983: 165

[536] No fundo, todos os frutos susceptíveis de proporcionar uma farinha apta para o consumo humano, pura ou misturada com outros cereais, eram sujeitos a transformação - García Sánchez, 1983: 166.
As sementes de estevas (*Cistus ladanifer L.*) ainda hoje são empregues na elaboração de pão pelos habitantes das montanhas de Ketama, no Norte de Marrocos - García Sánchez, nota a Ibn Zuhr, 1992: 49
Ibn al- Awwam falava ainda de pães de bolotas, castanhas e amêndoas. Esses frutos eram amassados com levedura de farinha de trigo, por vezes misturada com outras farinhas. Eram depois cozidos, acompanhados com alimentos gordos e açúcar. A gordura tornava-os mais húmidos e intensos ao passo que o açúcar melhorava o seu sabor - García Sánchez, 1983: 166-167

[537] García Sánchez, 1983: 167

[538] Ibn al-Awwam, 1802a: 319-320

[539] Bolens, 1990a: VII 1-6

[540] O uso destes era mais corriqueiro do que hoje se admite, sobretudo nas regiões onde o cultivo ou a comercialização do trigo, ou doutros cereais, eram menos frequentes.

[541] Alarcão salienta a cunhagem de moedas na cidade com toscas representações de cereal entre 47 e 44 a.C. - Alarcão, 1974: 48.

[542] No Castelo de Silves foram também identificados restos de centeio - Pais, no prelo.

[543] Casa II/Compartimento IV V., para a identificação dos restos vegetais, Pais, no prelo.

[544] al-Saqati, 1968: 178

[545] García Gómez, 1981: 169

[546] Arié, 1960: 350

[547] Diaz García, 1983: 17. Por vezes juntavam-se também algumas verduras.

[548] Devo esta informação a Expiracion García Sánchez, a quem agradeço. Ver também, a este respeito, o que diz Lucie Bolens a propósito do *asallu* (trigo com mel, acompanhado com leite - Bolens, 1990: 56-57). De igual modo, o uso do arroz, frequentemente misturado com leite, era outro dos traços marcantes da dieta andaluza - Arié, 1990: 150. É, de qualquer modo natural, que esta característica, e pelas razões que atrás expus, fosse menos importante em Mértola do que noutras zonas do Andaluz.
Registe-se ainda um prato descrito pelo autor anónimo do século XIII e que parece decalcado das caseiras receitas de arroz doce - Huici Miranda, 1966: 214.

[549] Nasceu em Málaga e terá redigido o *Kitab fi adab al-hisba* no primeiro quartel do século XIII - al-Saqati, 1967: 133.

[550] A *harisa* continua a comer-se no Oriente Mediterrânico, em festas tradicionais. Devo esta informação a Expiración García Sánchez, a quem agradeço.

[551] Al-Saqati, 1968: 176. Os tratados de *hisba*, e em especial o de al-Saqati, são um autêntico manual das sofisticadas fraudes praticadas nos mercados urbanos, com particular destaque no que se refere à confecção e venda de comida.

[552] O mesmo faziam os pastores das campinas de Córdova, quando preparavam o "mualak", um prato aparentado às migas - Huici, 1966: 212.

[553] Torres, 1993: 381

[554] O autor anónimo do século XIII refere uma receita à base de carne cozinhada com vinagre como típica dos casamentos do Algarve - Huici Miranda, 1966: 21-22

[555] Prato ausente dos receituários andaluzes, o seu nome parece ser pré-romano - Bolens, 1990: 332

[556] Eram também utilizados no Oriente.

[557] Gutierrez, 1991: 171

[558] Bolens, 1990: 56-57. Uma longínqua reminiscência destas práticas parece ter permanecido no Alentejo até há poucas décadas. Havia o costume de ir ao forno público torrar farinha, a qual era depois usada na preparação de papas, destinadas em especial a bebés de tenra idade.

[559] A refeição ritual de homenagem aos mortos nalgumas zonas da Bulgária e da Roménia consiste em trigo fervido. Devo esta informação ao Dr. Cláudio Torres, a quem agradeço.

[560] A utilização das massas a partir do trigo duro, longamente atribuídas às viagens de Marco Polo, são na verdade uma tradição romana veiculada pelo Andaluz - Laurioux, 1992: 42.

[561] Alarcão, 1974: 41-43. Esta hipótese carece de prova cabal, tanto mais que o zambujeiro (palavra antiga de origem berbere), ou oliveira silvestre, deve ser autóctone.

[562] Hernandez Bermejo, 1990: 259
Segundo Ibn Zuhr, afirmava Galeno que os figos e as uvas eram os senhores da fruta - Ibn Zuhr, 1992: 71.

[563] Hernandez Bermejo, 1990: 259-260

[564] El-Bokhari, 1984b: 506

[565] Parece-nos interessante notar que mais de setecentos anos após o fim da Reconquista em Portugal a palavra berbere que identifica esta árvore - *aqarru* (Bertrand, 1991: 78 e 110 e Laoust, 1920: 421-422) - seja ainda utilizada nas regiões meridionais, embora com um significado diferente do que tinha na origem. A palavra *acarro* (cujo uso está em accntuado declínio no léxico popular) designa o momento em que as ovelhas, depois de pastarem, descansam em grupo debaixo das árvores. A ligação entre a imagem da cerrada sombra projectada pelas figueiras e o repouso dos animais sob as árvores parece-me inequívoca.

[566] Arié, 1990: 146

[567] Arié, 1960: 203 e 211

[568] García Gómez, 1981: 133

[569] Veloso, 1992: 56. O figo da Índia, também muito importante na alimentação popular nesta região, teve papel de relevo apenas na Época Moderna, após a sua importação da América Central, ocorrida no século XVI - v. Ribeiro, 1986: 8.

[570] O vinho tinha também uma razoável importância nas receitas médicas e de cozinha - v. Marin, no prelo.

[571] El-Bokhari, 1984a: 52

[572] São conhecidos os problemas enfrentados pelos mais devotos quanto ao consumo do vinho: recordem-se as resistências que encontrou al-Hakam II em meados do século X quando tentou acabar com o seu consumo - Arié, 1990: 148

[573] Garcia Gómez, 1981: 142
Considerava, por exemplo, Maimonides que o vinho se devia usar como alimento e não a título de prazer - Maimonides, 1989: 315

[574] Sousa, 1789: 7

[575] Edrisi, 1866: 229-254

[576] Edrisi, 1866: 237

[577] Edrisi, 1866: 241

[578] O chícharo, vulgarmente cultivado noutros lugares, foi consumido ao longo da Idade Média - Marques, 1987: 11 e Gonçalves, 1989: 80 e 92. Surge em período anterior em sítios arqueológicos do Centro e do Sul de França, em cinco locais cuja cronologia se situa entre o período carolíngio e o séc. XIII, não se detectando em épocas mais recentes - Ruas, 1992: 307-312

[579] Galvão, 1942: 10

[580] Galvão, 1942: 4-6

[581] Galvão, 1942: 30

[582] Recorde-se que o azeite era fundamental na confecção de numerosos pratos, numa tradição que perduraria até aos nossos dias.

[583] Vale a pena transcrever uma passagem de um tratado de agricultura do período islâmico a respeito da preparação das azeitonas para consumo caseiro: "das frescas e verdes umas se partem com pedra lisa ou com um pau de forma que cada caroço delas fique quebrado e estas se chamam partidas; a outras fazem-se três golpes ao alto e são chamadas abertas" - Ibn al-Awwam, 1802: 686. Este procedimento corresponde aos tipos de preparação de azeitona

que ainda hoje se praticam no Alentejo e que popularmente se designam como *pisadas* e *arretalhadas*. A principal diferença reside nos temperos utilizados, sensivelmente modificados desde aquela época. Ibn Wafid apresenta também uma receita de preparação da azeitonas para comer - Millás Vallicrosa, 1943: 315.

[584] Ibn al-Awwam, 1802a: 230. O hábito de comer pão a acompanhar este fruto persiste ainda hoje nas populações rurais da região Sul de Portugal. É provável que o melão (registado em Mértola pela primeira vez em Portugal em níveis arqueológicos medievais - Pais, no prelo) tivesse, na origem, sido importado do Norte de África a partir dos inícios do século IX e posteriormente cultivado nesta zona - Bolens, 1990: 34. Segundo me informou Expiración García Sánchez, a introdução deste fruto pode ser um pouco posterior, situando-se possivelmente no século XI.

[585] Diaz García, 1981: 15

[586] É possível, neste caso, o uso das bolotas para panificação, embora tal não esteja comprovado nem seja forçoso que a presença destes vestígios esteja directamente relacionada com práticas alimentares.

[587] Pais, no prelo. O conteúdo da fossa 2, recentemente analisado, confirmou os dados de que já dispunhamos. Surgiram, mais uma vez, vestígios do consumo de ameixas, figos, melões, linho, chícharos e trigo. Nas fracções mais finas foi ainda possível reconhecer a presença de sempre noiva (*Polygonum* cf. *aviculare* L.), couves, nabiças ou nabos (*Brassica* sp.), luzerna (*Medicago* sp.) e catapereiro (*Pyrus communis* L.) - informações escritas de João Pais, 01.11.94 e 20.01.95.

[588] São-no, ainda hoje, embora este último esteja em franca regressão.

[589] Situadas no *agro* da cidade, correspondiam a antigos assentamentos romanos, ocupados em permanência até ao período islâmico.

[590] Pais, no prelo. Outras espécies importadas do Norte de África, como o *inhame* (v. Bolens, 1990: 36), não deverão ter tido consumo generalizado nesta região, embora possa ter feito parte da dieta alimentar das populações de zonas mais húmidas da serra algarvia - v. Veiga, 1869: 18

[591] Em épocas mais recuadas, e quando a regulamentação era mais esporádica, a caça era acessível a largas camadas da população - V. Montanari, 1985: 620.
É costume dizer-se que a carne de caça, abundante no Andaluz, constituía um apreciável suplemento alimentar para as populações. Não é ainda totalmente claro o seu papel no contexto de Mértola, embora pareça, pelos casos registados (cervo, coelho, lebre, javali e perdiz) ter desempenhado papel de algum relevo.

[592] Morales Muñiz, 1993: 264, Antunes (no prelo) e Morales Muñiz, 1994a.

[593] Adopto, a este respeito, a proposta elaborada por Miguel Benito Iborra - Benito Iborra, 1987: 441.

[594] Arié, 1960: 204-209 e García Gómez, 1981: 134

[595] As carnes de inferior qualidade das aves tinham idêntico tratamento - García Sánchez, 1986: 242. O mesmo se verificava na Europa cristã, onde as miudezas eram sobretudo destinadas ao consumo popular - Laurioux, 1992: 30.

[596] García Sánchez, 1983: 172

[597] Morales Muñiz, 1993: 264. Refira-se também a proibição em relação à presença de cães nos aglomerados urbanos - Arié, 1960: 370 e Talbi, 1954: 296

[598] Os ovicaprídeos representam 46,3% das amostras da encosta, 34,5% das da casa II e 45,2% noutros contextos.
Esses dados parecem ser confirmados por outros sítios:
Em Plá d' Almatá (Balaguer) os restos de ovicaprídeos (com predomínio de ovelhas) são 48% do total - 24% dos quais são animais jovens, com menos de um ano, ao passo que os bovídeos representam 20% das amostras, dados que são também confirmados em Calatrava - Lluro, 1986: 393-395 e Morales Muñiz, 1988: 43. De igual modo, noutras regiões mediterrânicas os resultados obtidos são coincidentes com esses elementos. Num povoado siciliano abandonado em 1338 estas espécies representam 44,6% da carne - Beck-Bossard, 1981: 312. Na casa de San Nicolás em Murcia, os restos de ovicaprídeos atingem 56,5% do NMI registado - Josep Lluró, 1991: 95-96, ao passo que em El Maraute representam 69,2% dos restos (Riquelme Cantal, 1991: 97). A maioria dos restos provém de animais jovens, o que evidencia pequenos rebanhos e actividade ganadeira intensiva.

[599] É possível que as ovelhas pertencessem maioritariamente já na época islâmica à raça rústica e de pequenas dimensões que hoje chamamos *campaniça* - v. Feio, 1983: 80

[600] Feio, 1983: 122

[601] Esta hipótese carece, convém dizê-lo, de uma comprovação definitiva. Podemos admitir, em alternativa, que se tratem de jovens machos excedentários nos rebanhos.

[602] Morales Muñiz, 1993: 266. Em dois casos o seccionamento dos ossos indicia a extracção de pele para posterior uso.

[603] al-Saqati, 1968: 176

[604] Morales Muñiz, 1993: 265

[605] García Sánchez, 1983: 172

[606] Nas regiões meridionais, é usual o consumo de cabeças de borrego assadas, comidas normalmente pelos homens nas tabernas.

[607] Em Calatrava, por exemplo, observou-se que a decapitação de ovelhas e cabras, praticada pelos árabes e seguida

por muitas tribos semitas, não era ali usada (os animais eram "partidos" no sentido do comprimento), dado que pode querer significar um predomínio de populações autóctones e uma "arabização" pouco importante do território - Morales Muñiz, 1988: 21.

[608] Esta constatação, refere-se tanto a Mértola como a Alcaria Longa - Antunes (no prelo). Nem sempre tal sucede - em Calatrava eram bravos na sua maioria e provenientes da caça - Morales Muñiz, 1988: 33-34. O coelho representa 37,8% das amostras da encosta e 40,5% das da casa II e 41,6% noutros contextos da alcáçova.

[609] García Sánchez, 1986: 242

[610] O mesmo era válido, por exemplo, para os negociantes de azeite ou outros produtos "sujos" - García Gómez, 1981: 134.

[611] Morales Muñiz, 1993: 265

[612] Situação semelhante detecta-se em Calatrava, onde eram aproveitados até serem adultos - Morales Muñiz, 1988: 43. Noutros sítios, porém, verificam-se casos distintos: em El Maraute os bovídeos recolhidos eram maioritariamente jovens e sem utilização prévia como animais de trabalho - Riquelme Cantal, 1991: 107.

[613] Lluro, 1986: 388

[614] Identificaram-se dois ossos (2,6% dos restos) em Alcaria Longa, outros dois (0,5%) na casa II, quatro ossos (1% do total) na encosta do castelo e vinte ossos (1,39%) noutros contextos - Antunes (no prelo), Morales Muñiz, 1993: 264 e Morales Muñiz, 1994a.

[615] Lluro, 1986: 393

[616] Morales Muñiz, 1988: 25

[617] Antunes, no prelo.

[618] É difícil aceitar que, face às restrições de tipo religioso, e também por razões de ordem sanitária, se instalassem pocilgas dentro do aglomerado urbano ou perto dos seus limites.

[619] El-Bokhari, 1984a: 52

[620] García Sánchez, 1986: 246. Segundo informação que me foi prestada pela autora deste trabalho, este dado surge numa nota marginal do manuscrito do *Kalam ala l-agdiya* de al-Arbuli.

[621] Ibn Wafid, dedicou a este animal todo um capítulo do seu tratado de agricultura embora infelizmente o conteúdo do texto se tenha perdido - Millás Vallicrosa, 1943: 300.

[622] Isso não era possível na Europa cristã, onde o seu consumo estava interdito - Larioux, 1992: 58

[623] Antunes, no prelo. Estes dados são similares aos registados em Calatrava la Vieja onde galinhas e perdizes representam 81,8% do total das aves (64% para as primeiras e 17,8% para as segundas) - Aguilar, 1990: 290. Num povoado siciliano medieval 28,4% da carne consumida era caça - Beck-Bossard, 1981: 314.

[624] García Gómez, 1981: 135

[625] García Sánchez, 1986: 242. A relativa frequência com que foram recolhidos restos de galinha em Mértola leva-me a pensar numa situação menos canónica no caso desta cidade.

[626] Boiça, no prelo

[627] O peixe era bastante consumido a nível popular no Andaluz, embora não gozasse talvez de grande estima entre as classes abastadas. Segundo opinião que me foi expressa por Expiración García Sánchez, devia ser um elemento de grande importância dietética nas zonas costeiras e fluviais, como "substituto" das proteínas da carne e também como alimento com identidade própria. É improvável que, entre essas populações, houvesse qualquer tipo de animosidade em relação ao peixe - v., a respeito do consumo de peixe, Malpica Cuello, 1984: 103-117.

[628] Os diferentes tipos de barbos representam 38,2% dos peixes de Calatrava la Vieja, o que se deve certamente à proximidade do Guadiana - Roselló Izquierdo, 1991: 115. O barbo representa ainda uma parte substancial (28, 5%) dos peixes recolhidos em Alcaria Longa - Antunes, no prelo.

[629] Roselló Izquierdo, 1993: 277-283. Segundo García Sánchez, as espécies mais apreciadas eram, precisamente, a tainha ou muge, o sável e o esturjão (García Sánchez, 1986: 259), embora o consumo devesse variar de sítio para sítio e de acordo com os recursos existentes localmente.

[630] Na Primavera pescava-se a saboga (ár. sabuq) - v. Diaz García, 1983: 26

[631] Espécie de fundos arenosos, especialmente abundante nas bacias hidrográficas do Douro e Guadiana, das quais praticamente desapareceu. Encontra-se extinta no rio Tejo - Magalhães, 1991: 32. Na Idade Média era frequente a sua pesca, atingindo alguns exemplares grandes dimensões. Em 1321 foi capturado no Tejo um exemplar com cerca de 3,7 m. de comprimento e mais de 260 kg. - documento publicado por Neves, 1980: 65-66 e citado por Antunes, no prelo.
Foi identificado em Mértola pela primeira vez em sítios arqueológicos medievais portugueses.

[632] Estas últimas eram normalmente comidas cozidas ou fritas - Ibn Zuhr, 1992: 67.

[633] O nome é de origem moçárabe, segundo a informação que me foi prestada pelo prof. Sam Levy (Fac. de Letras de Rabat), a quem agradeço.

[634] Está presente em locais longe da costa como Calatrava la Vieja, onde em conjunto com o boqueirão representa 41,1% dos restos de peixes - Roselló Izquierdo, 1991: 115. É pouco provável que, em tais circunstâncias, fosse consumida fresca.

[635] A breca (ou *Pagellus bellottii*) é hoje apenas identificável na zona norte de Marrocos, não fazendo parte da fauna ibérica - Morales Muniz, 1994: 463. Parece, contudo, lógico que a situação fosse diferente na época islâmica.

[636] Antunes, no prelo. O carácter altamente destrutivo do processo de fritura implica também o desaparecimento da maior parte das amostras.

[637] Esta espécie, hoje pouco conhecida, tinha consumo frequente nas classes populares alentejanas até há poucos anos atrás. Salgava-se como o bacalhau e era pescada junto a Arguim, na costa africana.

[638] Feio, 1983: 131

[639] Edrisi, 1866: 200-201

[640] Rita, 1990: 25 e 27

[641] A mesma situação é identificável no Andaluz - Garcia Sanchéz, 1986: 259. No povoado islâmico de Saltés, numa zona piscatória e onde possivelmente se procederia também à preparação do atum, encontraram-se duas vértebras desta espécie - Morales, 1994: 465. Restos de atum foram também identificados em Bucato, na Sicília - Beck-Bossard, 1981: 314.

[642] Segundo as fontes escritas, o peixe do mar era preferível ao do rio, o qual tinha um cheiro mais fétido. A forma de confecção do peixe assemelha-se bastante à das caldeiradas da nossa gastronomia popular - Ibn Zuhr, 1992: 65-66.

[643] García Sánchez, 1986: 266

[644] Arié, 1960: 209

[645] Antunes, no prelo

[646] Ruth Moreno, 1993

[647] Antunes, no prelo

[648] Refere-as, por exemplo, al-Tuyibi, que menciona o ouriço, ao lado doutras espécies mais comuns aos nossos olhos - Granja Santamaria, 1960: 26

[649] O ouriço, animal que vive nas orlas do bosque, aparece com uma amostra apreciável em Calatrava. A sua carne é bastante apreciada, sendo actualmente consumida em Aragão e na Extremadura - Morales Muñiz, 1988: 32.

[650] El-Bokhari: 1984b: 661-662

[651] Morales Muñiz, 1994a. A presença da gineta pode estar relacionada com o hábito de as domesticar, de forma a servirem de animais de companhia destinados a dar caça aos roedores.

[652] Ibn Zuhr, 1992: 58-60. Este autor fornece, inclusivamente, receitas sobre a melhor forma de preparar estas espécies, citadas pelas suas propriedades medicinais, mágicas e afrodisíacas, mais que pelas do tipo alimentar.

[653] Moreno Nuño, 1993: 186. Foi também referenciado em Ciesa (informação prestada por Julio Navarro) e aí não está associado a actividades necrófagas.

[654] Arié, 1960: 367

Apêndice I

Foral de Mértola (1239)

In primo per flumen da Vascom ubi intrat in Odiana et per ipsum flumen de Vascom usque ad suas cimalias et de ipsis cimaliis de Vascom sicut potest venire uia directa ad mediad matam de Almodouar et per mediam matam de Almodouar sicut potest uenire directe ad primam alansadoriam de riuulo de Colubris et de alansadoira de riuulo de Colubris sicut uenit aqua de riuulo de Colubris usque ad locum ubi intrat in Terges de inde per mediam venam de Terges usque ad locum ubi intrat in Odiana contra Serpam et Alfagiar de Penna et Aiamonte due partes de termino sint de Mertola et tercia pars sit de predictis castris

Arquivo Nacional da Torre do Tombo, *Livro de Mestrados*, fl. 172 v. publicado por Veiga, 1880: 177-178

Carta de el-rei D. Sancho de Castela pela qual confirmou aos moradores de Serpa a carta que el-rei D. Afonso, seu pai lhes tinha concedido para povoar a terra (1284) - excerto

(…) Sepam quantos esta carta vyrem como yo Dom Sancho por la gracia de Dios rey de Castella de Leom de Toledo de Galizia de Sevilla de Cordova de Murcia de Jahen y del Algarve por fazer bien e mercee a todolos que som vezinhos e moradores em Serpa em seo termyno y a los que quiserem daqui adelante dellos que sea su termyno por la Vena de Chança assy como parte termyno de Serpa com Nespereira (?) y dende adelante por la Vena de Chança como entra em Guadiana y dende adelante como ... (1) agua di aarryba assy como parte termyno Serpa com Mora et esto les fago por les fazer bien y merced y porque pobre mejor la vila et desto les mando dar esta mi carta abierta seellada com myo seello colgado.(…)

Arquivo Nacional da Torre do Tombo, Gaveta XIV, Maço 5, Documento 20, publicado por Rego, 1963: 731-732

Carta de privilégio ao mosteiro das Covas de Sevilha, pela qual é dada licença aos caseiros, lavradores e mordomos do seu lugar de Alcaria da Vaca para pescar, caçar, cortar lenha e madeira nos termos de Mértola e comarca do Guadiana (1471)

Dom Afonso etc. A vos juizes e ofiçiaees da ujlla de Mertolla e a quaesquer outros juizes e justiças de nossos regnos a que esto pertençer e esta carta for mostrada, saude, sabede que querendo nos fazer esmolla ao prioll e monjes do moesteiro das Couas da cidade de Seujlha teeemos por bem e damos lugar e licença a todos sseus casseiros lauradores e moordomos do sseu lugar dAlcaria da Vaca que he a çerqua desa comarqua nos rregnos de Casteella que daqui en diante enquanto nossa merçee for elles possam pescar caçar cortar lenha e madeira nos termos dessa villa e lugares dessa comarqua como os vizinhos dessa villa e dos dictos lugares dessa comarca ssem embargo de nossas ordenaçõees e das defessas e pusturas deses comçelhos fectas em comtrario. E porem nos mandamos a todos em jeerall e a cada huum em espiçiall que daqui em diante os leixees pescar caçar cortar lenha e madeira nos dictos vossos termos asi como sse fossem vizinhos e moradores dessas villas e lugares de nossos sobdictos e naturaes sem outro enbargo que lhes huus nem outros sobre ello ponham porque asi he nossa merçee. Dada em Santarem xxij dias de Março. Antam Gonçallvez a fez. Anno de Nosso Senhor Jhesus Christo de mjll iiij^c lxxj.

Arquivo Nacional da Torre do Tombo, *Chancelaria de D. Afonso V*, L° 16, fl. 55 e *Extras*, fls. 53 v. e 167 v.-168 publicado por Neves, 1982: 172-173

Apêndice II

Plantas reconhecidas na alcáçova do Castelo de Mértola

		Final séc.XI		in. séc. XII	1° quartel séc. XIII											
		Am. 15	Q /C N 1d Am. 16	S 1 N 1 Am. 24	Am. 1	Q7L N1c	Am. 2	Q7l N1a	Am. 11	Am. 12	Am. 14	Am. 17	Am. 18	fossa 1 Am. 19	Fossa 1 Q7L N1	N1C Cl Comp. III Am.25
1	Pinus pinea														★	
	Quercus sp.	★	★													
2	Ficus carica	★			★							✦	★	✦	●	
	Olea europaea															★
	Prunus domestica insititia														●	
	Prunus persica							★								
3	Vitis vinifera	★	★	✦				●	★	★		★		★	✦	
	Triticum aestivum	★	★				★			★	★					
	Linum usitatissimum	●	●									★	★			
	Lathyrus cicera					✦		★				★			●	
	Cucumis melo							★							★	
4	Foeniculum vulgare								★			●				
	Echium lycopsis				★								★			

★ raro   ● frequente   ✦ abundante   1 Árvores e arbustos de floresta   2 Árvores de fruto e oleaginosas   3 Arbustos e ervas cultivadas   4 Infestantes

Espécies vegetais identificadas em Mértola
in Pais, no prelo

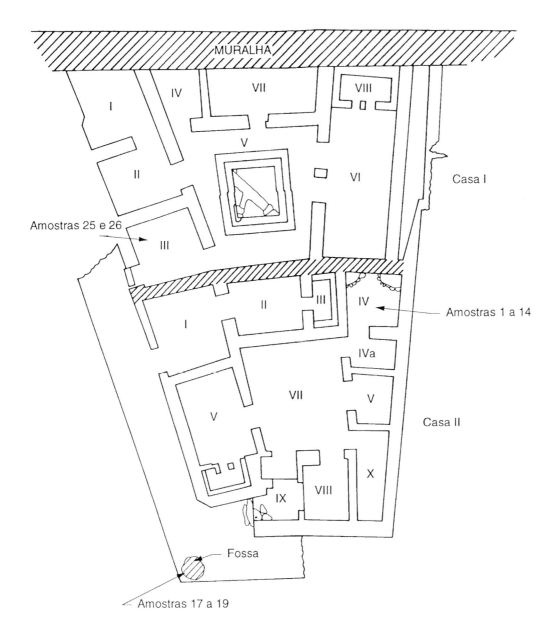

Local de recolha de espécies vegetais
in Pais, no prelo

TAXON	NR	%	NMI	%
Caballo	1	0.3	1	2.0
Vaca	42	10.8	5	10.2
Oveja	14	3.6	5	10.2
O/C	156	40.1	13	26.5
Cabra	10	2.6	4	8.2
Perro	1	0.3	1	2.0
Liebre	12	3.1	3	6.1
Conejo	147	37.8	14	28.6
Tejon	2	0.5	1	2.0
Ciervo	4	1.0	2	4.1
TOTAL	389	100%	49	100%

Tabla 1 – Relación general de NR (número de restos) y NMI (número mínimo de individuos) por taxones con sus respectivos porcentajes

TAXON	Q16B		Q17A		Q17C		TOTAL	
	NR	NMI	NR	NMI	NR	NMI	NR	NMI
Caballo	—	—	—	—	1	1	1	1
Vaca	16	2	11	2	15	1	42	5
Oveja	111	3	2?	1	1	1	14	5
O/C	47	3	48	5	61	5	156	13
Cabra	1	1	7	2	2	1	10	4
Perro	1	1	—	—	—	—	1	1
Liebre	10	1	1	1	1	1	12	3
Conejo	62	5	31	5	4	4	147	14
Tejon	—	—	2	1	—	—	2	1
Ciervo	2	1	2	1	—	—	4	2
TOTAL	150	17	104	18	135	14	389	49

Tabla 2 – Relación de NR y NMI por taxones segun catas

Mamíferos identificados em Mértola
in Morales Muñiz, 1993

Relación de taxones por unidades, NR Y NMI

	NR	NMI
Q–17A		
Gallina Gallus gallus	4	
Perdiz Común Alectoris rufa	5	2
TOTAL	9	3
Q–16B		
Perdiz Común Alectoris rufa	26	4
Paloma Columba livia/oenas	3	
Sin identificar		
TOTAL	31	5
Q–17C		
Gallina Gallus gallus	3	
Perdiz Común Alectoris rufa	3	
Paloma Columba livia/oenas		
TOTAL	7	3
TOTAL MUESTRA	47	11

Aves identificadas em Mértola
in Hernandez Carrasquilla, 1993

UNIDAD	Q-16B N-1C	Q-17AA N-1C	Q-17C SILO 7	TOTAL
TAXON				
Acipenser sturio	—	1	—	1
Barbus sp.	4	—	1	5
Alosa alosa	—	1	—	1
Sardina pilchardus	1	—	1	2
Sparidae	—	—	1	1
Diplodus sargus	—	—	1	1
Pagellus acarne	—	—	3	3
Pagellus bellottii	—	—	1	1
Mugilidae	—	3	6	9
Liza aurata	1	—	5	6
Mugil cephalus	—	—	1	1
TOTAL	6	5	20	31
Escamas	32	—	48	80
Vértebras	—	—	2	2
Radios	—	—	3	3
Costillas	—	—	1	1
Sin Identificar	2	—	5	7
TOTAL	40	5	79	124

Tabla 1 – Relación general del número de restos recuperado (NR) distribuido por unidades y por taxones identificados

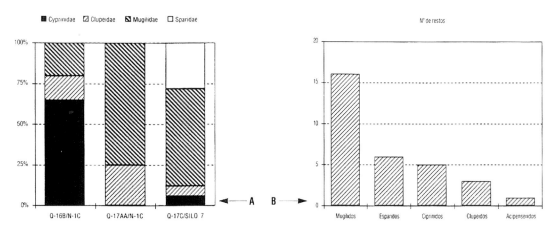

Fig. 2 – A. = Porcentajes del número de restos de las 4 principales familias identificadas en las 3 unidades estratigráficas. B. = Número de restos de cada una de las familias identificadas considerando la totalidad de la muestra identificada taxonómicamente.

Peixes identificados em Mértola
in Roselló Izquierdo, 1993

ESTRATIGRAFIA	Q16B		Q17A		Q17C	
ESPECIES	NR	NMI	NR	NMI	NR	NMI
MARINAS						
Nassarius reticulatus	1	1				
Pecten sp.	1	1			8	2
Ostrea edulis	1	1			5	1
Acanthocardia tuberculata	1	1			1	1
Cerastoderma edule	1	1	6	5	2	1
Tapes decussatus	14	8	4	3	42	3
TERRESTRES						
Theba pisana					1	1
Rumina decollata					3	3
Parmacella valencienni					2	2
TOTAL	19	13	10	8	64	14

– **Abundancia absoluta del conjunto malacológico de Mértola**

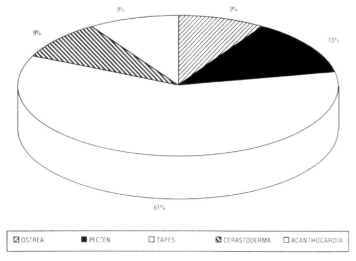

Abundancia relativa (NMI) de las especies comestibles

Moluscos identificados em Mértola
in Moreno Nuño, 1993

Bibliografia

ABU L-JAYR, 1991
Tratado de agricultura, introd., ed., trad. e indices por CARABAZA, Julia, Madrid, Instituto de Cooperacion con el Mundo Arabe

AL-SAQATI, 1967
El "kitab fi adab al-hisba" (libro del buen gobierno del zoco) de al-Saqati ed. por CHALMETA GENDRON, Pedro in "Al-Andalus", vol. XXXII, fasc. 1, pp. 125-162

AL-SAQATI, 1967a
El "kitab fi adab al-hisba" (libro del buen gobierno del zoco) de al-Saqati ed. por CHALMETA GENDRON, Pedro in "Al-Andalus", vol. XXXII, fasc. 2, pp. 359-397

AL-SAQATI, , 1968
El "kitab fi adab al-hisba" (libro del buen gobierno del zoco) de al-Saqati ed. por CHALMETA GENDRON, Pedro in "Al-Andalus", vol. XXXIII, fasc. 1, pp. 143-195

AL-SAQATI, 1968a
El "kitab fi adab al-hisba" (libro del buen gobierno del zoco) de al-Saqati ed. por CHALMETA GENDRON, Pedro in "Al-Andalus", vol. XXXIII, fasc. 2, pp. 367-420

ALMEIDA, João de (ed.), 1943
Livro das Fortalezas de Duarte Darmas, Lisboa, Editorial Império

ARIÉ, Rachel (ed.), 1960
Traduction annotée et commentée des traités de hisba d'Ibn Abd al-Rauf et de Umar Al-Garsifi in "Hesperis-Tamuda", vol. I, Rabat, pp. 5-38, 199-214 e 349-386

BOIÇA, Joaquim (e BARROS, Maria de Fátima), no prelo
As visitações de Mértola da Ordem de Santiago

COELHO, António Borges (org. de), 1972
Portugal na Espanha Árabe, Vol. I, Lisboa, Seara Nova

COELHO, António Borges (org. de), 1972a
Portugal na Espanha Árabe, Vol. II, Lisboa, Seara Nova

COLLAÇO, João Maria Tello de Magalhães (ed.), 1931
Cadastro da população do reino (1527), Lisboa

EDRISI, 1866
Description de l' Afrique et de l' Espagne, ed. por DOZY, Reinhardt e DE GOEJE, Michaël, Leiden

DIAZ GARCIA, Amador, 1981
Un tratado nazari sobre alimentos: al-kalam ala l-agdiya de Al-Arbuli. Edicion, traduccion y estudio, con glosarios in "Cuadernos de Estudios Medievales", VI-VII (1978-79), Universidad de Granada, pp. 5-37

DIAZ GARCIA, Amador, 1983
Un tratado nazari sobre alimentos: al-kalam ala l-agdiya de Al-Arbuli. Edicion, traduccion y estudio, con glosarios in "Cuadernos de Estudios Medievales", X-XI (1982-83), Universidad de Granada, pp. 5-91

DOMINGUES, José Domingos Garcia (v. LEAL, Maria José da Silva)

EL-BOKHARI, 1984
Les traditions islamiques, trad., índice e notas de HOUDAS, O. e MARÇAIS, W., vol. I, Paris, Librairie d' Amérique et d' Orient

EL-BOKHARI, 1984a
Les traditions islamiques, trad., índice e notas de HOUDAS, O. e MARÇAIS, W., vol. II, Paris, Librairie d' Amérique et d' Orient

EL-BOKHARI, 1984b
Les traditions islamiques, trad., índice e notas de HOUDAS, O. e MARÇAIS, W., vol. III, Paris, Librairie d' Amérique et d' Orient

EL-BOKHARI, 1984c
Les traditions islamiques, trad., índice e notas de HOUDAS, O. e MARÇAIS, W., vol. IV, Paris, Librairie d' Amérique et d' Orient

GARCIA GÓMEZ, Emilio (ed.), 1957
Unas "Ordenanzas del zoco" del siglo IX in "Al-Andalus", vol. XXII, pp. 253-316

GARCIA GÓMEZ, Emilio (e LÉVI-PROVENÇAL, É., eds.), 1981
Sevilla a comienzos del siglo XII - El tratado de Ibn Abdun, 2ª ed., Sevilha, Servicio Municipal de Publicaciones

IBN AL-AWWAM, 1802
Libro de agricultura, trad. por BANQUERI, Josef Antonio, Tomo primero, Madrid, Imprenta Real

IBN AL-AWWAM, 1802a
Libro de agricultura, trad. por BANQUERI, Josef Antonio, Tomo segundo, Madrid, Imprenta Real

IBN AL-JATIB, 1984
Libro del cuidado de la salud durante las estaciones del año o "Libro de higiene", ed., estudo e trad. de VASQUEZ DE BENITO, Maria de la Concepcion, Salamanca, Ediciones de la Universidad

IBN LUYUN, 1988
Tratado de agricultura, introd. e trad. de EGUARAS IBAÑEZ, Joaquina, Granada, Patronato de la Alhambra y Generalife

IBN ZUHR, 1992
Tratado de los alimentos, ed., trad. e introd. por GARCIA SÁNCHEZ, Expiración, Madrid, Consejo Superior de Investigaciones Cientificas

LAGUNA, Andrés, 1967
Pedacio Dioscórides Anazarbeo (edição fac-similada segundo o original de 1555), 2 vols., Madrid, Instituto de España

LEAL, Maria José da Silva e (DOMINGUES, José Domingos Garcia) eds., 1984
Livro do almoxarifado de Silves, Silves, Câmara Municipal de Silves

LÉVI-PROVENÇAL, É. (v.GARCIA GOMEZ, Emilio)

MAIMONIDES, 1940
L' explication des noms des drogues (un glossaire de matière médicale composé par Maïmonide), trad., coment. e indice de MEYERHOF, Max, Cairo, Institut Français d' Archéologie Orientale

MAIMONIDES, 1989
Cartas y testamento de Maimonides (1138-1204), ed. por VALLE, Carlos del, Córdova, Publicaciones del Monte de Piedad y Caja de Ahorros de Cordoba

MAIMONIDES, 1991
Obras medicas - I, introd. e trad. de FERRE, Lola, Córdova, Ediciones El Almendro

NEVES, Carlos Baeta (ed.), 1980
História florestal, aquícola e cinegética, documentos coligidos e editados por , vol. I, Lisboa, Ministério da Agricultura e Pescas

NEVES, Carlos Baeta (ed.), 1982
História florestal, aquícola e cinegética, documentos coligidos e editados por Carlos Baeta Neves, vol. II, Lisboa, Ministério da Agricultura, Comércio e Pescas

NEVES, Carlos Baeta (ed.), 1982a
História florestal, aquícola e cinegética, documentos coligidos e editados por Carlos Baeta Neves, vol. III, Lisboa, Ministério da Agricultura e Pescas

NEVES, Carlos Baeta (ed.), 1983
História florestal, aquícola e cinegética, documentos coligidos e editados por Carlos Baeta Neves, vol. IV, Lisboa, Ministério da Agricultura, Florestas e Alimentação

REGO, António da Silva (ed.), 1963
As gavetas da Torre do Tombo, vol. III, Lisboa, Centro de Estudos Históricos Ultramarinos

REGO, António da Silva (ed.), 1968
As gavetas da Torre do Tombo, vol. VII, Lisboa, Centro de Estudos Históricos Ultramarinos

DICIONÁRIOS, GUIAS E OBRAS GERAIS

ANDRADE, Amélia A. (v. MARQUES, A. H. de Oliveira)

ASIN PALACIOS, Miguel, 1943
Glosario de voces romances registradas por un botánico anónimo hispanomusulmán (siglos XI-XII), Madrid-Granada, CSIC

BOLETIM D.G.E.M.N., 1953
Igreja matriz de Mértola in "Boletim da Direcção-Geral dos Edifícios e Monumentos Nacionais", nº 71, Ministério das Obras Públicas

BLUTEAU, Raphael, 1712
Vocabulario portuguez e latino, vol. II

CABRAL, José (v. PENA, António)

CANCELA, Jorge (v. MATOS, Luís)

DAVEAU, Suzanne (v. RIBEIRO, Orlando)

DOZY, Reinhardt (e outro), 1869
Glossaire des mots espagnols et portugais dérivés de l' arabe, Leiden

FONT QUER, Pio, 1978
Plantas medicinales. El Dioscórides renovado, 4ª ed., Barcelona, Ed. Labor

GONÇALVES, Iria (v. MARQUES, A. H. de Oliveira)

GOMES, Luís (v. PENA, António)
Caracterização biofísica do troço médio do Vale do Guadiana (região de Mértola), Associação de Defesa do Património de Mértola (policop.)

LAUTENSACH, Hermann (v. RIBEIRO, Orlando)

MARQUES, A. H. de Oliveira, 1988
Guia do estudante de história medieval portuguesa, 3ª ed., Lisboa, Editorial Estampa

MARQUES, A. H. de Oliveira (GONÇALVES, Iria e ANDRADE, Amélia A.), 1990
Atlas das cidades medievais portuguesas, Lisboa, INIC

MARQUES, A. H. de Oliveira, 1993
O "Portugal islâmico" in "Nova História de Portugal" (direcção de MARQUES, A. H. de Oliveira e SERRÃO, Joel), vol. II, Lisboa, Editorial Presença, pp. 117-249

MATOS, Luís (e CANCELA, Jorge), 1993

OCAÑA JIMÉNEZ, Manuel, 1981
Nuevas tablas de conversión de datas islámicas a cristianas y viceversa, Madrid, Instituto Hispano-Árabe de Cultura

PENA, António (GOMES, Luís e CABRAL, José), 1985
Fauna e flora de Mértola - uma perspectiva ecológica do concelho, Mértola, Câmara Municipal de Mértola

RIBEIRO, Orlando (LAUTENSACH, Hermann e DAVEAU, Suzanne), 1987
Geografia de Portugal, vol. I, Lisboa, Edições João Sá da Costa

RIBEIRO, Orlando (LAUTENSACH, Hermann e DAVEAU, Suzanne), 1988
Geografia de Portugal, vol. II, Lisboa, Edições João Sá da Costa

RIBEIRO, Orlando (LAUTENSACH, Hermann e DAVEAU, Suzanne), 1989
Geografia de Portugal, vol. III, Lisboa, Edições João Sá da Costa

RIBEIRO, Orlando (LAUTENSACH, Hermann e DAVEAU, Suzanne), 1991
Geografia de Portugal, vol. IV, Lisboa, Edições João Sá da Costa

SAMPAIO, Gonçalo, s.d.
Flora portuguesa, 4ª ed. (fac-similada), s.l., Instituto Nacional de Investigação Científica

SÁNCHEZ-ALBORNOZ, Claudio, 1982
La España Musulmana, t. I, 6ª. ed., Madrid, Espasa-Calpe

SÁNCHEZ-ALBORNOZ, Claudio, 1982a
La España Musulmana, t. II, 6ª. ed., Madrid, Espasa-Calpe

SIMONET, Francisco Javier, 1888
Glosario de voces ibericas y latinas usadas entre los mozarabes, Madrid, Real Academia Española

SOUSA, João de, 1789
Vestígios da língua arábica em Portugal, Lisboa, Academia Real das Sciencias

VITORINO, Gabriela, 1987
Atlas linguístico do litoral português, Lisboa, Centro de Linguística da Universidade de Lisboa

ABDEL-RAHIM, Muddathir, 1982
Instituciones jurídicas in "La ciudad islámica", ed. por SERJEANT, R.B., s.l., Serbal-UNESCO, pp. 49-61

AGUILAR, Adolfo, 1990
Calatrava la Vieja - primer informe sobre la fauna de vertebrados recuperados en el yacimiento almohade.
Segunda parte: las aves in "Boletin de Arqueologia Medieval", nº 4, Madrid, Asociación Española de Arqueologia Medieval, pp. 285-309

ALARCÃO, Jorge de, 1974
A vida rural no Alentejo na época pré-romana (projecto de investigação apresentado como prova complementar de doutoramento em Pré-História e Arqueologia), Coimbra

ALEXANDRE BIDON, Danièle (v. BECK-BOSSARD, Corinne)

ALMAGRO, Antonio, 1987
Planimetria de las ciudades hispanomusulmanas in "Al-Qantara", vol. VIII, Madrid, CSIC, pp. 421-448

ALMEIDA, Carlos Alberto Ferreira de, 1978
Arquitectura românica de Entre-Douro-e-Minho (dissertação de doutoramento apresentada à Universidade do Porto), vol. I, Porto

ALMEIDA, Fortunato de, 1971
História da Igreja em Portugal, vol. IV, Lisboa, Liv. Civilização Editora

AMAMRA, Aicha-Azziza (e FENTRESS, Elizabeth), 1990
Setif: évolution d' un quartier in "La casa hispano-musulamana. Aportaciones de la arqueologia", Granada, Publicaciones del Patronato de la Alhambra y Generalife, pp. 163-176

ANTUNES, Miguel Telles, 1991
Restos de animais no Castelo de Silves (séculos VIII-X) in "Estudos Orientais", vol. II, Lisboa, Instituto Oriental, pp. 41-74

ANTUNES, Miguel Telles, no prelo
Espólio osteológico e malacológico em Alcaria Longa e Mértola. Novos elementos acerca de sítios em contexto islâmico (séculos XII-XIII) in "Formas de habitar e alimentação no Sul da Península Ibérica (Idade Média)"

ARAÚJO, Luís, 1983
Os muçulmanos no Ocidente peninsular in "História de Portugal" (direcção de SARAIVA, José Hermano), vol. I, Lisboa, Publicações Alfa, pp. 245-289

ARIÉ, Rachel, 1990
Remarques sur l' alimentation des musulmans d' Espagne au cours du Bas Moyen Age in "Études sur la civilisation de l' Espagne musulmane", Leiden, pp. 142-155

ARRUDA, Ana Margarida (v. CATARINO, Helena)

BARCELÓ, Miquel, 1988
Vísperas de feudales. La sociedad de Sharq al-Andalus justo antes de la conquista catalana in "España. Al-Andalus. Sefarad: sintesis y nuevas perspectivas", ed. por Felipe Maíllo Salgado, Salamanca, Ediciones Universidad de Salamanca, pp. 99-112

BARROCA, Mário (e MORAIS, A.J. Cardoso), 1986
A terra e o castelo - uma experiência arqueológica em Aguiar de Pena in "Portugalia", nova série, vol. VI/VII (1985/86), Porto, pp. 35-87

BAZZANA, André, 1979
Céramiques médiévales: les méthodes de la description analytique appliquées aux productions de l' Espagne Orientale in "Mélanges de la Casa de Velazquez", t. XV, pp. 135-185

BAZZANA, André, 1980
Céramiques médiévales: les méthodes de la description analytique appliquées aux productions de l' Espagne Orientale in "Mélanges de la Casa de Velazquez", t. XVI, pp. 57-95

BAZZANA, André, 1983
Fortification et habitat: les structures in "Habitats fortifiés et organisation de l' espace en Mediterranée Occidentale", Lyon, GIS-Maison de l' Orient, pp. 161-175

BAZZANA, André, 1990
Maisons rurales du Shark al-Andalus. Essay de typologie in "La casa hispano-musulamana. Aportaciones de la arqueologia", Granada, Publicaciones del Patronato de la Alhambra y Generalife, pp. 247-267

BAZZANA, André, 1992
Maisons d' al-Andalus. Habitat médiévale et structures du peuplement dans l' Espagne Orientale, 2 vols., Madrid, Casa de Velázquez

BAZZANA, André (e BEDIA, Juana), 1994
Saltés y el Suroeste peninsular in "Arqueologia en el entorno del Bajo Guadiana", Huelva, Universidad de Huelva, pp. 619-644

BECK-BOSSARD, Corinne, 1981
L' alimentazione in un villagio siciliano del XIV secolo, sulla scorta delle fonte archeologiche in "Archeologia Medievale", vol. VIII, Firenze, All' Insegna del Giglio, pp. 311-319

BECK-BOSSARD, Corinne (e ALEXANDRE BIDON, Danièle), 1984
La préparation des repas et leur consommation en Forez au XVᵉ siècle d' après les sources archéologiques in "Manger et boire au Moyen Age" (Actes du Colloque de Nice - 15/17 Octobre 1982), t. 2, Nice, Centre d' Études Médiévales de Nice, pp. 59-71

BEDIA, Juana (v. BAZZANA, André)

BEDIA, Juana (v. PÉREZ MACÍAS, Juan Aurelio)

BEIRANTE, Ângela, 1988
Évora na Idade Média (dissertação de doutoramento apresentada à Faculdade de Ciências Sociais e Humanas), Lisboa

BENCO, Nancy L., 1987
The early medieval pottery at al-Basra, Morocco, Oxford, B.A.R.

BENITO IBORRA, Miguel, 1987
Estudio preliminar de los habitos alimentares de origen animal de los moradores del poblado árabe de las Dunas de Guardamar (Alicante) in "II Congreso de Arqueologia Medieval Española", vol. II, Madrid, Asociación Española de Arqueologia Medieval, pp. 433-442

BENITO IBORRA, Miguel, 1989
La fauna de la rabita califal de las Dunas de Guardamar in "La rabita califal de las Dunas de Guardamar", Alicante, Diputacion Provincial de Alicante, pp. 153-161

BERNABÉ GUILLAMÓN, Mariano (e DOMINGO LÓPEZ, José), 1993
El palácio islámico de la Calle Fuensanta, Murcia, Museo de Murcia

BERTRAND, Maryelle (e outros), 1990
La vivienda rural medieval de 'El Castillejo' (Los Guájares, Granada) in "La casa hispano-musulamana. Aportaciones de la arqueologia", Granada, Publicaciones del Patronato de la Alhambra y Generalife, pp. 207-227

BERTRAND, Pierre-Yves, 1991
Les noms des plantes au Maroc, Rabat, Actes Editions

BERMUDEZ LOPEZ, Jesus, 1990
Contribucion al estudio de las construcciones domesticas de la Alhambra: nuevas perspectivas in "La casa hispano-musulamana. Aportaciones de la arqueologia", Granada, Publicaciones del Patronato de la Alhambra y Generalife, pp. 341-354

BOLENS, Lucie, 1981
Agronomes andalous du Moyen Age, Genève, Librairie Droz

BOLENS, Lucie, 1984
L' eau dans l' alimentation et la cuisine andalouses (XIe-XIIIe siècles) in "Études Rurales", 93-94, Paris, pp. 103-121

BOLENS, Lucie, 1987
Le haricot vert en Andalousie et en Mediterranée médiévales (phaseolus, dolchos, lubia, judia) in "Al-Qantara", VIII, pp. 65-86

BOLENS, Lucie, 1990
La cuisine andalouse, Paris, Albin Michel

BOLENS, Lucie, 1990a
L' Andalousie du quotidien au sacré XIe-XIIIe siècles, Aldershot, Variorum

BOLUFER I MARQUES, Joaquin (v. GISBERT SANTONJA, Josep)

BOONE, James L. (MYERS, J. Emlen e GLASSCOCK, Michael), 1991
Compositional analysis of 'melado' and clear-glazed redwares from three islamic period sites in the Lower Alentejo of Portugal (exemplar dactilografado depositado no Campo Arqueológico de Mértola)

BOONE, James L. (e GARRETT, Elizabeth), 1991a
Clay sources for islamic period ceramics recovered in excavation at Alcaria Longa and the Alcáçova de Mértola: the petrographic evidence (exemplar dactilografado depositado no Campo Arqueológico de Mértola)

BOONE, James (MYERS, J. Emlen e GLASSCOCK, Michael), 1991b
Compositional analysis of orange and buff plainwares recovered from Alcaria Longa (exemplar dactilografado depositado no Campo Arqueológico de Mértola)

BOONE, James, 1992
The first two seasons of excavations at Alcaria Longa: a caliphal-taifal period rural settlement in the Lower Alentejo of Portugal in "Arqueologia Medieval", nº 1, Porto, Edições Afrontamento, pp. 51-64

BOONE, James L., 1993
The third seasons of excavations at Alcaria Longa in "Arqueologia Medieval", nº 2, Porto, Edições Afrontamento, pp. 111-125

BOONE, James, 1994
Rural settlement and islamization in the Lower Alentejo of Portugal: evidence from Alcaria Longa in "Arqueologia en el entorno del Bajo Guadiana, Huelva, Universidad de Huelva, pp. 527-544

BORGES, Artur (e MACÍAS, Santiago) 1992
Almocavar de Moura - localização e epigrafia in "Arqueologia Medieval", nº 1, Porto, Edições Afrontamento, pp. 65-69

BOTÃO, Maria de Fátima, 1992
Silves - capital de um reino medievo, s.l., Câmara Municipal de Silves

BURGUERA SANMATEU, Vicent (v. GISBERT SANTONJA, Josep)
CABRAL, Mª. João (e outros), 1990
Livro vermelho dos vertebrados de Portugal - vol. I (mamíferos, aves, répteis e anfíbios), Lisboa, Serviço Nacional de Parques, Reservas e Conservação da Natureza

CARDOSO, João Luís, 1994
A fauna de mamíferos de época muçulmana das Mesas do Castelinho (Almodôvar). Materiais das campanhas de 1989-1992 in "Arqueologia Medieval", nº 3, Porto, Edições Afrontamento, pp. 201-220
CARVALHO, António Rafael (v. FERNANDES, Isabel Cristina Ferreira)

CARVALHO, Sérgio L., 1989
Cidades medievais portuguesas - uma introdução ao seu estudo, Lisboa, Livros Horizonte

CASTILLO GALDEANO, Francisco (e MARTINEZ MADRID, Rafael), 1990
La vivienda hispanomusulamana en Bayyana-Pechina (Almeria) in "La casa hispano-musulamana. Aportaciones de la arqueologia", Granada, Publicaciones del Patronato de la Alhambra y Generalife, pp. 111-127

CASTRO MARTINEZ, Teresa de, 1993
La alimentacion en las crónicas castellanas bajomedievales (memória de licenciatura apresentada à Universidad de Granada), Granada

CATARINO, Helena (ARRUDA, Ana Margarida e GONÇALVES, Vítor), 1981
Vale do Boto: escavações de 1981 no complexo árabe/medieval in "Clio", vol. III, Lisboa, Centro de História da Universidade de Lisboa, pp. 9-27

CATARINO, Helena, 1988
Para o estudo da ocupação muçulmana no Algarve Oriental (trabalho de síntese apresentado à Faculdade de Letras de Coimbra como prova de aptidão científica e pedagógica), Coimbra

CATARINO, Helena, 1992
A fortificação muçulmana de Salir (Loulé) - primeiros resultados arqueológicos in "Al-Ulya", nº1, Loulé, Arquivo Histórico Municipal de Loulé, pp. 9-51

CATARINO, Helena, 1994
Arqueologia medieval no Algarve Oriental: os castelos de Alcoutim in "Arqueologia en el entorno del Bajo Guadiana", Huelva, Universidad de Huelva, pp. 657-671

CEREIJO PECHARROMÁN, Manuel Angel (v. MORALES MUÑIZ, Arturo)

CHALMETA GENDRÓN, Pedro, 1973
El señor del zoco en España, Madrid, Instituto Hispano-Árabe de Cultura

COELHO, José Maria Afonso, 1987
Foral de Almodôvar, 2ª ed., s.l., Câmara Municipal de Almodôvar

COELHO, Maria Helena da Cruz, 1983
Apontamentos sobre a comida e a bebida do campesinato coimbrão em tempos medievos in "Revista de História Económica e Social", nº 12, Lisboa, pp. 91-101

CORREIA, Fernando Branco, 1991
Um conjunto cerâmico árabe-medieval de Beja in "IV Congresso de Cerâmica Medieval do Mediterrâneo Ocidental", Mértola, Campo Arqueológico de Mértola, pp. 373-385

CORTES, Maria del Agua (v. LLURO, Josep)

CRESSIER, Patrice (GOMEZ BECERRA, Antonio e MARTINEZ FERNANDEZ, Gabriel), 1990
Quelques donnees sur la maison rurale nasride et morisque en Andalousie Orientale: le cas de Shanash/Senes et celui de Macael Viejo (Almeria) in "La casa hispano-musulamana. Aportaciones de la arqueologia", Granada, Publicaciones del Patronato de la Alhambra y Generalife, pp. 229-245

CRESSWELL, Keppel A.C., 1932
Early muslim architecture, Oxford, Oxford University Press

DELGADO, Manuela, 1992
Cerâmicas romanas tardias de Mértola originárias do Médio Oriente in "Arqueologia Medieval", nº 1, Porto, Edições Afrontamento, pp. 125-133

DIAS, Manuela Alves, 1993
Epigrafia in "Museu de Mértola - Basílica Paleocristã", Mértola, Campo Arqueológico de Mértola, pp. 103-138

DINSMORE, Elizabeth, 1994
Rural settlement and political change: an intersite analysis of roman and islamic period settlement organization in the Baixo Alentejo (Portugal), MA thesis, Arizona State University (dactil.)

DOMINGO LÓPEZ, José (v. BERNABÉ GUILLAMÓN, Mariano)

DOMINGUES, José Domingos Garcia, 1960
O Garb extremo da Andaluz e "Bortuqual" nos historiadores e geógrafos árabes, separata do "Boletim da Sociedade de Geografia de Lisboa", pp. 327-362

ELISÉEF, Nikita, 1982
El trazado físico in "La ciudad islámica", ed. por SERJEANT, R.B., s.l., Serbal-UNESCO, pp. 113-129

ENCARNAÇÃO, José d', 1984
Inscrições romanas do Conventus Pacensis, Vol. I, Coimbra, Instituto de Arqueologia da Faculdade de Letras

ENCARNAÇÃO, José d', 1984a
Inscrições romanas do Conventus Pacensis, Vol. II, Coimbra, Instituto de Arqueologia da Faculdade de Letras

ENCARNAÇÃO, José d', 1994
Achado arqueológico confirma Myrtilis romana in "Diário do Alentejo", Beja, 29.12.94, p. 2

EWERT, Christian, 1973
Die moschee von Mértola (Portugal) in "Madrider Mitteilungen", pp. 217-246

EWERT, Christian, 1971
El mihrab de la mezquita mayor de Almeria in "Al-Andalus", vol. XXXVI, fasc. 2, Madrid-Granada, pp. 391-460

FABIÃO, Carlos (v. GUERRA, Amílcar)

FABIÃO, Carlos (e GUERRA, Amílcar), 1991
O povoado fortificado de Mesas do Castelinho, Almodôvar in "Actas das IV Jornadas Arqueológicas", Lisboa, Associação dos Arqueólogos Portugueses, pp. 305-319

FEIO, Mariano, 1983
Le Bas Alentejo et l' Algarve, Évora, Centro de Ecologia Aplicada da Universidade de Évora
FENTRESS, Elizabeth (V. AMAMRA, Aicha-Azziza)

FERNANDES, Hermenegildo, 1991
Organização do espaço e sistema social no Alentejo medievo - o caso de Beja, (dissertação de mestrado apresentada à Faculdade de Ciências Sociais e Humanas da Universidade Nova de Lisboa), Lisboa

FERNANDES, Isabel Cristina Ferreira (e CARVALHO, António Rafael), 1993
Presença muçulmana e Reconquista in "Arqueologia em Palmela 1988/92", Palmela, Câmara Municipal de Palmela, pp. 41-56

FERNÁNDEZ CASADO, Carlos, 1985
Ingenieria hidraulica romana, Madrid, Ediciones Turner

FERNANDEZ GABALDÓN, Susana, 1987
El yacimiento de la Encarnación (Jerez de la Frontera): bases para la sistematización de la cerámica almohade en el S.O. peninsular in "Al-Qantara", vol. VIII, Madrid, pp. 449-474

FERRE, Lola (e GARCÍA SÁNCHEZ, Expiración), 1992
Alimentos y medicamentos en las tres versiones medievales de "El regimen de la salud" de Maimonides in GARCIA SANCHEZ, Expiración (ed.), "Ciencias de la naturaleza en Al-Andalus", vol. II, Madrid, Consejo Superior de Investigaciones Cientificas, pp. 23-96

FLORES ESCOBOSA, Isabel (e MUÑOZ MARIN, Maria del Mar), 1993
Vivir en al-Andalus - exposicion de cerámica (S. IX-XV), Almeria, Instituto de Estudios Almerienses

FOSSATI, Severino (e MANNONI, Tiziano), 1981
Gli instrumenti della cucina e della mensa in base ai reperti archeologiche in "Archeologia Medievale", vol. VIII, Firenze, All' Insegna del Giglio, pp. 409-419

GALVÃO, J. Mira, 1942
Cultura do chícharo, s.l., Direcção Geral dos Serviços Agrícolas

GARCIA, João Carlos, 1982
Navegabilidade e navegação no Baixo Guadiana, Lisboa, Centro de Estudos Geográficos

GARCIA, João Carlos, 1986
O espaço medieval da Reconquista no Sudoeste da Península Ibérica, Lisboa, Centro de Estudos Geográficos

GARCIA, João Carlos, 1989
Alfajar de Peña. Reconquista e repovoamento no Andévalo do século XIII, sep. das "Actas das II Jornadas Luso-Espanholas de História Medieval", vol. III, Porto

GARCÍA SÁNCHEZ, Expiración (v. FERRE, Lola)

GARCÍA SÁNCHEZ, Expiración, 1983
La alimentación en Andalucia Islámica. Estudio histórico y bromatológico. I: Cereales y leguminosas in "Andalucia Islámica. Textos y Estudios", II-III (1981-82), Granada, pp. 139-176

GARCÍA SÁNCHEZ, Expiración, 1984
Fuentes para el estudio de la alimentacion en la Andalucia islamica in "Congreso de la Union Europea de Arabistas y Islamologos", XII, Malaga, pp. 269-288

GARCÍA SÁNCHEZ, Expiración, 1986
La alimentación en Andalucia Islámica. Estudio histórico y bromatológico. II: Carne, pescado, huevos, leche y productos lácteos in "Andalucia Islámica. Textos y Estudios", IV-V (1983-86), Granada, pp. 237-278

GARCÍA SÁNCHEZ, Expiración, no prelo
La alimentacion popular en Al-Andalus in "Formas de habitar e alimentação no Sul da Península Ibérica (Idade Média)"

GARRETT, Elizabeth (v. BOONE, James)

GARULO, Teresa, 1987
Comer barro - nota al capitulo XXX del Kitab al-muwassa de   al-Wassa in "Al-Qantara", VIII, pp. 153-164

GASPAR, Jorge, 1970
Os portos fluviais do Tejo , sep. de "Finisterra", vol. V, 10, Lisboa, pp. 153-199

GASPAR, Jorge, 1970a
A morfologia urbana de padrão geométrico na Idade Média in "Finisterra", vol. IV, 8, Lisboa, Centro de Estudos Geográficos, pp. 198-215

GIRALT I BALAGUERÓ, Josep (e TUSET, Francesc), 1993
Modelos de transformación del mundo urbano en el nordeste peninsular: siglos V-XI in "IV Congreso de Arqueologia Medieval Española - actas", vol. I, Alicante, pp. 37-46

GISBERT SANTONJA, Josep A. (BURGUERA SANMATEU, Vicent e BOLUFER I MARQUES, Joaquim), 1992
La cerámica de Daniya (Dénia) - alfares y ajuares domésticos de los siglos XII-XIII, Valencia, Ministerio de Cultura

GLASSCOCK, Michael (v. BOONE, James)

GLICK, Thomas F., 1979
Islamic and Christian Spain in the Early Middle Ages, Princeton, Princeton University Press

GOITEIN, Shelomo Dov, 1983
A Mediterranean Society, vol. IV, Berkeley, Univ. of California Press

GOMES, Rosa Varela, 1988
Cerâmicas muçulmanas do Castelo de Silves, Silves, Câmara Municipal de Silves

GOMEZ BECERRA, Antonio (v. CRESSIER, Patrice)

GONÇALVES, Iria, 1988
Viajar na Idade Média: de e para Alcobaça na primeira metade do século XV in "Imagens do mundo medieval", Lisboa, Livros Horizonte, pp. 177-200

GONÇALVES, Iria, 1988a
Acerca da alimentação medieval in "Imagens do mundo medieval", Lisboa, Livros Horizonte, pp. 201-217

GONÇALVES, Iria, 1989
O património do Mosteiro de Alcobaça nos séculos XIV e XV, Lisboa, Universidade Nova de Lisboa

GONÇALVES, Vítor (v. CATARINO, Helena)

GONZALEZ Y GONZALEZ, Julio, 1951
Repartimiento de Sevilla, vol. I, Madrid, Consejo Superior de Investigaciones Cientificas

GONZALEZ JIMENEZ, Manuel, 1990
Repartimientos andaluces del siglo XIII. Perspectiva de conjunto y problemas in "De al-Andalus a la sociedad feudal: los repartimientos bajomedievales", Barcelona, CSIC, pp. 95-117

GRANJA SANTAMARIA, Fernando, 1960
La cocina arabigoandaluza según un manuscrito inédito (extracto de tesis doctoral), Madrid, Facultad de Filosofia y Letras

GRANJA SANTAMARIA, Fernando, 1961
La carta de felicitación de Ibn al-Jatib a un almotacén malagueño in "Al-Andalus", vol. XXVI, pp. 471-475

GUERRA, Amilcar (v. FABIÃO, Carlos)

GUERRA, Amilcar (e FABIÃO, Carlos), 1993
Uma fortificação omíada em Mesas do Castelinho (Almodôvar) in "Arqueologia medieval", nº 2, Porto, Edições Afrontamento, pp. 85-102

GUICHARD, Pierre, 1977
Structures sociales "orientales" et "occidentales" dans l' Espagne Musulmane, Mouton, Paris-Haia

GUICHARD, Pierre, 1980
Le problème de l' existence de structures de type "féodal" dans la société d' al-Andalus in "Structures féodales et féodalisme dans l' Occident Méditerranéen (Xe-XIIIe siècles), Paris, CNRS, pp. 699-725

GUIRAL, Jacqueline, 1985
L' évolution du paysage urbain à Valence du XIIIe au XVIe siècle in "La ciudad hispánica durante los siglos XIII al XVI", vol. II, Madrid, Universidad Complutense, pp. 1581-1610

GUTIERREZ LLORET, Sonia, 1990-91
Panes, hogazas y fogones portátiles. Dos formas cerámicas destinadas a la cocción del pan en al-Andalus: el hornillo (tannur) y el plato (tabaq) in "Lucentum", IX-X, pp. 161-175

HERNANDEZ BERMEJO, J. Esteban, 1990
Dificultades en la identificacion e interpretación de las especies vegetales citadas por los autores hispanoarabes. Aplicacion a la obra de Ibn Bassal in "Ciencias de la naturaleza en el Al-Andalus. Textos y estudios", Granada, C.S.I.C.

HERNANDEZ CARRASQUILLA, Francisco, 1993
Los restos de aves del yacimiento medieval de Mértola in "Arqueologia Medieval", nº 2, Porto, Edições Afrontamento, pp. 273-276

HUICI MIRANDA, Ambrosio, 1966
Traducción española de un manuscrito anónimo del siglo XIII sobre la cocina hispano-magribí, Madrid

IZQUIERDO BENITO, Ricardo, 1990
La vivienda en la ciudad hisapanomusulmana de Vascos (Toledo). Estudio arqueológico in "La casa hispano-musulamana. Aportaciones de la arqueologia", Granada, Publicaciones del Patronato de la Alhambra y Generalife, pp. 147-162

KHAWLI, Abdallah, 1993
Introdução ao estudo das vasilhas de armazenamento de Mértola islâmica in"Arqueologia Medieval", nº 2, Porto, Edições Afrontamento, pp. 63-78

KHAWLI, Abdallah, 1994
A Mão de Fátima e a sua representação na arte hispano-muçulmana. Cerâmica estampilhada de Mértola in "Arqueologia en el entorno del Bajo Guadiana", Huelva, Universidad de Huelva, pp. 605-618

KHIARA, Youssef, 1994
Propos sur l' urbanisme dans la jurisprudence musulmane in "Arqueologia Medieval", nº 3, Porto, Edições Afrontamento, pp. 33-46

LAFUENTE, Pilar, no prelo
La cocción de los alimentos. Aproximación al menaje de cocina en una casa islámica (s. XIII) in "Formas de habitar e alimentação no Sul da Península Ibérica (Idade Média)"

LAOUST, Émile, 1920
Mots et choses berberes, Paris, Augustin Challamel Éditeur

LARIOUX, Bruno, 1992
A Idade Média à mesa, s.l., Publicações Europa-América

LEGUAY, Jean-Pierre, 1984
La rue au Moyen Age, Rennes, Ouest-France

LLURO, Josep (CORTES, Maria del Agua e TORRES, José), 1986
La fauna dels jaciments medievals del Castell Formós i Plá d' Almatá (Balaguer) in "Actas del I Congreso de Arqueologia Medieval Española", vol. I, pp. 377-407

LLURO, Josep, 1991
Los restos de fauna in "Una casa islámica de Murcia - estudio de su ajuar (siglo XIII)", Murcia, Centro Ibn Arabi/Ayuntamiento de Murcia, pp. 95-97

LOPES, David, 1911
Os árabes nas obras de Alexandre Herculano, sep. do "Boletim da Segunda Classe da Academia das Sciencias de Lisboa", vols. III e IV, Lisboa, Imprensa Nacional

LOPES, David, 1968
Nomes árabes de terras portuguesas (colectânea organizada por José Pedro Machado), Lisboa, Sociedade da Língua Portuguesa e Círculo David Lopes

LOPES, Teresa da Cunha, 1986
Relatório final sobre o material arqueozoológico do Castelo de Aguiar in "Portugália", vol. VI-VII (1985-86), Porto, pp. 82-87

MACÍAS, Santiago (v. BORGES, Artur)

MACÍAS, Santiago, 1991
Um conjunto cerâmico de Mértola - silos 4 e 5 in "A cerâmica medieval do Mediterrâneo Ocidental", Mértola, Campo Arqueológico de Mértola, pp. 405-428

MACÍAS, Santiago, 1993
Resenha dos factos políticos in "História de Portugal" (dir. de MATTOSO, José), vol. I, Lisboa, Círculo de Leitores, pp. 417-429

MACÍAS, Santiago, 1993a
Um espaço funerário in "Museu de Mértola - Basílica Paleocristã", Mértola, Campo Arqueológico de Mértola, pp. 31-62

MACÍAS, Santiago, 1993b
Moura na Baixa Idade Média - elementos para um estudo histórico e arqueológico in "Arqueologia Medieval", nº 2, Porto, Edições Afrontamento, pp. 127-157

MAGALHÃES, Filomena (e outros), 1991
Livro vermelho dos vertebrados de Portugal - vol. II (peixes dulciaquícolas e migradores), Lisboa, Serviço Nacional de Parques, Reservas e Conservação da Natureza

MALPICA CUELLO, António, 1984
El pescado en el reino de Granada a fines de la Edad Media: especies y nivel de consumo in "Manger et boire au Moyen Âge", t. I, Faculté des Lettres et des Sciences Humaines de Nice, pp. 103-117

MANNONI, Tiziano (v. FOSSATI, Severino)

MARIN, Manuela, no prelo
Ollas y fuego: los procesos de cocción de los alimentos en los recetarios de al-Andalus y del Magreb in "Formas de habitar e alimentação no Sul da Península Ibérica (Idade Média)"

MARQUES, A. H. de Oliveira, 1987
A sociedade medieval portuguesa, 5ª ed., Lisboa, Livraria Sá da Costa Editora

MARTIN CANTARINO, Carlos (v. RICO ALCARAZ, Luis)

MARTINEZ FERNANDEZ, Gabriel (v. CRESSIER, Patrice)

MARTINEZ MADRID, Rafael (v. CASTILLO GALDEANO, Francisco)

MATTOSO, José, 1987
Os moçárabes in "Fragmentos de uma composição medieval", Lisboa, Editorial Estampa, pp. 19-34

MESTRE, Joaquim Figueira (v. TOUCINHO, Maria José)

MESTRE, Joaquim Figueira, 1992
Cerâmica muçulmana do Castro de Nossa Senhora da Cola, Ourique, Câmara Municipal de Ourique

MILLÁS VALLICROSA, José Maria, 1943
La traducción castellana del "Tratado de agricultura" de Ibn Wafid in "Al-Andalus", vol. VIII, pp. 281-332

MOKADEM, Hafid, 1992
La porte hispano-mauresque de Rabat-Salé, vol. I (texte), mémoire de IIè cycle, Rabat, INSAP

MOKADEM, Hafid, 1992a
La porte hispano-mauresque de Rabat-Salé, vol. II (figures et planches), mémoire de IIè cycle, Rabat, INSAP

MOLINA FAJARDO, Federico, 1983
Arquitectura romana in "Almuñecar. Arqueologia e historia", Granada, Caja Provincial de Ahorros de Granada, pp. 237-277

MONTANARI, Massimo, 1985
Gli animali e l' alimentazione umana in "L' uomo di fronte al mondo animale nell' Alto Medioevo", t. I, Spoleto, pp. 619-663

MONTANARI, Massimo, 1992
Alimentazione e cultura nel Medioevo, Roma-Bari, Editori Laterza

MORAIS, A.J. Cardoso (v. BARROCA, Mário)

MORALES MUÑIZ, Arturo (v. ROSELLÓ IZQUIERDO, Eufrasia)

MORALES MUÑIZ, Arturo (e outros), 1986
La fracturación intencionada de osamentas animales como indicador paleocultural en yacimientos arqueológicos in "Actas del I Congreso de Arqueologia Medieval Española", vol. I, Diputación Provincial de Aragón, pp. 353-376

MORALES MUÑIZ, Arturo (MORENO NUÑO, Ruth e CEREIJO PECHARROMÁM, Manuel Angel), 1988
Calatrava la Vieja: primer informe sobre la fauna recuperada en el yacimiento almohade. Primera parte: los mamiferos in "Boletin de Arqueologia Medieval, nº 2, Madrid, Asociación Española de Arqueologia Medieval, pp. 7-48

MORALES MUÑIZ, Arturo, 1993
Estudio faunistico del yacimiento islámico de Mértola: los mamiferos in "Arqueologia Medieval", nº 2, Porto, Edições Afrontamento, pp. 263-271

MORALES MUÑIZ, Arturo (e outros), 1994
Archaeozoological research in Medieval Iberia: fishing and fish trade on almohad sites in "Trabalhos de Antropologia e Etnologia", vol. 34 (1-2), Porto, Sociedade Portuguesa de Antropologia e Etnologia, pp. 453-475

MORALES MUÑIZ, Arturo (RIQUELME CANTAL, José A.), 1994a
Los mamíferos de Mértola (Bajo Alentejo, Portugal): segundo informe sobre la fauna de interes economico (exemplar dactilografado depositado no Campo Arqueológico de Mértola)

MORENO NUÑO, Ruth (v. MORALES MUÑIZ, Arturo)

MORENO NUÑO, Ruth, 1993
El conjunto malacológico del yacimiento portugués de Mértola in "Arqueologia Medieval", nº 2, Porto, Edições Afrontamento, pp. 285-287

MUÑOZ MARIN, Maria del Mar (v.FLORES ESCOBOSA, Isabel)

MYERS, J. Emlen (v. BOONE, James)

MYERS, J. Emlen, 1991
Report on the chemical analysis of ceramics for the Alcaria Longa project (exemplar dactilografado depositado no Campo Arqueológico de Mértola)

NAVARRO PALAZON, Julio, 1986
La cerámica islámica en Murcia, Murcia, Ayuntamiento de Murcia

NAVARRO PALAZON, Julio, 1988
La conquista castellana y sus consecuencias: la despoblacion de Siyasa in "Castrum 3", s.l., Publicaciones de la Casa de Velazquez, pp. 207-214

NAVARRO PALAZON, Julio, 1990
La casa andalusí en Siyasa: ensayo para una clasificacion tipologica in "La casa hispano-musulamana. Aportaciones de la arqueologia", Granada, Publicaciones del Patronato de la Alhambra y Generalife, pp. 177-198

NAVARRO PALAZON, Julio, 1991
Una casa islámica de Murcia - estudio de su ajuar (siglo XIII), Murcia, Centro Ibn Arabi/Ayuntamiento de Murcia

NAVARRO PALAZON, Julio, 1991a
Un ejemplo de vivienda urbana andalusí: la casa n. 6 de Siyasa in "Archéologie Islamique", nº 2, Paris, Maisonneuve & Larose, pp. 97-125

NUNES, M. Dias, 1900
A ollaria em Serpa in "A Tradição", ano II, vol. II, Serpa, pp. 6-9

NUNES, M. Dias, 1900a
A ollaria em Serpa in "A Tradição", ano II, vol. II, Serpa, pp.165, 167-170, 181 e 187-189

OLIVEIRA, José Carlos (v. TORRES, Cláudio)

PAIS, João, 1993
Sementes de um silo omíada [UE 67] de Mesas do Castelinho (Almodôvar) in "Arqueologia Medieval", nº 2, Porto, Edições Afrontamento, pp. 109-110

PAIS, João, no prelo
Paleoetnobotânica da alcáçova do Castelo de Mértola in "Formas de habitar e alimentação no Sul da Península Ibérica (Idade Média)"

PASCUAL, J. (e outros), 1990
La vivienda islámica en la ciudad de Valencia. Una aproximacion de conjunto in "La casa hispano-musulamana. Aportaciones de la arqueologia", Granada, Publicaciones del Patronato de la Alhambra y Generalife, pp. 305-318

PAVON MALDONADO, Basilio, 1993
Ciudades y fortalezas lusomusulmanas, Madrid, Instituto de Cooperacion con el Mundo Arabe

PÉREZ MACÍAS, Juan Aurelio (e BEDIA, Juana), 1993
Un lote de cerámica islámica de Niebla in "Arqueologia Medieval", nº 2, Porto, Edições Afrontamento, pp. 55-62

PESEZ, Jean-Marie (e PIPONNIER, Françoise), 1988
Les traces matérielles de la guerre sur un site archéologique in "Castrum 3", s.l., Publications de la Casa de Velazquez, pp. 11-16

PICARD, Christophe, 1986
Le Gharb al-Andalus: étude régionale d' après les sources littéraires et archéologiques, Thèse de III cycle, Paris

PIÇARRA, Lopes, 1899
Habitação: conclusão in "A Tradição", Ano I, nº 4, Serpa, pp. 55-59

PINHEIRO, Aristides (v. RITA, Abílio)

PIPONNIER, Françoise (v. PESEZ, Jean-Marie)

PONTE, Salette da, 1986
Jogos romanos de Conímbriga in "Conimbriga", vol. XXV, Coimbra, pp. 131-141

PUERTAS TRICAS, Rafael, 1990
El barrio de viviendas de la alcazaba de Malaga in "La casa hispano-musulamana. Aportaciones de la arqueologia", Granada, Publicaciones del Patronato de la Alhambra y Generalife, pp. 319-340

RAU, Virgínia, 1986
Para a história da população portuguesa dos séculos XV e XVI (resultados e problemas de métodos) in "Estudos de história medieval", Lisboa, Ed. Presença, pp. 96-127

REDMAN, Charles, 1986
Qsar es-Seghir - an archaeological view of medieval life, Orlando, Academic Press Inc.

REGO, Miguel (e TORRES, Cláudio), 1994
Rede viária antiga do Baixo Alentejo, Mértola, C.A.M. (exemplar dactilografado depositado no Campo Arqueológico de Mértola)

RETUERCE VELASCO, Manuel, 1986
Cerámica islámica de la "Cidade das Rosas", Serpa (Portugal) in "Segundo Coloquio Internacional de Cerámica Medieval en el Mediterráneo Occidental", Ministerio de Cultura, Madrid, pp. 85-92

RIBEIRO, Orlando, 1986
Portugal, o Mediterrâneo e o Atlântico, 4ª ed., Lisboa, Liv. Sá da Costa Editora

RICO ALCARAZ, Luis (e MARTÍN CANTARINO, Carlos), 1989
Malacofauna in "La rabita califal de las Dunas de Guardamar", Alicante, Diputacion Provincial de Alicante, pp.163-173

RIQUELME CANTAL, José A. (v. MORALES MUÑIZ, Arturo)

RIQUELME CANTAL, José A., 1991
Estudio faunístico del yacimiento medieval de "El Maraute" (Torrenueva, municipio de Motril, Granada) in "Boletin de Arqueologia Medieval", n° 5, Madrid, Asociación Española de Arqueologia Medieval, pp. 93-111

RIQUELME CANTAL, José A., 1993
Estudio faunístico del yacimiento medieval de Plaza España, Motril (Granada) in "Arqueologia Medieval", n° 2, Porto, Edições Afrontamento, pp. 243-260

RITA, Abílio (e PINHEIRO, Aristides), 1990
Os portugueses e o mar nos mais antigos documentos portugueses, s.l., Banco Pinto & Sotto Mayor

ROLDAN CASTRO, Fatima, 1993
Niebla musulmana (siglos VIII-XIII), Huelva, Diputacion Provincial

ROSELLÓ IZQUIERDO, Eufrásia (e MORALES MUÑIZ, Arturo), 1991
Calatrava la Vieja: primer informe sobre la fauna de vertebrados recuperados en el yacimiento almohade. Tercera parte: peces in "Boletin de Arqueologia Medieval", n° 5, Madrid, Asociación Española de Arqueologia Medieval, pp. 113-133

ROSELLÓ IZQUIERDO, Eufrásia, 1993
Analisis de los peces recuperados en Mértola in "Arqueologia Medieval", n° 2, Porto, Edições Afrontamento, pp. 277-283

ROSSELLÓ BORDOY, Guillermo, 1978
Ensayo de sistematización de la cerámica arabe en Mallorca, Palma de Mallorca, Diputacion Provincial de Baleares

ROSSELLÓ BORDOY, Guillermo, 1991
El nombre de las cosas en al-Andalus: una propuesta de terminología cerámica, Museu de Mallorca, Palma de Mallorca

ROSSELLÓ BORDOY, Guillermo, no prelo
Cerámica y alimentación andalusí: pervivencias en Mallorca in "Formas de habitar e alimentação no Sul da Península Ibérica (Idade Média)"

RUAS, Marie-Pierre, 1990
Plantes et cultures nouvelles en Europe Occidentale au Moyen Age et à l'époque moderne in "Flaran", 12, pp. 9-35

RUAS, Marie-Pierre, 1992
The archaeobotanical record of cultivated and collected plants of economic importance from medieval sites in France in "Review of Palaeobotany and Palynology", 73, Amsterdam, Elsevier Science Publishers B.V., pp. 301-314

SANTOS, Maria José Azevedo, 1983
O peixe e a fruta na alimentação da corte de D. Afonso V (breves notas) in "Brigantia", vol. III, n° 3, Bragança, pp. 307-343

SANTOS, Maria José Azevedo, 1992
O mais antigo livro de cozinha português - receitas e sabores in "Revista Portuguesa de História", tomo XXVII, Coimbra, pp. 63-101

SANTOS, Vitor Pavão dos, 1964
A casa no Sul de Portugal na transição do século XV para o século XVI (dissertação de licenciatura apresentada à Faculdade de Letras de Lisboa), Lisboa

SANTOS, Vitor Pavão dos, 1977
As 'casas' do alcaide-mor de Mértola no início do século XVI in *Bracara Augusta*, vol. XXXI, n° 71-72, pp. 255-264

SIDARUS, Adel, 1993
Um texto árabe do século X relativo à nova fundação de Évora e aos movimentos muladi e berbere no Ocidente Andaluz in "A Cidade de Évora", nºs. 71-76 (1988/1993), Câmara Municipal de Évora, pp. 7-37

SILVA, Leal da, 1992
O cadinho de prata do silo nº 5 de Mértola - relatório de análise in "Arqueologia Medieval", nº 1, Porto, Edições Afrontamento, pp. 35-37

SILVA, Manuela Santos, 1987
Óbidos Medieval - estruturas urbanas e administração concelhia (dissertação de mestrado apresentada à Faculdade de Ciências Sociais e Humanas da Universidade Nova de Lisboa), Lisboa

TALBI, M., 1954
Quelques données sur la vie sociale en Occident musulman d' après un traité de hisba du XVe siècle in "Arabica", vol. I, Leiden, E.J. Brill, pp. 294-306

TERRASSE, Henri, 1954
Les forteresses de l' Espagne Musulmane, Madrid, Editorial Maestre

TORRES, Cláudio (v. REGO, Miguel)

TORRES, Cláudio, 1984
Uma velha cultura serrenha in "Mantas tradicionais do Baixo Alentejo", Mértola, Câmara Municipal de Mértola, pp. 45-62

TORRES, Cláudio, 1985
Uma proposta de interpretação funcional para os conhecidos "cabos de faca" já com longa história na arqueologia ibérica in "Actas del I Congreso de Arqueologia Medieval Española", vol. I, Diputación Provincial de Aragón, pp. 331-341

TORRES, Cláudio (e OLIVEIRA, José Carlos), 1987
O criptopórtico-cisterna da alcáçova de Mértola in "II Congreso de Arqueologia Medieval Española", vol. II, Madrid, Asociación Española de Arqueologia Medieval, pp. 617-626

TORRES, Cláudio, 1987a
Cerâmica islâmica portuguesa, Mértola, Campo Arqueológico de Mértola

TORRES, Cláudio (e outros), 1991
Museu de Mértola: núcleo do castelo, Mértola, Campo Arqueológico de Mértola

TORRES, Cláudio (e outros), 1991a
Cerâmica islâmica de Mértola - propostas de cronologia e funcionalidade in "A cerâmica medieval no Mediterrâneo Ocidental", Mértola, Campo Arqueológico de Mértola, pp. 497-536

TORRES, Cláudio, 1992
Povoamento antigo no Baixo Alentejo. Alguns problemas de topografia histórica in "Arqueologia Medieval", nº 1, Porto, Edições Afrontamento, pp. 189-202

TORRES, Cláudio, 1993
O Garb al-Andalus in "História de Portugal" (dir. de MATTOSO, José), vol. I, Lisboa, Círculo de Leitores, pp. 363-415
TORRES, José (v. LLURO, Josep)

TORRES BALBÁS, Leopoldo, 1953
La mezquita mayor de Almeria in "Al-Andalus", vol. XVIII, fasc. 2, Madrid-Granada, pp. 412-429

TORRES BALBÁS, Leopoldo, 1956
Ampliación y tamaño de varias mezquitas in "Al-Andalus", vol. XXI, fasc. 2, Madrid-Granada, pp. 339-352

TORRES BALBÁS, Leopoldo, 1985
Ciudades hispanomusulmanas, 2ª ed., Madrid, Instituto Hispano-Árabe de Cultura

TOUCINHO, Maria José (e MESTRE, Joaquim Figueira), s.d.
Inquirições de Almodôvar e Padrões - 1376. Estudo económico e social, s.l.,Edição da Câmara Municipal de Almodôvar

TRILLO SANJOSÉ, Carmen, no prelo
Especies vegetales en el reino de Granada, según el vocabulario de Pedro de Alcala (siglos XV y XVI) in "Formas de habitar e alimentação no Sul da Península Ibérica (Idade Média)"

TUSET, Francesc (GIRALT I BALAGUERÓ, Josep)

VALENCIA, Rafael, 1994
La epigrafia como fuente histórica. Las inscripciones del siglo V H./XI C. en el Occidente de al-Andalus in "Arqueologia en el entorno del Bajo Guadiana", Huelva, Universidad de Huelva, pp. 597-604

VALLEJO TRIANO, Antonio, 1990
La vivienda de servicios y la llamada Casa de Yafar in "La casa hispano-musulamana. Aportaciones de la arqueologia", Granada, Publicaciones del Patronato de la Alhambra y Generalife, pp.129-145

VALLEJO TRIANO, Antonio, 1991
El aprovechamiento del sistema de saneamiento en Madinat al-Zahra, Córdova, Junta de Andalucia

VALLVÉ BERMEJO, Joaquin, 1976
El codo en la España Musulmana in "Al-Andalus", vol. XLI, Madrid, pp. 339-354

VASCONCELOS, José Leite de, 1967
Etnografia portuguesa, vol. V (volume organizado por GUERREIRO, Manuel Viegas), Lisboa, Imprensa Nacional

VASCONCELOS, José Leite de, 1975
Etnografia portuguesa, vol. VI (volume organizado por GUERREIRO, Manuel Viegas), Lisboa, Imprensa Nacional

VEIGA, Sebastião Estácio da, 1869
Plantas da serra de Monchique observadas em 1866, Sep. do "Jornal das Sciencias Mathematicas, Physicas e Naturaes", nº VII, Lisboa

VEIGA, Sebastião Estácio da, 1880
Memoria das antiguidades de Mértola, Lisboa, Imprensa Nacional

VELOSO, Carlos, 1992
A alimentação em Portugal no XVIII nos relatos dos viajantes estrangeiros, Coimbra, Livraria Minerva

VIANA, Abel, 1961
Nossa Senhora da Cola - notas históricas, arqueológicas e etnográficas do Baixo Alentejo, Beja

ZOZAYA, Juan, 1987
Notas sobre las comunicaciones en el al Andalus omeya in "II Congreso de Arqueologia Medieval Española", T. I, Madrid, Asociación Española de Arqueologia Medieval, pp. 219-228

FOTOGRAFIAS

António Batista - 3.17., 4.22., 4.24.

António Cunha - 1.4., 1.13., 1.15., 1.16., 1.17., 1.18., 2.7., 2.8., 2.18., 2.19., 2.20., 3.6., 3.13., 3.20., 3.21., 3.22., 3.24., 3.33., 3.35., 3.43., 4.6., 4.12., 4.15., 4.16., 4.17., 4.18., 4.19., 4.20., 4.21., 4.23., 4.25., 4.27., 4.28., 4.29., 4.34., 5.1.

Cláudio Torres - 1.10., 3.11., 3.12., 4.1.

James Boone - 1.20.

Luís Pavão - 3.28., 3.30., 3.32., 3.34., 3.36., 3.37., 3.38., 4.35., 4.39.

Virgílio Lopes - 3.7., 3.25., 3.41., 4.3.

As restantes fotografias são do autor do livro.

DESENHOS

Ana Mira - 1.1., 4.30., 4.32., 4.38.

Carlos Rico - 2.13., 3.1., 3.2., 3.3., 3.4., 3.42., 3.45., 4.2.

Celeste Meneses - 3.27., 3.29., 3.30., 3.34., 3.40.

João Camacho - 1.6.
                (a partir de desenhos de Carlos Rico): 2.21.
                (a partir de desenhos de João Gusmão): 2.1., 2.2., 2.9., 2.10.
                (a partir de desenhos de Susana Gómez): 2.12.

José Manuel Pedreirinho/Pedro Travanca - 3.1., 3.3. (casas vistas em três dimensões)

Luís Moreira - 1.5.
                (a partir de desenhos de Carlos Rico): 1.2., 1.3.

Os restantes desenhos, sem indicação de autor, pertencem ao arquivo do Campo Arqueológico de Mértola.